紹興大典

史部

康熙諸暨縣志

1

中華書局

圖書在版編目(CIP)數據

(康熙)諸暨縣志 / (清) 蔡杓修；(清) 章平事，楊浣纂．－北京：中華書局，2024.6．－（紹興大典）．－ ISBN 978-7-101-16906-5

Ⅰ．K295.54

中國國家版本館 CIP 數據核字第 2024N2Z573 號

書名	(康熙)諸暨縣志(全二册)
叢書名	紹興大典・史部
修者	〔清〕蔡杓
纂者	〔清〕章平事　楊浣
項目策劃	許旭虹
責任編輯	梁五童
裝幀設計	許麗娟
責任印製	管　斌
出版發行	中華書局 (北京市豐臺區太平橋西里38號 100073) http: // www. zhbc. com. cn E-mail: zhbc@zhbc. com. cn
印刷	天津藝嘉印刷科技有限公司
版次	2024年6月第1版 2024年6月第1次印刷
規格	開本787×1092毫米　1/16 印張49¾　插頁2
國際書號	ISBN 978-7-101-16906-5
定價	980.00元

學術顧問

（按姓氏筆畫排序）

安平秋　李　岩　吴　格

袁行霈　張志清　葛劍雄

樓宇烈

編纂工作指導委員會

主　　任　盛閱春（二〇二二年九月至二〇二三年一月在任）
　　　　　温　暖　施惠芳　肖啓明　熊遠明

第一副主任　丁如興

副　主　任　陳偉軍　汪俊昌　馮建榮

成　　員（按姓氏筆畫排序）
　　　　　王静静　朱全紅　沈志江　金水法　俞正英
　　　　　胡華良　茹福軍　徐　軍　陳　豪　黄旭榮
　　　　　裘建勇　樓　芳　魯霞光　魏建東

編纂委員會

主　　編　馮建榮

副 主 編　黃錫雲　尹　濤　王静静　李聖華　陳紅彦

委　　員（按姓氏筆畫排序）

王静静　尹　濤　那　艷　李聖華　俞國林

陳紅彦　陳　誼　許旭虹　馮建榮　葉　卿

黃錫雲　黃顯功　楊水土

史部主編　黃錫雲　許旭虹

序

紹興是國務院公布的首批中國歷史文化名城，是中華文明的多點起源地之一和越文化的發祥、壯大之地。從嵊州小黄山遺址迄今，已有一萬多年的文化史；從大禹治水迄今，已有四千多年的文明史；從越國築句踐小城和山陰大城迄今，已有兩千五百多年的建城史。建炎四年（一一三〇），宋高宗駐蹕越州，取義「紹奕世之宏庥，興百年之丕緒」，次年改元紹興，賜名紹興府，領會稽、山陰、蕭山、諸暨、餘姚、上虞、嵊、新昌等八縣。元改紹興路，明初復爲紹興府，清沿之。

紹興坐陸面海，嶽峙川流，風光綺麗，物産富饒，民風淳樸，士如過江之鯽，彬彬稱盛。春秋末越國有「八大夫」佐助越王卧薪嘗膽，力行「五政」，崛起東南，威續戰國，四分天下有其一，成就越文化的第一次輝煌。秦漢一統後，越文化從尚武漸變崇文。晋室東渡，北方士族大批南遷，王、謝諸大家紛紛遷居於此，一時人物之盛，雲蒸霞蔚，學術與文學之盛冠於江左，給越文化注入了新的活力。唐時的越州是詩人行旅歌詠之地，形成一條江南唐詩之路。至宋代，尤其是宋室南遷後，越中理學繁榮，文學昌盛，領一時之先。明代陽明心學崛起，這一時期的越文化，宣導致良知、知行合一，重於事功，伴隨而來的是越中詩文、書畫、戲曲的興盛。明清易代，有劉宗周等履忠蹈義，慷慨赴死，亦有黄宗羲率其門人，讀書窮經，關注世用，成其梨洲一派。至清中葉，會稽章學誠等人紹承梨洲之學而開浙東史學之新局。晚清至現代，越中知識分子心懷天下，秉持先賢「膽劍精神」，再次站在歷史變革的潮頭，蔡元培、魯迅等人「開拓越學」，使紹興成爲新文化運動和新民主主義革命的重要陣地。越文化兼容並包，與時偕變，勇於創新，隨着中國社會歷史的變遷，無論其内涵和特質發生何種變化，均以其獨特、强盛的生命力，推動了中華文明的發展。

文獻典籍承載着廣博厚重的精神財富、生生不息的歷史文脉。紹興典籍之富，甲於東南，號爲文獻之邦。從兩漢到魏晋再至近現代，紹興人留下了浩如煙海、綿延不斷的文獻典籍。陳橋驛先生在《紹興地方文獻考録·前言》中説：「紹興是我國歷史上地方文獻最豐富的地方之一。」有我國地方志的開山之作《越絶書》，有唯物主義的哲學巨著《論衡》，有書法藝術和文學價值均登峰造極的《蘭亭集序》，有詩爲「中興之冠」的陸游《劍南詩稿》，有輯録陽明心學精義的儒學著作《傳習録》等，這些文獻，不僅對紹興一地具有重要價值，對浙江乃至全國來説，也有深遠意義。

紹興藏書文化源遠流長。歷史上的藏書家多達百位，知名藏書樓不下三十座，其中以澹生堂最爲著名，藏書十萬餘卷。近現代，紹興又首開國内公共圖書館之先河。光緒二十六年（一九〇〇），紹興鄉紳徐樹蘭獨力捐銀三萬餘兩，圖書七萬餘卷，創辦國内首個公共圖書館——古越藏書樓。越中多名士，自也與藏書聚書風氣有關。

習近平總書記强調，「我們要加强考古工作和歷史研究，讓收藏在博物館裏的文物、陳列在廣闊大地上的遺産、書寫在古籍裏的文字都活起來，豐富全社會歷史文化滋養」。黨的十八大以來，黨中央站在實現中華民族偉大復興的高度，對傳承和弘揚中華優秀傳統文化作出一系列重大決策部署。中共中央辦公廳、國務院辦公廳二〇一七年一月印發了《關於實施中華優秀傳統文化傳承發展工程的意見》，二〇二二年四月又印發了《關於推進新時代古籍工作的意見》。

盛世修典，是中華民族的優秀傳統，是國家昌盛的重要象徵。近年來，紹興地方文獻典籍的利用呈現出多層次、多方位探索的局面，從文史界到全社會都在醞釀進一步保護、整理、開發、利用紹興歷史文獻的措施，形成了廣泛共識。中共紹興市委、市政府深入學習貫徹習近平總書記重要指示精神，積極響應國家重大戰略部署，以提振紹興人文氣運的文化自覺和存續一方文脉的歷史擔當，作出了編纂出版《紹興大典》的重大決定，計劃用十年時間，系統、全面、客觀梳理紹興文化傳承脉絡，收集、整理、編纂、出版紹興地方歷史文獻。二〇二二年十月，中共紹興市委辦公室、紹興市人民政府辦公室印發《關於〈紹興大典〉編纂出版工作實施方案的通知》。自此，《紹興大典》編纂出版各項工作開始有序推進。

百餘年前，魯迅先生提出「開拓越學，俾其曼衍，至於無疆」的願景，今天，我們繼先賢之志，實施紹興歷史上前無古人的文化工程，希冀通過《紹興大典》的編纂出版，從浩瀚的紹興典籍中尋找歷史印記，從豐富的紹興文化中挖掘鮮活資源，從悠遠的紹興歷史中把握發展脉絡，古爲今用，繼往開來，爲新時代「文化紹興」建設注入强大動力。我們將懷敬畏之心，以古人「三不朽」的立德修身要求，爲紹興這座中國歷史文化名城和「東亞文化之都」立傳畫像，爲全世界紹興人築就恒久的精神家園。

是爲序。

温暖

二〇二三年十月

前　言

越國故地，是中華文明的重要起源地，中華優秀傳統文化的重要貢獻地，中華文獻典籍的重要誕生地。紹興，是越國古都，國務院公布的第一批歷史文化名城。編纂出版《紹興大典》，是綿延中華文獻之大計，弘揚中華文化之良策，傳承中華文明之壯舉。

一

紹興有源遠流長的文明，是中華文明的縮影。

中國有百萬年的人類史，一萬年的文化史，五千多年的文明史。中華文明，是中華民族長期實踐的積累，集體智慧的結晶，不斷發展的産物。各個民族，各個地方，都爲中華文明作出了自己獨具特色的貢獻。紹興人同樣爲中華文明的起源與發展，作出了自己傑出的貢獻。

現代考古發掘表明，早在約十六萬年前，於越先民便已經在今天的紹興大地上繁衍生息。二〇一七年初，在嵊州崇仁安江村蘭山廟附近，出土了於越先民約十六萬年前使用過的打製石器〔一〕。這是曹娥江流域首次發現的舊石器遺存，爲探究這一地區中更新世晚期至晚更新世早期的人類活動、

〔一〕陸瑩等撰《浙江蘭山廟舊石器遺址網紋紅土釋光測年》，《地理學報》英文版，二〇二〇年第九期，第一四三六至一四五〇頁。

華南地區與現代人起源的關係、小黄山遺址的源頭等提供了重要綫索。

距今約一萬至八千年的嵊州小黄山遺址〔一〕，於二〇〇六年與上山遺址一起，被命名爲上山文化。該遺址中的四個重大發現，引人矚目：一是水稻實物的穀粒印痕遺存，以及儲藏坑、鐮形器、石磨棒、石磨盤等稻米儲存空間與收割、加工工具的遺存；二是種類與器型衆多的夾砂、夾炭、夾灰紅衣陶與黑陶等遺存；三是我國迄今發現的最早的立柱建築遺存，以及石杵立柱遺存；四是我國新石器時代遺址中迄今發現的最早的石雕人首。

蕭山跨湖橋遺址出土的山茶種實，表明於越先民在八千多年前已開始對茶樹及茶的利用與探索〔二〕。距今約六千年前的餘姚田螺山遺址發現的山茶屬茶樹根遺存，有規則地分布在聚落房屋附近，特别是其中出土了一把與現今茶壺頗爲相似的陶壺，表明那時的於越先民已經在有意識地種茶用茶了〔三〕。

對美好生活的嚮往無止境，創新便無止境。於越先民在一萬年前燒製出世界上最早的彩陶的基礎上〔四〕，經過數千年的探索實踐，終於在夏商之際，燒製出了人類歷史上最早的原始瓷〔五〕；繼而又在東漢時，燒製出了人類歷史上最早的成熟瓷。現代考古發掘表明，漢時越地的窑址，僅曹娥江兩岸的上虞，就多達六十一處〔六〕。

中國是目前發現早期稻作遺址最多的國家，是世界上最早發現和利用茶樹的國家，更是瓷器的故

〔一〕浙江省文物考古研究所編《上山文化：發現與記述》，文物出版社二〇一六年版，第七一頁。
〔二〕浙江省文物考古研究所、蕭山博物館編《跨湖橋》，文物出版社二〇〇四年版，彩版四五。
〔三〕北京大學中國考古學研究中心、浙江省文物考古研究所編《田螺山遺址自然遺存綜合研究》，文物出版社二〇一一年版，第一一七頁。
〔四〕孫瀚龍、趙曄著《浙江史前陶器》，浙江人民出版社二〇二二年版，第三頁。
〔五〕鄭建華、謝西營、張馨月著《浙江古代青瓷》，浙江人民出版社二〇二二年版，上册，第四頁。
〔六〕宋建明主編《早期越窑——上虞歷史文化的豐碑》，中國書店二〇一四年版，第二四頁。

鄉。《（嘉泰）會稽志》卷十七記載「會稽之産稻之美者，凡五十六種」，稻作文明的進步又直接促成了紹興釀酒業的發展。同卷又單列「日鑄茶」一條，釋曰「日鑄嶺在會稽縣東南五十五里，嶺下有僧寺名資壽，其陽坡名油車，朝暮常有日，産茶絶奇，故謂之日鑄」。可見紹興歷史上物質文明之發達，真可謂「天下無儔」。

二

紹興有博大精深的文化，是中華文化的縮影。

文化是一條源遠流長的河，流過昨天，流到今天，還要流向明天。悠悠萬事若曇花一現，唯有文化與日月同輝。

大量的歷史文獻與遺址古迹表明，四千多年前，大禹與紹興結下了不解之緣。大禹治平天下之水，漸九川，定九州，至於諸夏乂安，《史記·夏本紀》載：「禹會諸侯江南，計功而崩，因葬焉，命曰會稽。會稽者，會計也。」裴駰注引《皇覽》曰：「禹冢在山陰縣會稽山上。會稽山本名苗山，在縣南，去縣七里。」《（嘉泰）會稽志》卷六「大禹陵」：「禹巡守江南，上苗山，會稽諸侯，死而葬焉。……劉向書云：禹葬會稽，不改其列，謂不改林木百物之列也。苗山自禹葬後，更名會稽。是山之東，有隴隱若劍脊，西嚮而下，下有窆石，或云此正葬處。」另外，大禹在以會稽山爲中心的越地，還有一系列重大事迹的記載，包括娶妻塗山、得書宛委、畢功了溪、誅殺防風、禪祭會稽、築治邑室等。

以至越王句踐，「其先禹之苗裔，而夏后帝少康之庶子也，封於會稽，以奉守禹之祀」（《史記·越王句踐世家》）。句踐的功績，集中體現在他一系列的改革舉措以及由此而致的强國大業上。

他創造了「法天象地」這一中國古代都城選址與布局的成功範例，奠定了近一個半世紀越國號稱天下强國的基礎，造就了紹興發展史上的第一個高峰，更實現了東周以來中國東部沿海地區暨長江下游地區的首次一體化，讓人們在數百年的分裂戰亂當中，依稀看到了一統天下的希望，爲後來秦始皇統一中國，建立真正大一統的中央政權，進行了區域性的準備。因此，司馬遷稱：「苗裔句踐，苦身焦思，終滅强吴，北觀兵中國，以尊周室，號稱霸王。句踐可不謂賢哉！蓋有禹之遺烈焉。」

千百年來，紹興涌現出了諸多譽滿海内、雄稱天下的思想家，他們的著述世不絶傳、遺澤至今，他們的思想卓犖英發、光彩奪目。哲學領域，聚諸子之精髓，啓後世之思想。政治領域，以家國之情懷，革社會之弊病。經濟領域，重生民之生業，謀民生之大計。教育領域，育天下之英才，啓時代之新風。史學領域，創史志之新例，傳千年之文脉。

紹興是中國古典詩歌藝術的寶庫。四言詩《候人歌》被稱爲「南音之始」。於越《彈歌》是我國文學史上僅存的二言詩。《越人歌》是越地的第一首情歌、中國的第一首譯詩。山水詩的鼻祖，是上虞人謝靈運。唐代，這裏涌現出了賀知章等三十多位著名詩人。宋元時，這裏出了别開詩歌藝術天地的陸游、王冕、楊維楨。

紹興是中國傳統書法藝術的故鄉。鳥蟲書與《會稽刻石》中的小篆，影響深遠。中國的文字成爲藝術品之習尚；文字由書寫轉向書法，是從越人的鳥蟲書開始的。而自王羲之《蘭亭序》之後，紹興更是成爲中國書法藝術的聖地。翰墨碑刻，代有名家精品。

紹興是中國古代繪畫藝術的重鎮。世界上最早彩陶的燒製，展現了越人的審美情趣。「文身斷髮」與「鳥蟲書」，實現了藝術與生活最原始的結合。戴逵與戴顒父子、僧仲仁、王冕、徐渭、陳洪綬、趙之謙、任熊、任伯年等在中國繪畫史上有開宗立派的地位。

一九一二年一月，魯迅爲紹興《越鐸日報》創刊號所作發刊詞中寫道：「於越故稱無敵於天下，海岳精液，善生俊異，後先絡繹，展其殊才；其民復存大禹卓苦勤勞之風，同句踐堅確慷慨之志，力作治生，綽然足以自理。」可見，紹興自古便是中華文化的重要發源地與傳承地，紹興人更是世代流淌着「卓苦勤勞」「堅確慷慨」的精神血脉。

三

紹興有琳琅滿目的文獻，是中華文獻的縮影。

自有文字以來，文獻典籍便成了人類文明與人類文化的基本載體。紹興地方文獻同樣爲中華文明與中華文化的傳承發展，作出了傑出的貢獻。

中華文明之所以成爲世界上唯一没有中斷、綿延至今、益發輝煌的文明，在於因文字的綿延不絶而致的文獻的源遠流長、浩如煙海。中華文化之所以成爲中華民族有别於世界上其他任何民族的顯著特徵並流傳到今天，靠的是中華兒女一代又一代的言傳身教、口口相傳，更靠的是文獻典籍一代又一代的忠實書寫、守望相傳。

無數的甲骨、簡牘、古籍、拓片等中華文獻，無不昭示着中華文明的光輝燦爛、欣欣向榮，無不昭示着中華文化的廣博淵綜、蒸蒸日上。它們既是中華文明與中華文化的基本載體，又是中華文明與中華文化的重要組成部分，是十分重要的物質文化遺産。

紹興地方文獻作爲中華文獻重要的組成部分，積澱極其豐厚，特色十分明顯。

（一）文獻體系完備

紹興的文獻典籍根基深厚，載體體系完備，大體經歷了四個階段的歷史演變。

一是以刻符、紋樣、器型爲主的史前時代。代表性的，有作爲上山文化的小黄山遺址中出土的彩陶上的刻符、印紋、圖案等。

二是以金石文字爲主的銘刻時代。代表性的，有越國時期玉器與青銅劍上的鳥蟲書等銘文、秦《會稽刻石》、漢「大吉」摩崖、漢魏六朝時的會稽磚甓銘文與會稽青銅鏡銘文等。

三是以雕版印刷爲主的版刻時代。代表性的，有中唐時期越州刊刻的元稹、白居易的詩集。唐長慶四年（八二四），浙東觀察使兼越州刺史元稹，在爲時任杭州刺史的好友白居易《白氏長慶集》所作的序言中寫道：「揚、越間多作書模勒樂天及予雜詩，賣於市肆之中也。」這是有關中國刊印書籍的最早記載之一，説明越地開創了「模勒」這一雕版印刷的風氣之先。宋時，兩浙路茶鹽司等機關和紹興府、紹興府學等，競相刻書，版刻業快速繁榮，紹興成爲兩浙乃至全國的重要刻書地，所刻之書多稱「越本」「越州本」。明代，紹興刊刻呈現出了官書刻印多、鄉賢先哲著作和地方文獻多、私家刻印特色叢書多的特點。清代至民國，紹興整理、刊刻古籍叢書成風，趙之謙、平步青、徐友蘭、章壽康、羅振玉等，均有大量輯刊，蔡元培早年應聘於徐家校書達四年之久。

四是以機器印刷爲主的近代出版時期。這一時期呈現出傳統技術與西方新技術並存、傳統出版物與維新圖强讀物並存的特點。代表性的出版機構，在紹興的有徐友蘭於一八六二年創辦的墨潤堂等。另外，吴隱於一九〇四年參與創辦了西泠印社；紹興人沈知方於一九一二年參與創辦了中華書局，還於一九一七年創辦了世界書局。代表性的期刊，有羅振玉於一八九七年在上海創辦的《農學報》，杜亞泉於一九〇一年在上海創辦的《普通學報》，羅振玉於一九〇一年在上海發起、王國維主筆的《教育世界》，杜亞泉等於一九〇二年在上海編輯的《中外算報》，秋瑾於一九〇七年在上海創辦的《中國女報》等。代表性的報紙，有蔡元培於一九〇三年在上海創辦的《俄事警聞》等。

紹興文獻典籍的這四個演進階段，既相互承接，又各具特色，充分彰顯了走在歷史前列、引領時代潮流的特徵，總體上呈現出了載體越來越多元、內涵越來越豐富、傳播越來越廣泛、對社會生活的影響越來越深遠的歷史趨勢。

（二）藏書聲聞華夏

紹興歷史上刻書多，便爲藏書提供了前提條件，因而藏書也多。大禹曾「登宛委山，發金簡之書，案金簡玉字，得通水之理」（《吴越春秋》卷六），還「巡狩大越，見耆老，納詩書」（《越絶書》卷八），這是紹興有關采集收藏圖書的最早記載。句踐曾修築「石室」藏書，「晝書不倦，晦誦竟旦」（《越絶書》卷十二）。

造紙術與印刷術的發明和推廣，使得書籍可以成批刷印，爲藏書提供了極大便利。王充得益於藏書資料，寫出了不朽的《論衡》。南朝梁時，山陰人孔休源「聚書盈七千卷，手自校治」（《梁書·孔休源傳》），成爲紹興歷史上第一位有明文記載的藏書家。唐代時，越州出現了集刻書、藏書、讀書於一體的書院。五代十國時，南唐會稽人徐鍇精於校勘，雅好藏書，「江南藏書之盛，爲天下冠，鍇力居多」（《南唐書·徐鍇傳》）。

宋代雕版印刷術日趨成熟，爲書籍的化身千百與大規模印製創造了有利條件，也爲藏書提供了更多來源。特别是宋室南渡、越州升爲紹興府後，更是出現了以陸氏、石氏、李氏、諸葛氏等爲代表的藏書世家。陸游曾作《書巢記》，稱「吾室之内，或棲於櫝，或陳於前，或枕藉於床，俯仰四顧，無非書者」。《（嘉泰）會稽志》中專設《藏書》一目，説明了當時藏書之風的盛行。元時，楊維楨「積書數萬卷」（《鐵笛道人自傳》）。

明代藏書業大發展，出現了鈕石溪的世學樓等著名藏書樓。其中影響最大的藏書家族，當數山陰祁氏；影響最大的藏書樓，當數祁承㸁創辦的澹生堂，至其子彪佳時，藏書達三萬多卷。

清代是紹興藏書業的鼎盛時期，有史可稽者凡二十六家，諸如章學誠、李慈銘、陶濬宣等。上虞王望霖建天香樓，藏書萬餘卷，尤以藏書家之墨迹與鈎摹鐫石聞名。徐樹蘭創辦的古越藏書樓，以存古開新爲宗旨，以資人觀覽爲初心，成爲中國近代第一家公共圖書館。

民國時，代表性的紹興藏書家與藏書樓有：羅振玉的大雲書庫、徐維則的初學草堂、蔡元培創辦的養新書藏、王子餘開設的萬卷書樓、魯迅先生讀過書的三味書屋等。

根據二〇一六年完成的古籍普查結果，紹興全市十家公藏單位，共藏有一九一二年以前産生的中國傳統裝幀書籍與民國時期的傳統裝幀書籍三萬九千七百七十七種、二十二萬六千一百二十五册，分别占了浙江省三十三萬七千四百零五種的百分之十一點七九、二百五十萬六千六百三十三册的百分之九點零二。這些館藏的文獻典籍，有不少屬於名人名著，其中包括在别處難得見到的珍稀文獻。這是紹興這個地靈人傑的文獻名邦確實不同凡響的重要見證。

一部紹興的藏書史，其實也是一部紹興人的讀書、用書、著書史。歷史上的紹興，刻書、藏書、讀書、用書、著書，良性循環，互相促進，成爲中國文化史上一道亮麗的風景。

（三）著述豐富多彩

紹興自古以來，論道立説、卓然成家者代見輩出，創意立言、名動天下者繼踵接武，歷朝皆有傳世之作，各代俱見槃槃之著。這些文獻，不僅對紹興一地有重要價值，而且也是浙江文化乃至中國古代文化的重要組成部分。

一是著述之風，遍及各界。越人的創作著述，文學之士自不待言，爲政、從軍、業賈者亦多喜筆耕，屢有不刊之著。甚至於鄉野市井之口頭創作、謡歌俚曲，亦代代敷演，蔚爲大觀，其中更是多有内藴厚重、哲理深刻、色彩斑斕之精品，遠非下里巴人，足稱陽春白雪。

二是著述整理，尤爲重視。越人的著述，包括對越中文獻乃至我國古代文獻的整理。宋孔延之的《會稽掇英總集》，清杜春生的《越中金石記》，近代魯迅的《會稽郡故書雜集》等，都是收輯整理地方文獻的重要成果。陳橋驛所著《紹興地方文獻考録》，是另一種形式的著述整理，其中考録一九四九年前紹興地方文獻一千二百餘種。清代康熙年間，紹興府山陰縣吴楚材、吴調侯叔侄選編的《古文觀止》，自問世以來，一直是古文啓蒙的必備書，也深受古文愛好者的推崇。

三是著述領域，相涉廣泛。越人的著述，涉及諸多領域。其中古代以經、史與諸子百家研核之作爲多，且基本上涵蓋了經、史、子、集的各個分類，近現代以文藝創作爲多，當代則以科學研究論著爲多。這也體現了越中賢傑經世致用、與時俱進的家國情懷。

四

盛世修典，承古啓新，以「紹興」之名，行紹興之實。

紹興這個名字，源自宋高宗的升越州爲府，並冠以年號，時在紹興元年（一一三一）的十月廿六日。這是對這座城市傳統的畫龍點睛。紹興這兩個字合在一起，藴含的正是承繼前業而壯大之、開創未來而昌興之的意思。數往而知來，今天的紹興人正賦予這座城市、這個名字以新的意藴，那就是繼承中華優秀傳統文化，建設中華民族現代文明，爲實現中華民族偉大復興，作出自己新的更大的貢獻。

編纂出版《紹興大典》，正是紹興地方黨委、政府文化自信、文化自覺的體現，是集思廣益、精心實施的德政，是承前啓後、繼往開來的偉業。

（一）科學的決策

《紹興大典》的編纂出版，堪稱黨委、政府科學決策的典範。二〇二〇年十二月十一日，中共紹興市委八届九次全體（擴大）會議審議通過了關於紹興市「十四五」規劃和二〇三五年遠景目標的建議，其中首次提出要啓動《紹興大典》的編纂出版工作。

二〇二一年二月五日，紹興市第八届人民代表大會第六次會議批准了市政府根據市委建議編製的紹興市「十四五」規劃和二〇三五年遠景目標綱要，其中又專門寫到要啓動《紹興大典》的編纂出版工作。二月八日，紹興市人民政府正式印發了這個重要文件。

二〇二二年二月二十八日的中共紹興市第九次代表大會市委工作報告與三月三十日的紹興市九届人大一次會議政府工作報告，均對編纂出版《紹興大典》提出了要求。

二〇二二年九月十五日，紹興市人民政府第十一次常務會議專題聽取了《〈紹興大典〉編纂出版工作實施方案》起草情況的匯報，決定根據討論意見對實施意見進行修改完善後，提交市委常委會議審議。九月十六日，中共紹興市委九届二十次常委會議專題聽取《〈紹興大典〉編纂出版工作實施方案》起草情況的匯報，並進行了討論，決定批准這個方案。十月十日，中共紹興市委辦公室、紹興市人民政府辦公室正式印發了《〈紹興大典〉編纂出版工作實施方案》。

（二）嚴謹的體例

在中共紹興市委、紹興市人民政府研究批准的實施方案中，《紹興大典》編纂出版的各項相關事宜，均得以明確。

一是主要目標。系統、全面、客觀梳理紹興文化傳承脉絡，收集、整理、編纂、研究、出版紹興地方文獻，使《紹興大典》成爲全國鄉邦文獻整理編纂出版的典範和紹興文化史上的豐碑，爲努力打造「文獻保護名邦」「文史研究重鎮」「文化轉化高地」三張紹興文化的金名片作出貢獻。

二是收録範圍。《紹興大典》收録的時間範圍爲：起自先秦時期，迄至一九四九年九月三十日，部分文獻酌情下延。地域範圍爲：今紹興市所轄之區、縣（市），兼及歷史上紹興府所轄之蕭山、餘姚。内容範圍爲：紹興人的著述，域外人士有關紹興的著述，歷史上紹興刻印的古籍善本和紹興收藏的珍稀古籍善本。

三是編纂方法。對所録文獻典籍，按經、史、子、集和叢五部分類方法編纂出版。

根據實施方案明確的時間安排與階段劃分，在具體編纂工作中，采用先易後難、先急後緩，邊編纂出版、邊深入摸底的方法。即先編纂出版情況明瞭、現實急需的典籍，與此同時，對面上的典籍情況進行深入的摸底調查。這樣的方法，既可以用最快的速度出書，以滿足保護之需、利用之需，又可以爲一些難題的破解争取時間；既可以充分發揮我國實力最强的專業古籍出版社中華書局的編輯出版優勢，又可以充分借助與紹興相關的典籍一半以上收藏於我國古代典籍收藏最爲宏富的國家圖書館的優勢。這是最大限度地避免時間與經費上的重複浪費的方法，也是地方文獻編纂出版工作方法上的創新。

另外，還將適時延伸出版《紹興大典·要籍點校叢刊》《紹興大典·文獻研究叢書》《紹興大典·善本影真叢覽》等。

（三）非凡的意義

正如紹興的文獻典籍在中華文獻典籍史上具有重要的影響那樣，編纂出版《紹興大典》的意義，同樣也是非同尋常的。

一是編纂出版《紹興大典》，對於文獻典籍的更好保護——活下來，具有非同尋常的意義。歷史上的文獻典籍，是中華文明歷經滄桑留下的最寶貴的東西。然而，這些瑰寶或因天災人禍，或因自然老化，或因使用過度，或因其他緣故，有不少已經處於岌岌可危甚至奄奄一息的境況。

編纂出版《紹興大典》，可以爲系統修復、深度整理這些珍貴的古籍爭取時間；可以最大限度呈現底本的原貌，緩解藏用的矛盾，更好地方便閱讀與研究。這是文獻典籍眼下的當務之急，最好的續命之舉。

二是編纂出版《紹興大典》，對於文獻典籍的更好利用——活起來，具有非同尋常的意義。歷史上的文獻典籍，流傳到今天，實屬不易，殊爲難得。它們雖然大多保存完好，其中不少還是善本，但分散藏於公私，積久塵封，世人難見；也有的已成孤本，或至今未曾刊印，僅有稿本、抄本，秘不示人，無法查閱。

編纂出版《紹興大典》，將穿越千年的文獻、深庋密鎖的秘藏、散落全球的珍寶匯聚起來，化身萬千，走向社會，走近讀者，走進生活，既可防它們失傳之虞，又可使它們嘉惠學林，也可使它們古爲今用，文旅融合，還可使它們延年益壽，推陳出新。這是於文獻典籍利用一本萬利、一舉多得的好事。

三是編纂出版《紹興大典》，對於文獻典籍的更好傳承——活下去，具有非同尋常的意義。歷史上的文獻典籍，能保存至今，是先賢們不惜代價，有的是不惜用生命爲代價換來的。對這些傳承至今的古籍本身，我們應當倍加珍惜。

編纂出版《紹興大典》，正是爲了述録先人的開拓，啓迪來者的奮鬥，使這些珍貴古籍世代相傳，使蕴藏在這些珍貴古籍身上的中華優秀傳統文化世代相傳。這是中華文化創造性轉化、創新性發展的通途所在。

編纂出版《紹興大典》，是紹興文化發展史上的曠古偉業。編成後的《紹興大典》，將成爲全國範圍内的同類城市中，第一部收録最爲系統、内容最爲豐贍、品質最爲上乘的地方文獻集成。

紹興這個地方，古往今來，都在不懈超越。超乎尋常，追求卓越。超越自我，超越歷史。《紹興大典》的編纂出版，無疑會是紹興文化發展史上的又一次超越。

道阻且長，行則將至；行而不輟，成功可期。「後之視今，亦猶今之視昔」；「後之覽者，亦將有感於斯文」（《蘭亭集序》）。讓我們一起努力吧！

馮建榮

二〇二三年六月十日，星期六，成稿於寓所

二〇二三年中秋、國慶假期，校改於寓所

編纂説明

紹興古稱會稽，歷史悠久。

大禹治水，畢功了溪，計功今紹興城南之茅山（苗山），崩後葬此，此山始稱會稽，此地因名會稽，距今四千多年。

大禹第六代孫夏后少康封庶子無餘於會稽，以奉禹祀，號曰「於越」，此爲吾越得國之始。《竹書紀年》載，成王二十四年，於越來賓。是亦此地史載之始。

距今兩千五百多年，越王句踐遷都築城於會稽山之北（今紹興老城區），是爲紹興建城之始，於今城不移址，海内罕有。

秦始皇滅六國，御海内，立郡縣，成定制。是地屬會稽郡，郡治爲吴縣，所轄大率吴越故地。東漢順帝永建四年（一二九），析浙江之北諸縣置吴郡，是爲吴越分治之始。會稽名仍其舊，郡治遷山陰。由隋至唐，會稽改稱越州，時有反復，至中唐後，「越州」遂爲定稱而至於宋。所轄時有增減，至五代後梁開平二年（九〇八），吴越析剡東十三鄉置新昌縣，自此，越州長期穩定轄領會稽、山陰、蕭山、諸暨、餘姚、上虞、嵊縣、新昌八邑。

建炎四年（一一三〇），宋高宗趙構駐蹕越州，取「紹奕世之宏庥，興百年之丕緒」之意，下詔從建炎五年正月改元紹興。紹興元年（一一三一）十月己丑升越州爲紹興府，斯地乃名紹興，沿用至今。

歷史的悠久，造就了紹興文化的發達。數千年來文化的發展、沉澱，又給紹興留下了燦爛的文化載體——鄉邦文獻。保存至今的紹興歷史文獻，有方志著作、家族史料、雜史輿圖、文人筆記、先賢文集、醫卜星相、碑刻墓誌、摩崖遺存、地名方言、檔案文書等不下三千種，可以説，凡有所録，應有盡有。這些文獻從不同角度記載了紹興的山川地理、風土人情、經濟發展、人物傳記、著述藝文等各個方面，成爲人們瞭解歷史、傳承文明、教育後人、建設社會的重要參考資料，其中許多著作不僅對紹興本地有重要價值，也是江浙文化乃至中華古代文化的重要組成部分。

紹興歷代文人對地方文獻的探尋、收集、整理、刊印等都非常重視，並作出過不朽的貢獻，陳橋驛先生就是代表性人物。正是在他的大力呼籲下，時任紹興縣政府主要領導作出了編纂出版《紹興叢書》的決策，爲今日《紹興大典》的編纂出版積累了經驗，奠定了基礎。

時至今日，爲貫徹落實習近平總書記系列重要講話精神，奮力打造新時代文化文明高地，重輝「文獻名邦」，中共紹興市委、市政府毅然作出編纂出版《紹興大典》的決策部署。延請全國著名學者樓宇烈、袁行霈、安平秋、葛劍雄、吴格、李岩、熊遠明、張志清諸先生參酌把關，與收藏紹興典籍最豐富的國家圖書館等各大圖書館以及專業古籍出版社中華書局展開深度合作，成立專門班子，精心規劃組織，扎實付諸實施。《紹興大典》是地方文獻的集大成之作，出版形式以紙質書籍爲主，同步開發建設數據庫。其基本内容，包括以下三方面：

一、《紹興大典》影印精裝本文獻大全。這方面内容囊括一九四九年前的紹興歷史文獻，收録的原則是「全而優」，也就是文獻求全收録；同一文獻比對版本優劣，收優斥劣。同時特别注重珍稀性、孤罕性、史料性。

《紹興大典》影印精裝本收録範圍：

時間範圍：起自先秦時期，迄至一九四九年九月三十日，部分文獻可酌情下延。

地域範圍：今紹興市所轄之區、縣（市），兼及歷史上紹興府所轄之蕭山、餘姚。

内容範圍：紹興人（本籍與寄籍紹興的人士、寄籍外地的紹籍人士）撰寫的著作，非紹興籍人士撰寫的與紹興相關的著作，歷史上紹興刻印的古籍珍本和紹興收藏的古籍珍本。

《紹興大典》影印精裝本編纂體例，以經、史、子、集、叢五部分類的方法，對收録範圍内的文獻，進行開放式收録，分類編輯，影印出版。五部之下，不分子目。

經部：主要收録經學（含小學）原創著作；經校勘校訂，校注校釋，疏、證、箋、解、章句等的經學名著；爲紹籍經學家所著經學著作而撰的著作，等等。

史部：主要收録紹興地方歷史書籍，重點是府縣志、家史、雜史等三個方面的歷史著作。

子部：主要收録專業類書，比如農學類、書畫類、醫卜星相類、儒釋道宗教類、陰陽五行類、傳奇類、小説類，等等。

集部：主要收録詩賦文詞曲總集、別集、專集，詩律詞譜，詩話詞話，南北曲韻，文論文評，等等。

叢部：主要收録不入以上四部的歷史文獻遺珍、歷史文物和歷史遺址圖録彙總、戲劇曲藝脚本、報章雜志、音像資料等。不收傳統叢部之文叢、彙編之類。

《紹興大典》影印精裝本在收録、整理、編纂出版上述文獻的基礎上，同時進行書目提要的撰寫，並細編索引，以起到提要鉤沉、方便實用的作用。

二、《紹興大典》點校研究及珍本彙編。主要是《紹興大典》影印精裝本的延伸項目，形成三個成果，即《紹興大典·要籍點校叢刊》《紹興大典·文獻研究叢書》《紹興大典·善本影真叢覽》三叢。選取影印出版文獻中的要籍，組織專家分專題開展點校等工作，排印出版《紹興大典·要籍點校叢刊》；及時向社會公布推出出版文獻書目，開展《紹興大典》收録文獻研究，分階段出版研究成果《紹興大典·文獻研究叢書》；選取品相完好、特色明顯、内容有益的優秀文獻，原版原樣綫裝影印出版《紹興大典·善本影真叢覽》。

三、《紹興大典》文獻數據庫。以《紹興大典》影印精裝本和《紹興大典·要籍點校叢刊》《紹興大典·文獻研究叢書》《紹興大典·善本影真叢覽》三叢爲基幹構建。同時收録大典編纂過程中所涉其他相關資料，未用之版本，書佚目存之書目等，動態推進。

《紹興大典》編纂完成後，應該是一部體系完善、分類合理、全優兼顧、提要鮮明、檢索方便的大型文獻集成，必將成爲地方文獻編纂的新範例，同時助力紹興打造完成「歷史文獻保護名邦」「地方文史研究重鎮」「區域文化轉化高地」三張文化金名片。

《紹興大典》在中共紹興市委、市政府領導下組成編纂工作指導委員會，組織實施並保障大典工程的順利推進，同時組成由紹興市爲主導、國家圖書館和中華書局爲主要骨幹力量、各地專家學者和圖書館人員爲輔助力量的編纂委員會，負責具體的編纂工作。

《紹興大典》編纂委員會

二〇二三年五月

史部編纂説明

紹興自古重視歷史記載，在現存數千種紹興歷史文獻中，史部著作占有極爲重要的位置。因其內容豐富、體裁多樣、官民兼撰的特點，成爲《紹興大典》五大部類之一，而別類專纂，彙簡成編。按《紹興大典·編纂説明》規定：「以經、史、子、集、叢五部分類的方法，對收録範圍內的文獻，進行開放式收録，分類編輯，影印出版。五部之下，不分子目。」「史部：主要收録紹興地方歷史書籍，重點是府縣志、家史、雜史等三個方面的歷史著作。」

紹興素爲方志之鄉，纂修方志的歷史較爲悠久。據陳橋驛《紹興地方文獻考録》（浙江人民出版社，一九八三年版）統計，僅紹興地區方志類文獻就「多達一百四十餘種，目前尚存近一半」。在最近三十多年中，紹興又發現了不少歷史文獻，堪稱卷帙浩繁。

據《紹興大典》編纂委員會多方調查掌握的信息，府縣之中，既有最早的府志——南宋二志《（嘉泰）會稽志》和《（寶慶）會稽續志》，也有最早的縣志——宋嘉定《剡録》；既有耳熟能詳的《（萬曆）紹興府志》，也有海內孤本《（嘉靖）山陰縣志》；更有寥若晨星的《永樂大典》本《紹興府志》，等等。存世的紹興府縣志，明代纂修並存世的萬曆爲最多，清代纂修並存世的康熙爲最多。

家史資料是地方志的重要補充，紹興地區家史資料豐富，《紹興家譜總目提要》共收録紹興相關家譜資料三千六百七十九條，涉及一百七十七個姓氏。據二〇〇六年《紹興叢書》編委會對上海圖書館藏紹興文獻的調查，上海圖書館館藏的紹興家史譜牒資料有三百多種，據紹興圖書館最近提供的信息，其館藏譜牒資料有二百五十多種，一千三百七十八册。紹興人文薈萃，歷來重視繼承弘揚耕讀傳統，家族中尤以登科進仕者爲榮，每見累世科甲、甲第連雲之家族，如諸暨花亭五桂堂黄氏、山陰狀元坊張氏，等等。家族中每有中式，必進祠堂，祭祖宗，禮神祇，乃至重纂家乘。因此纂修家譜之風頗盛，聯宗聯譜，聲氣相通，呼應相求，以期相將相扶，百世其昌，因此留下了浩如煙海、簡册連編的家史譜牒資料。家史資料入典，將遵循「姓氏求全，譜目求全，譜牒求優」的原則遴選。

雜史部分是紹興歷史文獻中内容最豐富、形式最多樣、撰者最衆多、價值極珍貴的部分。記載的内容無比豐富，撰寫的體裁多種多樣，留存的形式面目各異。其中私修地方史著作，以東漢袁康、吴平所輯的《越絶書》及稍後趙曄的《吴越春秋》最具代表性，是紹興現存最早較爲系統完整的史著。

雜史部分的歷史文獻，有非官修的專業志、地方小志，如《三江所志》《倉帝廟志》《螭陽志》等；有以韻文形式撰寫的如《山居賦》《會稽三賦》等；有碑刻史料如《會稽刻石》《龍瑞宫刻石》等；有詩文游記如《沃洲雜詠》等；有珍貴的檔案史料如《明浙江紹興府諸暨縣魚鱗册》等；有名人日記如《祁忠敏公日記》《越縵堂日記》等；有綜合性的歷史著作如海内外孤本《越中雜識》等；也有鉤沉稽古的如《虞志稽遺》等。既有《救荒全書》《欽定浙江賦役全書》這樣專業的經濟史料，也有《越中八景圖》這樣的圖繪史料等。舉凡經濟、人物、教育、方言風物、名人日記等，應有盡有，不勝枚舉。尤以地理爲著，諸如山川風物、名勝古迹、水利關津、衛所武備、天文医卜等，莫不悉備。

這些歷史文獻，有的是官刻，有的是坊刻，有的是家刻。有特别珍貴的稿本、鈔本、寫本，也有珍稀孤罕首次面世的史料。由於《紹興大典》的編纂出版，這些文獻得以呈現在世人面前，俾世人充分深入地瞭解紹興豐富多彩的歷史文化。受編纂者學識見聞以及客觀條件之限制，難免有疏漏錯訛之處，祈望方家教正。

《紹興大典》編纂委員會

二〇二三年五月

康熙 諸暨縣志 十二卷

〔清〕蔡杓修，〔清〕章平事、楊浣纂

清康熙十一年（一六七二）刻本

影印説明

《（康熙）諸暨縣志》十二卷，清蔡杓修，清章平事、楊浣纂。清康熙十一年（一六七二）刻本。半葉九行行二十字，小字雙行同，白口，單魚尾，左右雙邊，有圖。原書版框尺寸高20.9釐米，寬15.1釐米。書前有章平事所撰《諸暨縣重修志序》《修諸暨縣志凡例》，卷十二後附「舊志序文」六篇。「圖考目録」葉鈐「鐵琴銅劍樓」白文長方印、「稽瑞樓」白文長方印，可知曾爲鐵琴銅劍樓瞿氏及常熟陳氏所藏。《（乾隆）諸暨縣志》卷三十六「經籍」載「諸暨縣志十二卷，康熙壬子知縣蔡杓延邑人章平事、楊浣修」。

蔡杓，福建晉江人，舉人，康熙七年來知縣事。章平事，字大脩，號無黨，諸暨人，清順治九年（一六五二）進士，出黄岡劉子壯之門，曾任河南永寧縣縣令。《（乾隆）諸暨縣志》卷二十三有小傳，言「康熙中，邑令蔡杓奉檄纂修縣志，平事主之，今稱章志」。

此次影印，以國家圖書館藏本爲底本。原書章序缺第一葉，卷一缺第一、二葉，卷二缺第七、八葉，兹據同版本補。

諸暨縣重修志序

郡邑之有志何昉乎周官小史外史之職所從來久矣吾越郡志自張陽和孫月峰兩先生修纂後踰八十餘年闕焉不

備令會稽漢陽張公禹木先生來守是邦無利不興無癈不舉一日集薦紳士庶於庭喟然曰郡志豈可勿修乎文獻之隆替聞

閘之利病錢穀之豐歉河渠之疏通八十年間民風土俗自爲一右今所有宜因宜益宜革宜損者洵備載夫至道十年而一變今且數變矣豈因顧

無可革者乎損觀無可益者
乎官置士者實在責爲擇
是下令屬邑暨當以次奉
行令季仲秋以行部至暨
間有紙董暨之志者廣之
張君書乘乃以二家夫子對

夫子聞之正襟危坐進事
而詔之曰志經士心取義豈
非吾久有此心耶抑暨志
絕筆於前壬辰吾誕於是
歲所見所聞所傳聞歷
年久詳且確耶雖然吾

老矣而其勉為之夫一人之耳目有限而一邑之事無窮然其大要不外適古正俗表賢恤民興利除弊數者而其間尤聚教訓培養補救之方全在治事者

一僕一事善惟侯之賜一事不善亦惟僕之罪昭萬曆迄

今上康熙屬侯二十有二人或以寬或以猛或以明作或以因循不敢謂人非身魯民

章序八四

世樂利也顧欲講求八年所見所聞所傳聞補綴舊志不但勢有未逮且茫乎無所從事焉而不知今之志非昔比乎昔之醫富今之醫貧昔之醫僻一偶今之醫衛四

蹟且書則人情淳而今斯漓土風樸而今斯囂物力易而今斯艱所賴乎志者志與也若造修其山川人物之勝以資騷人墨客吟咏嘯傲何貴爲孔子作春秋其

義蹟窮取之令觀前志所載咸有條緒因之而已後八十年所未志者將志富而不志貧耶志繼而不志衛耶人情厚古風樸物力易則志而漓與囂與顯晦勿志耶採事直書因

史衍義可矣事唯而遜敬同
書乘及文學揚子雲刪繁
訂訛循名責實閏五月日
而書成幸不辱太守之
命董稟起拜且謝曰
荷尊大人教實多維結甚久

子得附以紀姓氏於篇末
垂諸久遠皆以賜也著焉
有於功德言三不朽真無
歉也已

邑人章平事謹序

章平事

修諸暨縣志凡例

一邑之有志自纘亭公之前已經四修皆名人手纂纘亭公又裒四志而成書集翠爲叢無容决擇間有一二刪去者今昔異宜不得不然故也今之續修但增舊志後八十年所應增未嘗損舊志前數百年所不應損庶是非不至顛繆于先賢也

一前志爲門一十有六今憲府所頒依舊郡志一十有八大率名異實同其門之多寡不齊在分合之間固不煩摭拾創起以

足其數也惟職官選舉二門纘亭公慕胡栢泉公滁志用資治通鑑例爲編年以便觀省若寺觀一類又以爲崇宫清樹多當山川之秀且佛老之說儒者不道仍歸于山川之後不以襍夫建置其言甚正今悉從之

一舊志載人物纘亭公改列傳謂人物則擇取必精列傳則賢不肖皆得載之夫人物而入於志豈有不肖者殆指阮佃夫一人言也今於佃夫之末特綴數語貶之仍改爲人物而并得存其列傳之

一古人詩文有關建置利弊幷封内名勝者不擇今昔皆載然舊志或詩或記就附于本事本蹟之後致瑣細不能豁目今事蹟下但載詩歌而一切記述之篇别載于序志門内不特便於省覽抑使後有作可以補入

章平事識

諸暨縣誌圖考目錄

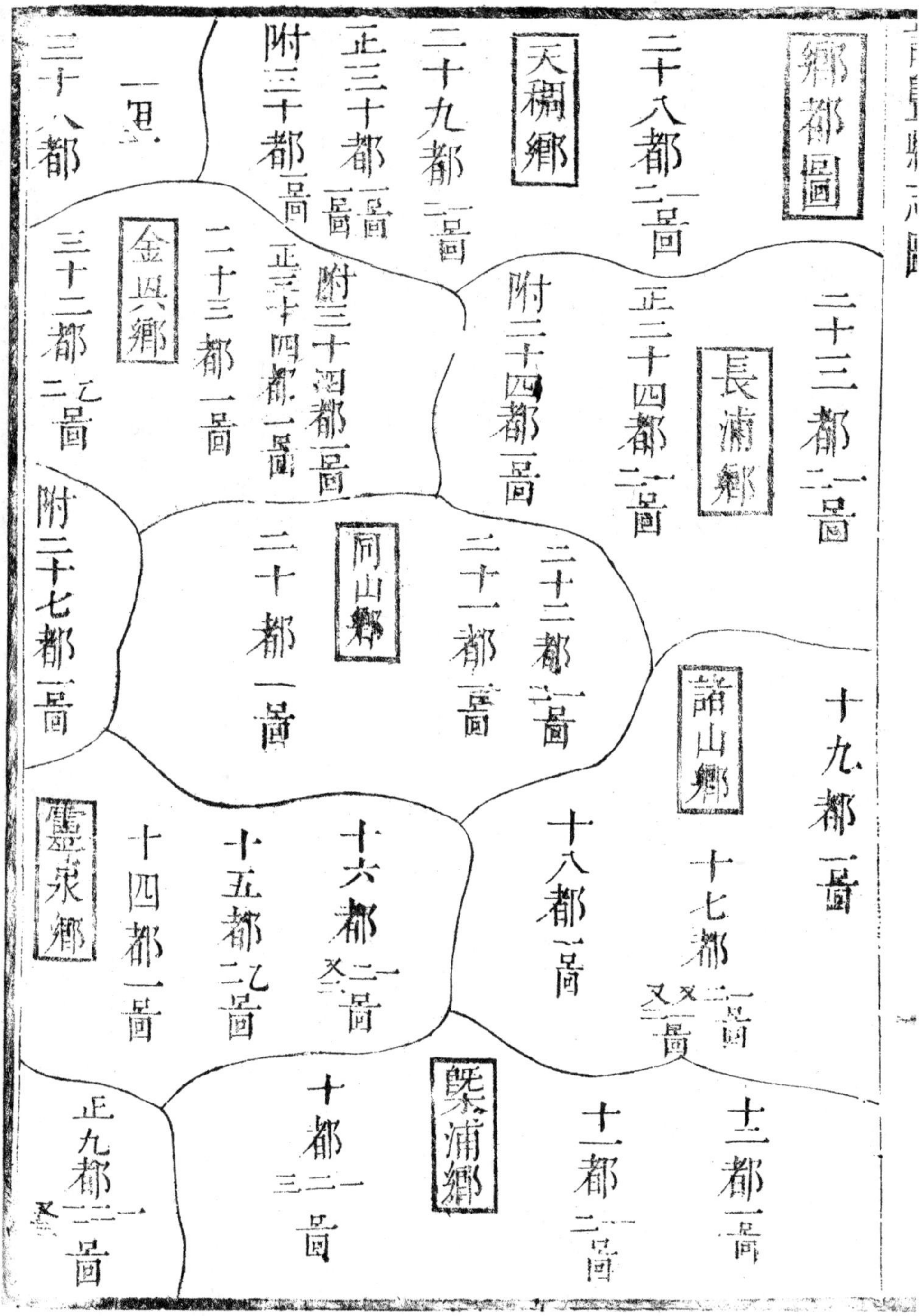

鄉都圖

二十八都二一啚

天爾鄉

二十九都二一啚

正三十都二一啚

附三十都一啚

一里

三十八都

二十三都二一啚

長浦鄉

正二十四都二一啚

附二十四都一啚

附三十四都一啚

正三十四都一啚

二十三都一啚

金興鄉

三十二都二乙啚

二十二都二一啚

二十一都一啚

同山鄉

二十都一啚

附二十七都一啚

十九都一啚

諸山鄉

十七都二一啚 又又二啚

十八都一啚

十六都又二一啚

十五都二乙啚

十四都一啚

靈泉鄉

十三都一啚

十一都二一啚

槩浦鄉

十都三二一啚

正九都又二一啚

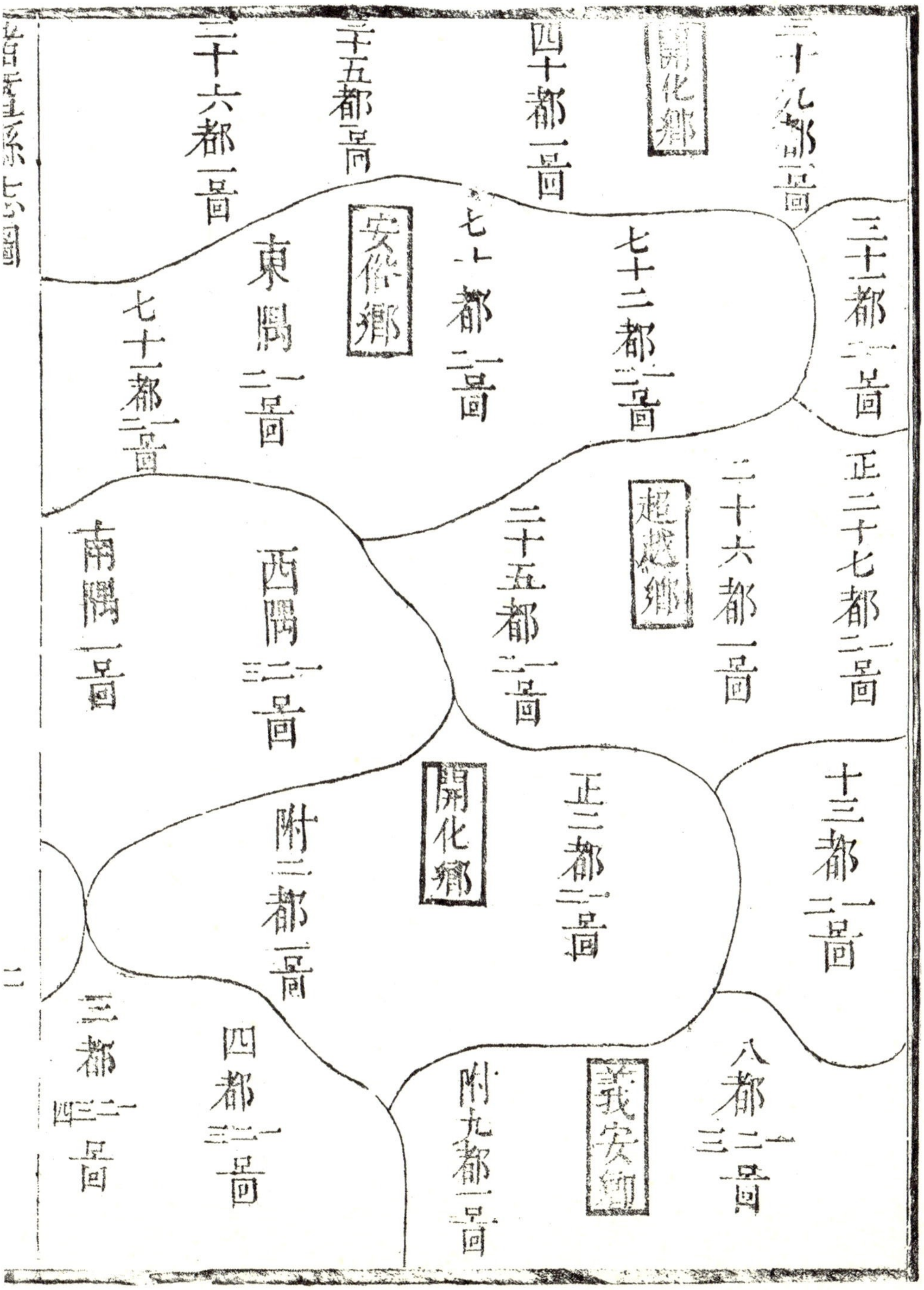

三十九都一圖

開化鄉

四十都一圖

三十五都一圖

三十六都一圖

三十都一二圖

七十二都一二圖

七十都一二圖

安俗鄉

東隅一二圖

七十一都一二圖

正二十七都一二圖

二十六都一圖

超越鄉

三十五都一二圖

西隅一二三圖

南隅一圖

十三都一二圖

正三都一二圖

開化鄉

附二都一圖

八都一二三圖

義安鄉

附九都一圖

四都一二三圖

三都一二三四圖

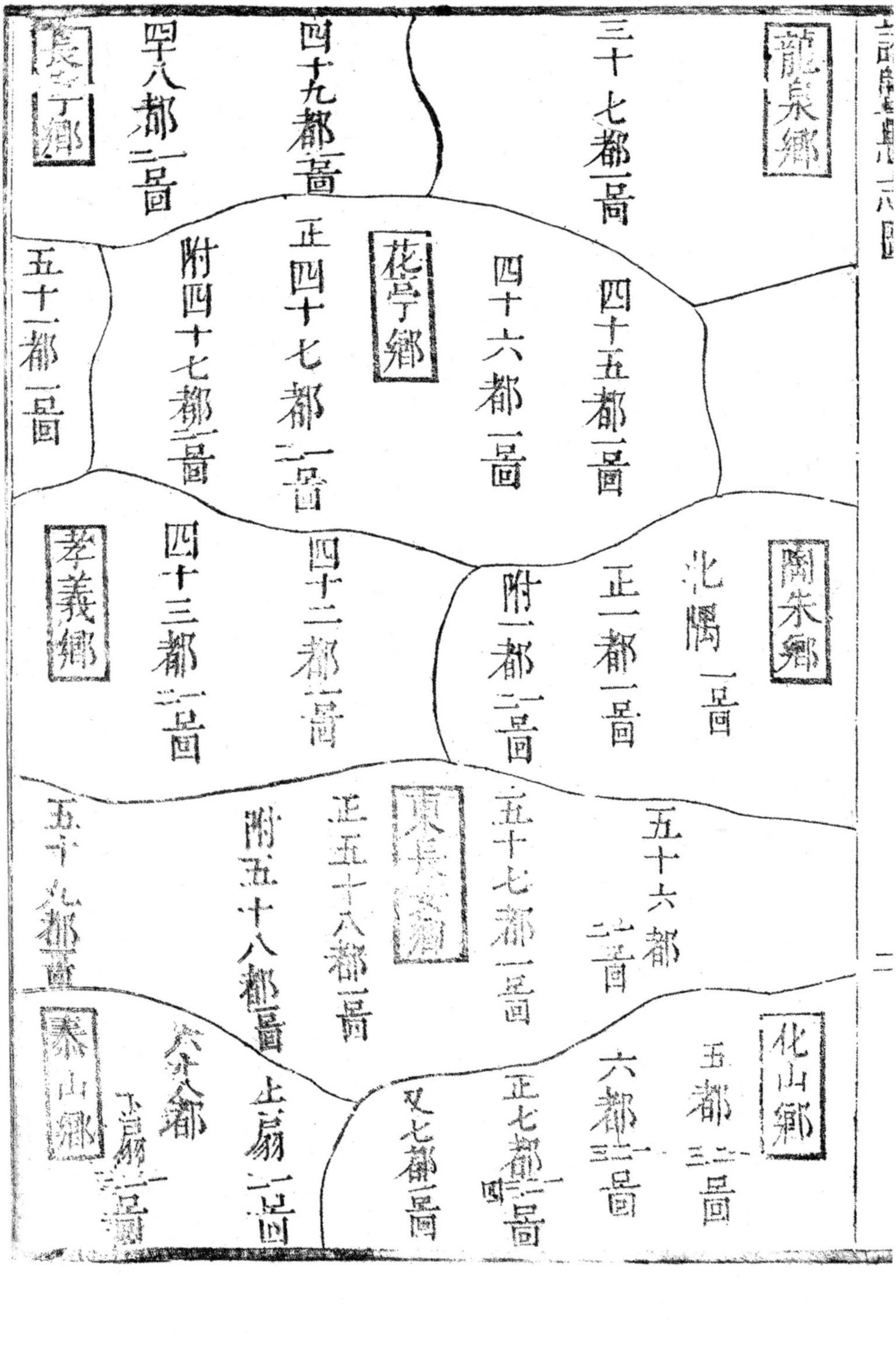

龍泉鄉
三十七都一圖
四十九都一圖
四十八都一二圖
長寧丁鄉

花亭鄉
四十五都一圖
四十六都一圖
正四十七都一二圖
附四十七都一二圖
五十一都一圖

開東鄉
北隅一圖
正一都一圖
附一都一二圖
四十二都一二圖
四十三都一二圖
孝義鄉

東安鄉
五十六都一二圖
五十七都一圖
正五十八都一圖
附五十八都一圖
五十九都一圖

化山鄉
五都一二三圖
六都一二三圖
正七都一二三四圖
又七都一圖
上扇一二圖
六十八都
下扇一二三圖
泰山鄉

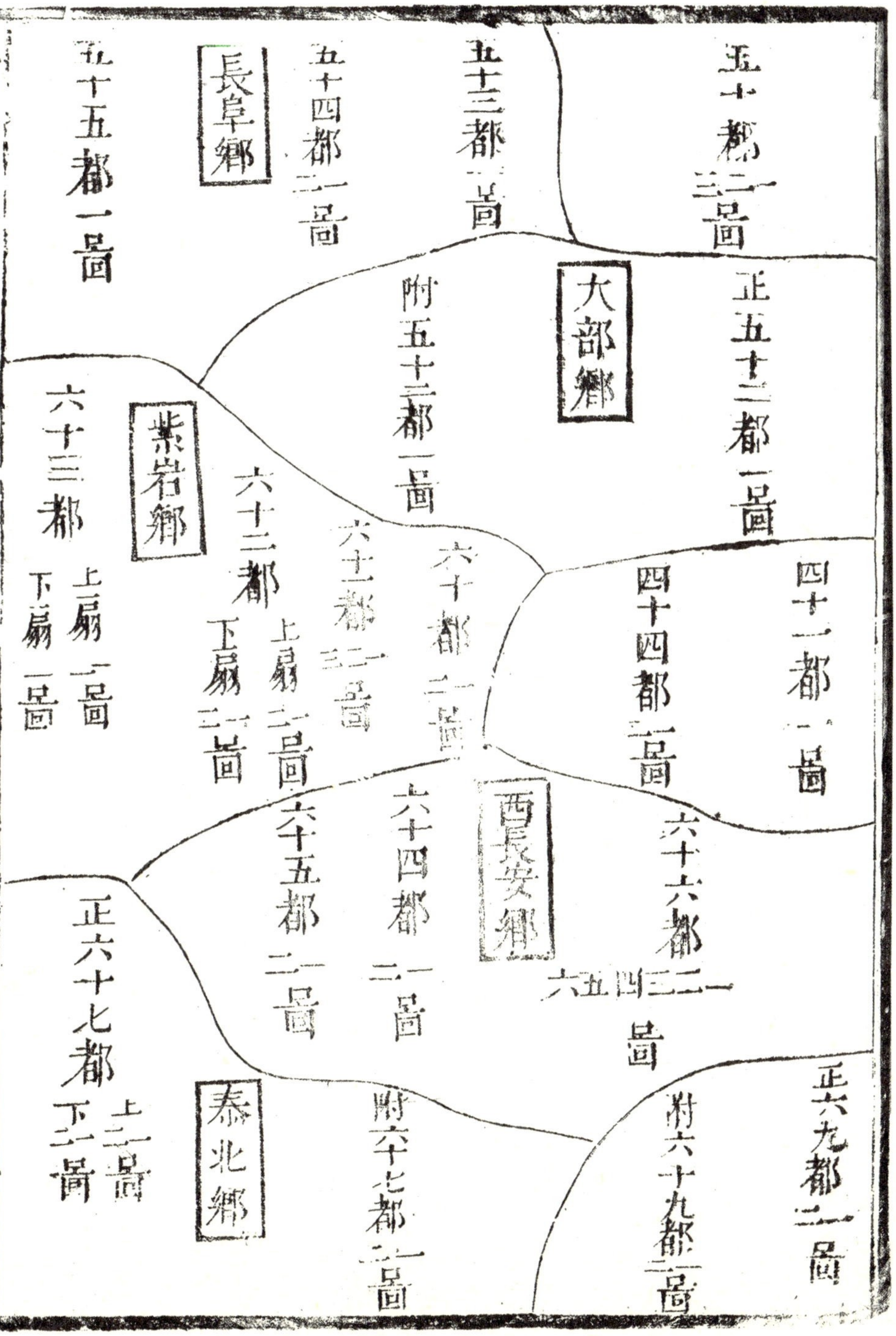

諸暨縣志圖

五十一都三二一啚
五十三都二一啚
五十四都三二一啚
長阜鄉
五十五都一啚
正五十二都一啚
大部鄉
附五十二都一啚
紫岩鄉
六十三都上扇一啚下扇一啚
六十二都上扇二一啚下扇三二一啚
六十一都三二一啚
六十都二一啚
四十四都二一啚
四十一都一啚
西長安鄉
六十五都二一啚
六十四都二一啚
六十六都六五四三二一啚
正六十七都上二一啚下二一啚
泰北鄉
附六十七都二一啚
附六十九都二啚
正六十九都二一啚

縣境圖

山陰縣界
古博舖
泌湖
乾溪舖
會稽縣界
湯家陡門
樸豆山
枫橋舖
十里舖
廿里排
東陽縣界
嵊縣界
東
善坑舖

省城水路
蕭山縣界
富陽縣界
五泄山
浦江縣界
義烏縣界
漁鲁山
大侶湖
五湖
儒學
諸暨縣
教場
白岩山
五指山

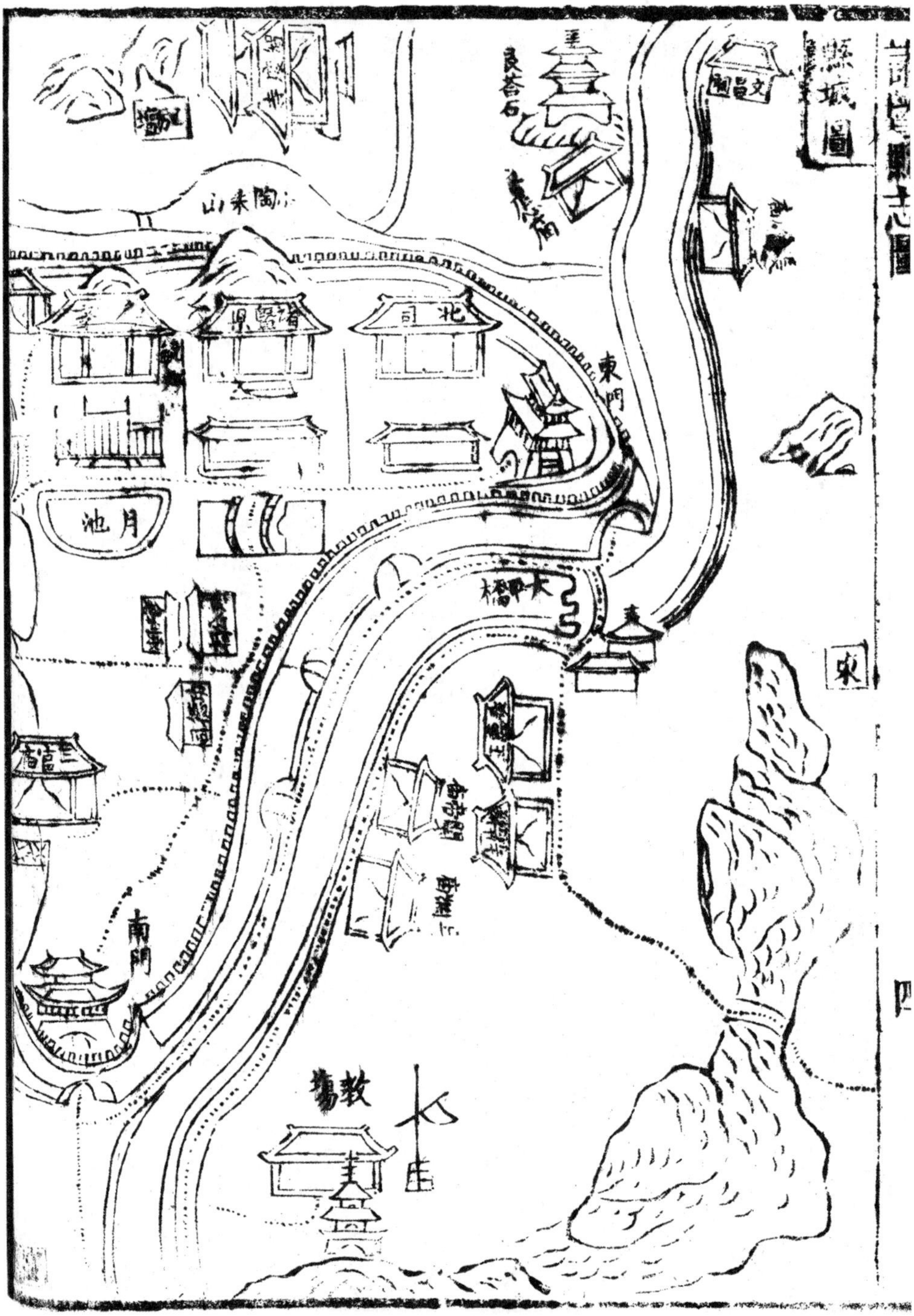

縣城圖

文昌閣

良苔石

陶朱山

諸暨縣

北司

東門

月池

東

南門

教場

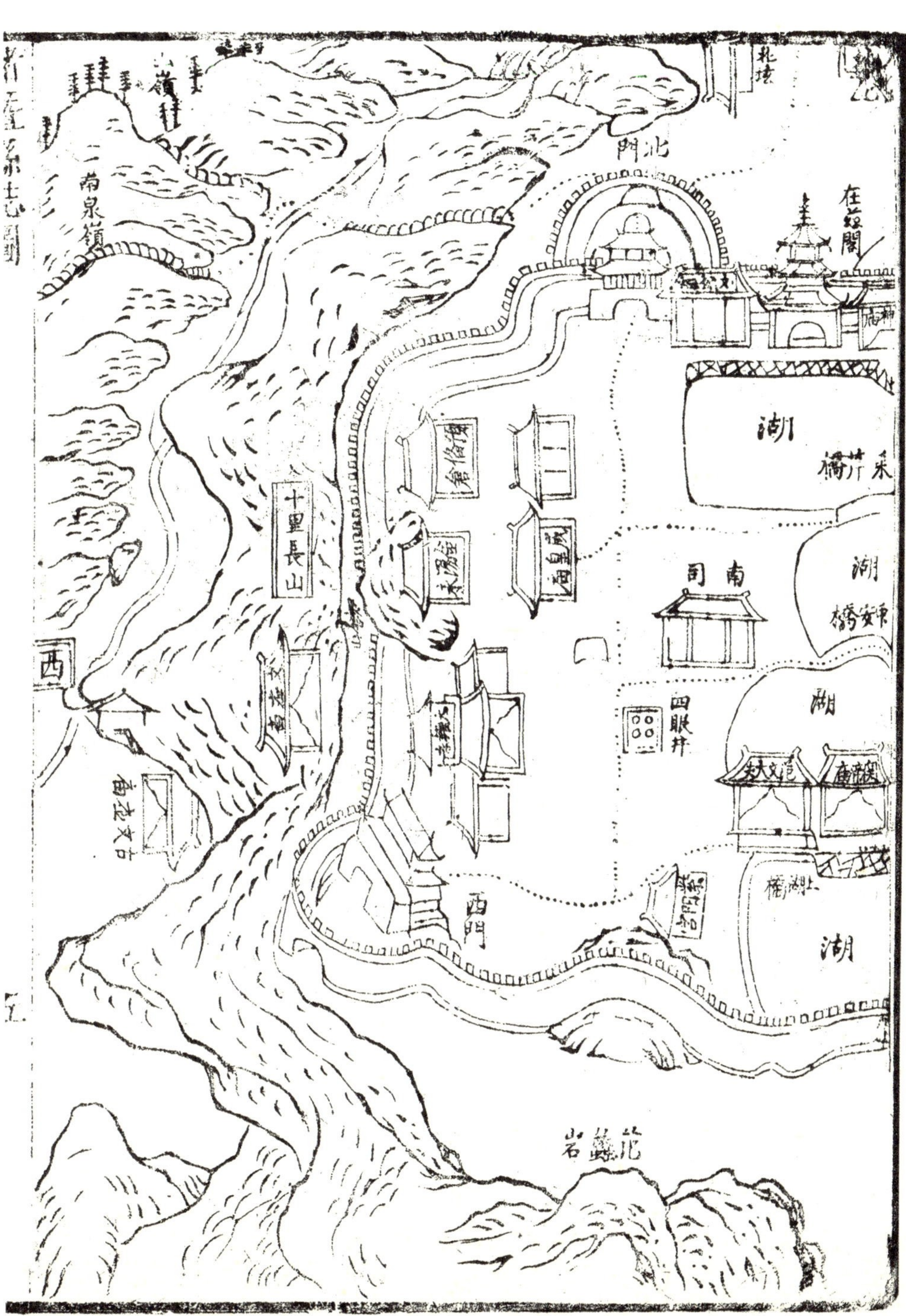
北門
在茲閣
湖
采芹橋
湖
東安橋
南司
四眼井
湖
湖
西門
十里長山
南泉嶺
西
苧蘿岩

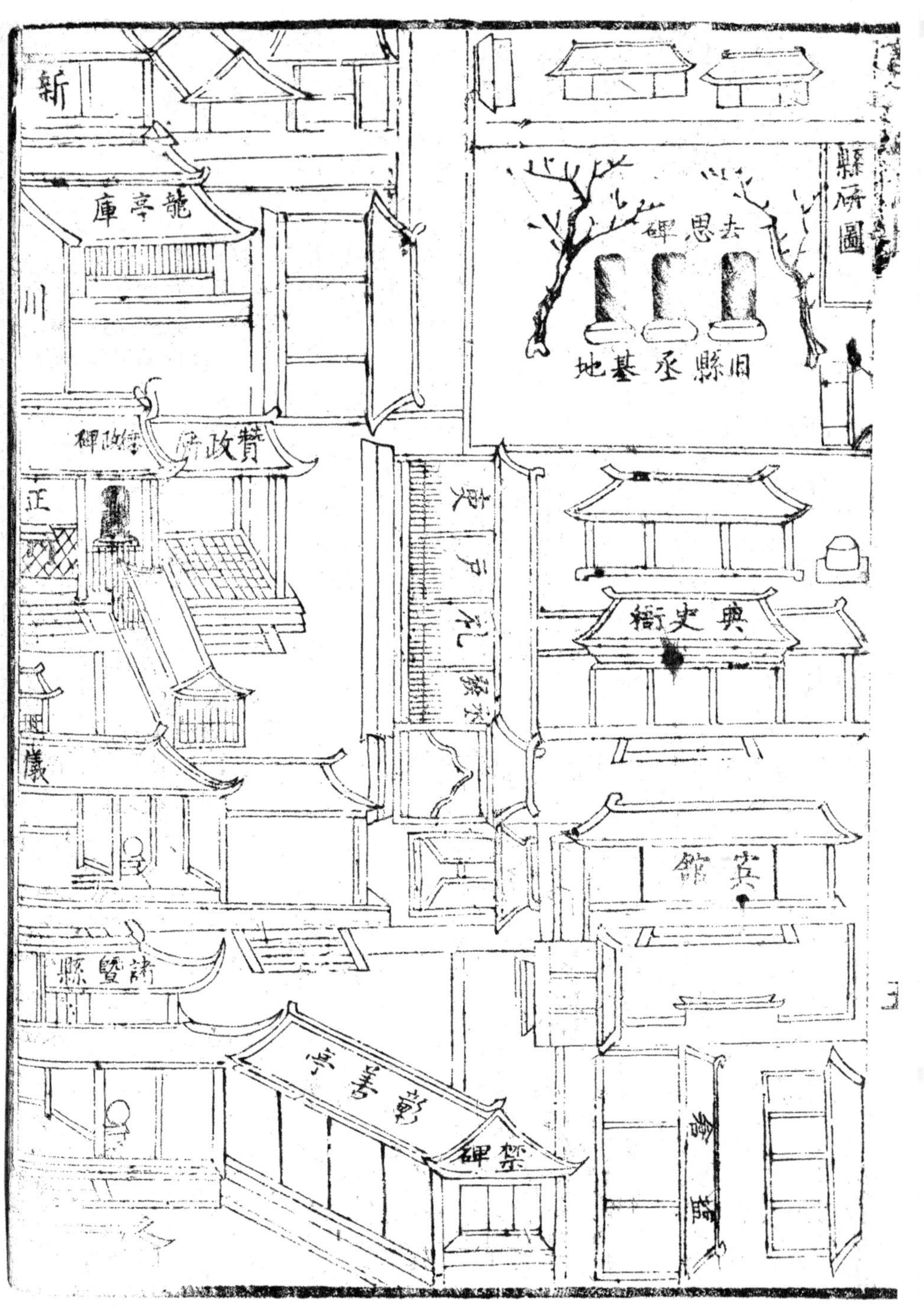
新
龍亭庫
川
德政碑
贊政廳
正
儀
諸暨縣
禁碑
縣廨圖
去思碑
旧縣丞基地
典史衙

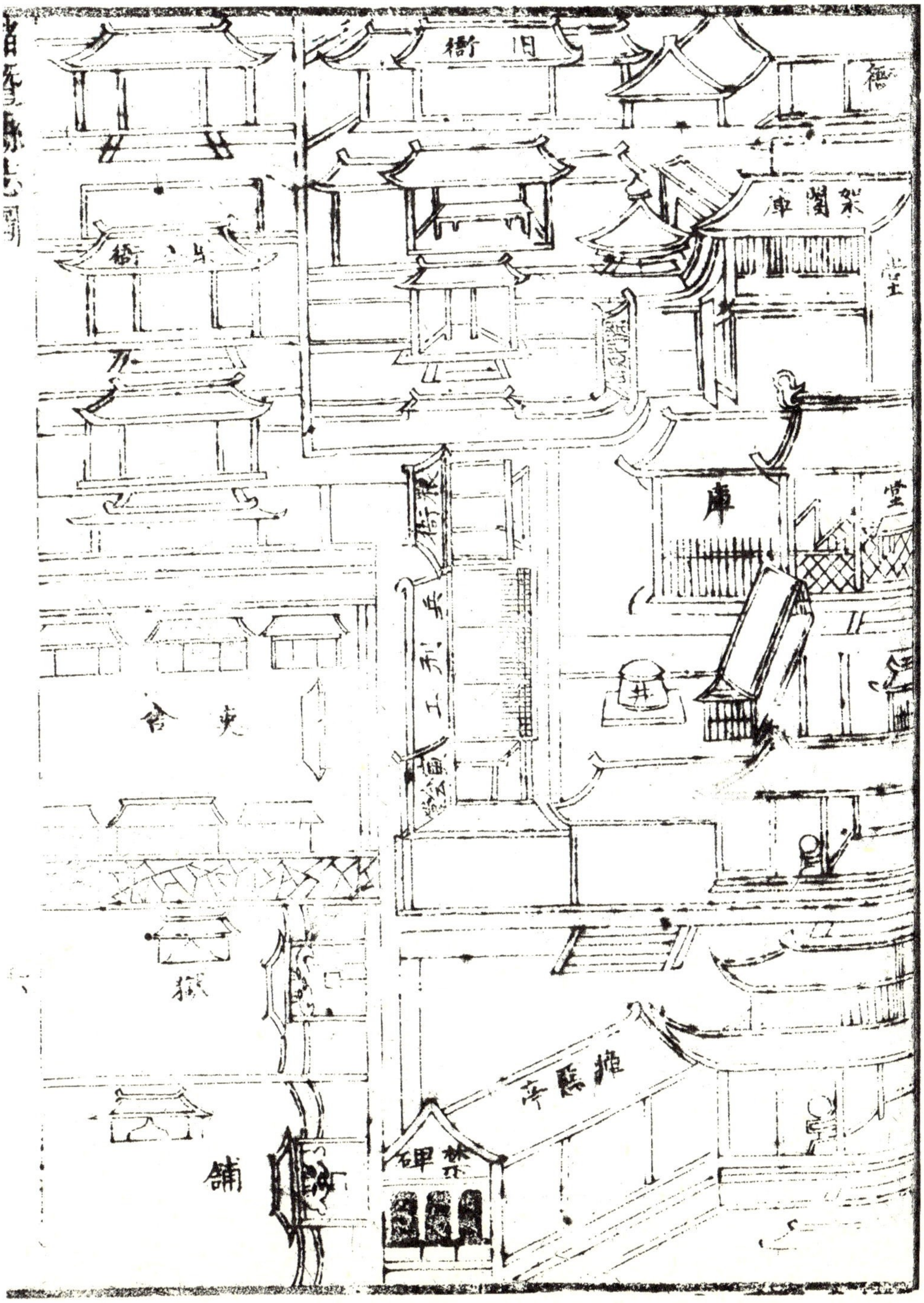

架閣庫
堂
庫
堂
吏舍
井
獄
禁碑
舖

尊經閣

敎諭衙

明倫

先師

訓導基地

啟聖宮

戟門

儒學

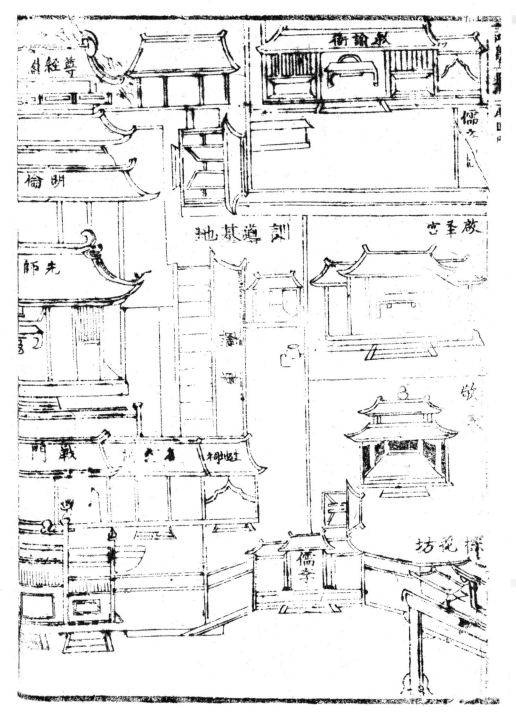

射圃
訓導基地見存
忠孝祠
鄉賢祠
都憲坊

苧蘿山圖
演武場
東岳廟
知県張夬建
浣沙石
東

北
西
南壇
西施村
暎應登寫

續增諸暨縣志目錄

諸暨縣誌卷之一

疆域志　沿革　都里

諸暨縣屬浙江紹興府其界自縣治東至山陰會稽二縣（山陰古博嶺 會稽駐日嶺）俱七十里西至杭州府富陽縣金華府浦江縣（皆五洩 諸山）俱五十里而遥南至金華府義烏縣（善坑嶺弁 白岩山）六十里而遥北至蕭山山陰二縣（皆兎 石頭）俱九十里東北至山陰縣（白水 山）九十里而近西北至富陽縣（雀門 嶺）七十里東南至嵊縣（宣家 山）八十里而近金華府東陽縣（白水 嶺）八十里而

逵西南至浦江縣日入桂山七十里此疆域界限之大槩也其程至本府治一百一十里至本布政司二百二十里至　京師四千七百六十里此疆域路程之大槩也

按諸暨自周以前俱揚州之境不問可知也但其邑土各稱并所屬有槩不可考者春秋時固屬之越王句踐知其爲夏少康庶子無餘之後矣然三代之制雖大國不過百里而越之分茅若此其大豈其奉禹之祀遂得而踰其常制哉其説有未盡

明者故缺之

秦諸暨縣屬會稽郡所屬未詳下凡不書所屬者皆同

按越絕記地傳秦始皇帝三十七年東遊至會稽道虔牛渚奏東安槿頭道虔諸暨到大越乃更名大越曰山陰已去奏諸暨錢塘因奏吳上姑蘇臺諸暨之見于書始此兩漢書會稽郡皆註秦置豈諸暨亦其時所置耶或曰十道志言句踐索美女得諸暨苧蘿山賣薪女則越時固有諸暨之名矣然吳越春秋等書並無其文豈十道志所云亦唐

人追書之詞與越絕記吳越事爲多而諸暨之名

以秦始皇帝見亦未必爲吳越時所記矣

前漢諸暨縣屬會稽郡新莽改名疏

後漢諸暨縣屬會稽郡興平二年孫氏分立吳寧豐

安二縣屬東陽郡

三國諸暨縣屬會稽郡吳地

晉　宋　齊　梁　陳　隋俱諸暨縣屬會稽郡

唐諸暨縣屬越州亦曰會稽郡

按隋開皇元年改會稽郡爲吳州大業元年改吳

州爲越州尋復爲會稽郡唐武德四年仍改會稽

稽爲越州天寶元年復改越州爲會稽郡

五代諸暨縣屬會稽府吳越王地

宋諸暨縣屬越州大都督府會稽郡紹興元年改紹

興府乾道八年以楓橋鎮置義安縣淳熙元年革

元諸暨州元貞元年陞屬紹興路至正十三年改所屬蒙古字學

捕盜司楓橋巡檢司湖頭巡檢司開化巡檢司楓

橋驛楓橋稅課司即稅務今未盡詳

明諸暨縣洪武三年改屬紹興府洪武三年改所屬儒學稅課

局洪武初年設正統四年革十一年復設嘉靖四十五年復革醫學陰陽學僧會司道會司俱洪武十七年設

洪武癸卯築城于五指巖下時守將謝再興叛歸張士誠李文忠築此禦之樓櫓濠柵靡不畢具太祖大喜賜名諸全新州後廢

按舊志本縣所屬載有楓橋鎮縣東五十里南屏鎮縣西三十里楓橋紙局與樂驛縣南五十里亭濶驛縣南二十里鹽倉酒務各二一在縣一在楓西北橋巡檢司五紫巖寨縣北八十里晉界寨縣東八十五里嵊縣界新界寨縣西南浙江界陽唐關縣西

南浦江界長清關縣西富陽界俱唐宋所設而廢于元今亦莫詳其實

國朝仍明制諸暨縣屬紹興府所屬儒學醫學陰陽學僧會司道會司

按

國朝諸暨自乙酉五月中歸附實

世祖順治二年也未幾會稽鄭遵謙挾魯藩烏合阻

江明年丙戌六月再平

宋寇仲温題諸暨縣記曰諸暨櫧縣也吳王闔廬

弟夫槩所封之地即今槩浦鄉是也邑之西有山上多楮木俗謂之楮山唐天寶中產木焉今曰諸暨然暨槩之訛實所未詳

按夫槩吳公子也何以得封越地雖何踐固曾臣吳考之吳越春秋其入吳時諸大夫送至西陵西返西陵今蕭山縣西興也則曷嘗以其地同入西謂吳公子得封之哉縱得封之越既滅吳不惟越人重以其所封爲稱即縱越者其肯舍數百年之故國而獨崇其一時暫得之稱謂必不然矣勞之

字義諸者衆也暨者及也或曰禹會計而諸侯畢及也又曰諸物萃聚暨貨財之生息也似爲得之然畢竟皆無證據舊說謂吳夫槩封諸槩浦西有櫧山櫧從省而爲諸槩亦從省而爲旣旣暨同音故諸暨實櫧槩也亦得之矣

論曰古郡縣名改置諸暨自秦以來雖一時或有殊名而置邑卒不易也良古邑哉然僻在一隅非戰守要害惟明初胡大海李文忠屢經攻取築新城于五指巖下以其時東有張士誠西

有方國珍之勁敵也然則諸暨稱浙東屏障八府咽喉亦顧其時勢何如耳

二十五鄉

鄉	都	啚	舊里
陶朱鄉	西隅	一啚	前應里
		二啚	
		三啚	
	南隅		[illegible]渚里

一啚　長山里

北隅　一啚

正一都　一啚

附一都　一啚　相門里

三啚

三啚　麼　白隅里

安俗鄉東隅　一啚　丁橋里

二啚

柵潭里

七十都

一啚　東朱里

二啚

三啚　廢　沙袋里

七十一都

一啚

二啚　烏石里

三啚　廢

四啚　廢　永樂里

七十二都一啚

二啚　大唐里

開元鄉正二都一[illegible]　溪山里

[illegible]啚

三啚　下墅里

開二[illegible]　[illegible]啚　[illegible]林里

花山鄉三都　五[illegible]　白門

一啚

三啚

四啚

五啚 廢 象湖里

六啚 廢

四都

一啚

二啚

啚

啚 廢 晚浦里

啚 廢

五都

啚

二啚　下浦里

四啚　廢

六都　一啚

二啚

三啚

四啚　廢　中浦里

正七都　一啚　郎逐

二啚　化

三啚

四啚

五啚 廢

附七都

一啚

義安鄉

八都

一啚 俞宅里

二啚

三啚 廻隊里

一啚 廢 茹繩里

五九都 朱墓里

二啚

三啚　浪下里

附九都

一啚

二啚　廢　里亭里

紫浦鄉

十都

一啚　陳宅里

二啚　太馬里

三啚　廢　塗塘里

十一都

一啚　獨山里

二啚　樓下里

十二都　一啚　南安里
二啚　廢　新亭里
三啚　廢　陶朱里
靈泉鄉
十三都　一啚　長溪里
二啚　黃金里
十四都　啚　石獸里
二啚　廢
十五都　一啚　地岸里
二啚

三啚 廢 高塲里

十六都 一啚

二啚 附二啚 十泉里

十七都 一啚 梅山里

附一啚 尚寳里

二啚 青潭里

十八都 一啚

二啚 廢 墅畈里

三啚 廢

十九都一啚　典古里
二啚　廢
三啚　廢
同山鄉二十都一啚　西坑里
二啚　廢
二十一都一啚　東向里
二啚　廢
二十二都一啚　豐江里
二啚

長浦鄉二十三都一啚　與樂里

三啚　廢

正廿四都一啚　附廿四都一啚　磧亭里

二啚

趙越鄉廿五都一啚　乾溪里

二啚

三啚　廢　同古里

四啚　廢　蔵山里

五啚　廢

天樹鄉

都	圖		里
廿六都	一圖		塘頭里
	二圖	廢	龍析里
正廿七都	一圖		
	二圖		上皋里
附廿七都	一圖		義井里
二十八都	一圖		鯉湖里
	二圖		
	三圖	廢	硯石里
二十九都	一圖		

二啚

三啚 廢　高唐里

四啚 廢

正三十都 一啚

二啚　坎頭里

附三十都 一啚

金真六都

三十一都 一啚　平泉里

二啚

三啚 廢　葸渚里

四啚 廢

五啚 廢 稠水里

三十二都 上扇一啚

下扇一啚 街亭里

三十三都 一啚

二啚 廢 建德里

正三十四都 一啚

二啚 廢 崇山里

附三十四都 一啚

龍泉鄉 三十五都 一啚 板橋里

三十六都 一啚 黃擇里

二啚 廢 樓子里

三啚 廢 黃畈里

四啚 廢 梅溪里

五啚 廢 崇賢里

六啚 廢 藝王里

三十七都 一啚 高崇里

二啚 廢 崇岡里

鄉	都	圖	里
		三圖 缺	樂安里
開化鄉	三十八都	一圖	沉坑里
		二圖 缺	苦竹里
		三圖 缺	峽山里
	三十九都	一圖	大田里 兵風里
		二圖 缺	海裏里
		三圖 缺	良田里 湖田里
		四圖 缺	笑溪里
	四十都	一圖	福田里

孝義鄉

四十一都

二啚　宮

一啚

二　廢

三啚　廢

四十二都

一啚

二啚　廢

四十三都

一啚

二啚

三啚　廢

演溪里　獨山里　大門里　流子里　杜坑里　胡塗里　白水里　程濱里　白隔里　黃碧里　官員里　小際里　錢　里　東林里

鄉	都	啚		里
	四十四都	一啚		上林里
		二啚		崇仁里
				城山里
		三啚	廢	
		四啚	廢	紫亀里
花亭鄉	四十五都	一啚		大林里
		二啚	廢	白社里
		三啚	廢	徐岸里
	四十六都	一啚		五灶里
		二啚	廢	後庄里

三啚　廢　龍泉里

長寧鄉

正四十七都　一啚　建興里

二啚　揚名里

三啚　廢　松岡里

附四十七都　一啚　永昌里

二啚

四十八都　一啚　黃山里

二啚　豐義里

四十九都　一啚　瓜山里

二圖　瓜山里

五十都
一圖
二圖　高湖里
三圖　靈臺里

大部鄉

五十一都
一圖
二圖　廢　白水里　白豐里
三圖　廢　安樂里

五十二都
一圖　奉化里　香山里
二圖　富樂里　宜仁里

鄉	都	啚	里
	附五十三都	一啚	上劉里
長阜鄉	五十三都	一啚	前塘里
			招德里
		二啚	
	五十四都	一啚	招賢里
			蘭臺里
		二啚	招習里
	五十五都	一啚	白水塘里
			管居里
東長安鄉	五十六都	一啚	胡部里
		二啚	招桂里
		三啚　廢	杜鳴里

五十七都一圖

五十八都一圖

附五十八都一圖

五十九都一圖

紫巖鄉

六十都一圖

二圖

六十一都一圖

二圖廢

六十二都上扇一圖

烏稽里 安明里 永明里 楓橋里 長塘里 石潭里 黃開里 盛後里 白曆里 金汀里 樂尉里

下扇一圖　牛格里

二圖　中里

六十三都　上扇一圖　琴鳴里

二圖　釣臺里

下扇一圖　水修里

二圖　廢　臨川里

西長安鄉

六十四都　一圖　杜汪里

二圖　銀冶里

三圖　廢　竹浦里

鄉	都	啚	里
	六十五都	一啚	吳助里
		二啚	泌浦里
	六十六都	一啚	孔胡里
		二啚	祈祈里
		三啚	
		四啚	安陽里
		五啚	
		六啚	
泰北鄉	六十七都	上扇一啚	

二啚

三啚

下扇一啚

二啚 廢

附六十七都一啚

二啚

泰南鄉六十八都上扇一啚

二啚

下扇一啚

二啚
三啚
四啚　廢

正六十九都
一啚
二啚
三啚　廢

附六十九都
一啚
二啚　廢

按暨舊志宋計二十四鄉元分長泰爲南北計二

十五鄉明朝因之大宰舊鄉有里今則鄉有都附郭者爲隅隅十坊爲一啚都十甲爲一啚一甲之中以丁戸爲額零者附之每里編丁田最者一戸爲長餘爲甲首坊如之每一里應役一年周一則復登其數各劑量之爲十其雜徭登之天府若其征輸則又分各里爲區歲編糧長二十八名此前朝舊制

國朝因之顧丁田之消長無常而啚里之習尚各異十指不可取齊明肩不容偏任截脛續足鳧鶴俱

病而役無剩量又未免有不均之嘆但前時舊制田值差丁值役相沿幾百年今奉

新例一槩從田承值此固軫恤窮丁無不均之嘆矣然恐積漸已久勢難頓除此在當事者善爲區畫而已

城池志

建置 壇社 城隍 塔 閣 市

鎮 坊 街 監 舖

城左臨浣水右倚長山圍四里高一丈有八尺

樓門四水門三知縣林富春築樓顏東曰壽封于阜南曰勾乘雲物西曰蠡湖烟月北曰槃浦禾桑

林公自誌

國朝建府州縣皆有城池以衛社稷固人民保障清獨腹內諸地或闕勿置今海戒時興頓擾郡縣諸暨在萬山之中寇亦再至城其得而闕諸嘉靖三十四年冬請築城于監司議曰可時公帑告虛民力匆觀詢貴官泌湖以益之議曰可乃以十二月十一日起工役越三十五年六月報罷城週九里凡千三十丈有奇城高丈八尺雉堞六尺凡二丈四尺有奇為門者四為月門者四為水門者三為樓門者四警舖如之公私費計六萬有奇董其事者鄉之耆老與其十遞年

總而督之則富民袁旅壽泰吹東陽蔡烈吳大賢何相何元德蔣魏樓守道陳天麟俞棋壽九萬趙曉黃道中王元梓陳鶴年也既成燕而落之賞各有差春秋凡用民力必書重其事也謹識之

按暨舊有城不知築于何年舊誌謂圍二里四十八步高一丈六尺唐開元中令羅元開建東北門天寶中郭密之建西南門吳越王錢鏐嘗遣王永脩築至明初改築圍九里三十步爲門者五東曰迎恩南曰迎薰北曰朝京西曰西施而水門不名後以成平日久民皆據其址爲宫室嘉靖中倭作邑知縣林公始至即議其役撓者紛紛一日榜示

曰城本官地決不予民城本官造決不擾民爰咨

再議遂鳩工刻日告成不咨一民而所議動給錢

糧尚未　封先是施公堯臣築蕭山城藉有聲譽

人爲之語曰蕭山城打成諸暨城誘成問民孰良

看兩城

池城東浣江天塹城中上中下三湖由城南紫山下

環儒學直抵北城出北城爲白水河沿城横入浣

江

按城中三湖名㖿前湖亦名學湖相傳舊嫌長山

勢逼用堪輿家説鑿此當之宋淳熙中知縣何喬浚其湮塞置二閘以時漲涸嘉靖中知縣徐履祥復浚之於儒學前環西築一堤人呼徐公堤後廢知縣夏公復築之又按湖水頗濁民不堪汲每有澄清之議而阻於地勢之難爲力説者謂萬一闢門三日將有拜井之虞惟計長者慮之而已教諭陳源重脩泮堤記諸暨學宮西南皆水也今令夏侯滋學周視垣宇內外顧而嘆曰非制也天子之學曰辟廱以水環丘如璧也諸侯之學曰泮宮以水半于辟廱也學宮之水偏帶西南不應古制合築堤以界焉乃屬曾尉尉訪前令徐公舊葺堤于是使人測其底度其廣面高

深廣袤凡若干丈土石工價計百金公乃捐俸爲之倡勸民之有力而好義者助之凡三月而工成内水若拱抱蜿然泮宫如制矣○城中五湖名學湖緣居民侵毀湖堤歷詳郡府嚴禁在案又紫陽祠在紫陽山之上今圯暫附名宦祠竢舉正典謹以備考鏡云○學諭海昌張華記

在茲閣北门城内三湖之水由北門入浣江萬曆甲辰縣尹劉光復建閣以鎮之顔曰在茲上有文曲像一以振城中之水口一以標泮宫之文峰

諸全新州城五指山下詳疆域

義安縣治枫橋今廢

城隍廟

廟在縣城西一里宋淳祐壬寅縣令家坤翁遷于淨覩院南洪武三年主簿史子疇重建長山之陽洪武丁卯縣丞馬文聰移山之麓傾圮永樂間邑人曹希賢王景明等建

正廟三間　川堂三間　後堂三間　東西廡各十三間

大門三間　坊一座　其別院道房不載

按城隍廟舊從灣角嶺進路神道湫隘不便萬曆己亥縣尹劉光復謀之父老買鍾姓地開闢直道前臨湖水

社稷壇在城北三里

壇一 垣 牆四門 宰牲房三間 神厨三間在壇東

齋房三間在壇西 今圯

按郡志舊社稷壇在縣南三里政和間令陳端禮依新式增築壇五雷風雨師附焉淳熙丙申令熊克別築五壇于縣西墉之外慶元四年令趙彥權始遷城北元要之西南四里長山下

風雲雷雨山川壇在城南四里洪武三年知縣田賦建

壇一垣 墻四門 宰牲房三間 神廚三間在壇東

齋房三間在壇西南 今圮

邑厲壇在城北二里洪武五年建

壇一垣 墻門一座 宰牲房三間在壇西南 今圮

里社壇每一里立一壇今廢

鄉厲壇每一里立一壇今廢

白水河塔北城外一里許萬曆乙酉知縣謝與思初始至崇禎庚午知縣王章落成之以振起艮方之勢與白洋金雞諸峰環聳風氣團聚人文漸盛

文明閣城東一里許萬曆癸巳知縣尹從淑建爲層者五爲面者六下甃以石洞上竪以鐵木帀窻玲瓏鈴聞十里閣南爲祠像文昌星于後楹前廳三間門房三間側房東西各三間沿江磊石築堤障水計若干丈

草塔市 十六都舊屬南屏鎮

孫家溪市 五都

楓橋鎮 五十四都

横山市 三十六都

排頭市 二十九都

街亭市 三十四都

店口市 六十一都

按楓橋鎮宋爲東尉司之地開熈間鹽寇竊發安撫辛棄疾申置乾道八年改義安縣析義安等十鄉屬之淳熙元年復爲鎮仍遣京官監鎮元因之改巡檢司領鄉六長寧大部長阜東安西安紫岩壬辰以來四郊多壘甲午築紹興城時台州方國珍轉據嵊縣訛言沸騰築排柵巡檢率弓兵集鄉兵屯守居民奔竄至丙午克定民復安業洪武庚戌仍設巡司至正統間革其地通杭紹台婺貨賄商旅駢集誠古鎮也

坊巷街道

承流宣化坊在縣前

牧民坊在縣前

安仁坊在縣前

狀元坊淳熙己酉上舍陞唐老釋褐因名

桂華坊即道山坊也路通乾明觀故名

范鄰坊本名芰亭又名采蓮通上湖近范相壇故名

台輔坊本名永樂宋叅政姚憲所居改今名在浣

江東

使華坊本名永泰近使華驛得名在縣東通西施坊

臨津坊在義津橋東

芝山坊本名義開唐縣令郭密之以山多芝草作亭其上而改焉又名靈芝之坊

製錦坊縣橋前本名永安

西施坊在西施灘

神秀坊以東嶽行宮而名在浣江東

勸農坊在東門外

相門坊宋縣令王楙所居左丞安禮曾孫故名

聯桂坊在北門裏至正甲申屠性王賀同登江浙

左亞橋故名

丹桂坊在北湖橋南高葆博與屠性同年小江浙

右亞橋故名

浣溪坊本名范川

綵織坊本名永歲舊酒庫在焉對上橋巷通養濟

院

華纓坊本名永昌

集賢坊本名臨壓

永壽坊在浣江東

中浦坊離縣四十五里紫草塢口

涇國公坊在六十四都

探花坊在學前永樂壬辰廷試三名王珏

進士坊在稅課局前成化戊戌[illegible]

父子登科坊在縣前直街馮謙馮珏

首元坊南司西首正德丙寅朱珉

司諫坊學前翁溥
少司馬大司寇坊縣前直街翁溥
京兆師　縣前直街
旌孝坊陶朱山前永樂時孝子趙紳
步雲坊阮溥
會魁尚文坊在楓橋宣德庚戌陳璣
國賢坊楓橋陳元魁
會魁坊廬墓永樂甲辰胡翟
尚賢坊楓橋永樂時駱翀

興賢坊長　衙永樂癸卯俞德昭

世科坊在西塢呂升呂公愿呂誂

繼興坊楓橋陳翰英

三節坊楓橋八門

師帥坊楓橋成化辛丑駱瓏

踏鼇坊在黃沙橋天順壬午張汲

節孝之門在江東袁仲僻妻黃氏

貞節坊在楓橋駱宗廸妻鄭氏

登科張庸

亞魁坊興樂正統丁卯徐琦

漕門坊上林斯汝霖

相國坊楓橋陳元昭

京闈進士楓橋鄭鈇

登第坊次峰宣德癸丑俞僩

進士坊楓橋正德庚辰陳賞

招賢坊

夫子巷在臨津坊南

見家巷在浣江東

孝義巷在楓橋中市由丁祥一孝王汝錫以義起

因名

十字街在縣南地當衝要百貨輻輳

紫羅街在西隅登仕橋北石砌紋如紫羅因名

半爿街在縣東

楓橋街有上中下三市分東西街商賈駢集

長蘭街在花山

前塘街在長阜

上棋街城内

下横街城内

諸暨縣誌卷之一終

卷之一

諸暨縣志卷之二

署廨志　正堂衙　佐二衙門　文廟亭館　倉庫　察院

縣治中城少近東北

正廳五間　川堂三間　後堂三間　幕廳一間在廳東

庫一間正廳西　東廊九間吏戶禮承發房　西廊九間兵刑工房

戒石亭一座甬道中　儀門三間　大門譙樓三間

知縣衙後堂西　縣丞衙縣庫西舊主簿衙今移建

監儀門外西　主簿衙舊縣丞原存幕廳東因主簿衙裁去遂移

典史衙儀門內東　吏舍西廊後　留存倉幕廳北

土地祠東廊西　迎賓館三間儀門左　旌善亭儀門左廂

申明亭儀門右廂

附舊建種學堂縣內今廢○無倦齋縣廳東宋時建○淸暉閣縣內宋建今廢○康石堂丞廳胡采書今廢○逍遙齋簿廳內宋主簿吳處厚建有記○雙蓮亭主簿廳側宋慶元間雙蓮產此故建○窺月臺尉治內○得心堂縣內今廢

按舊譙樓之內儀門之外爲居民隱佔奕據其中高樓宴肆喧沓無忌聽理公庭者方下官階卽入酒樓矣隆慶辛未知縣夏念東重建撤去民肆五丈有奇償三十餘金立碑記事

按縣治在陶朱山之陽嘉定中丁崇重建明初己亥屯兵守禦改諸全州時燬于兵洪武三年仍改縣知縣田賦創建迨後傾圮相仍正統己巳廳復遭回祿知縣張鉞再造之至正德己卯復毁知縣彭瑩重建崇禎十六年又圮知縣錢世貴再建

本朝順治丁亥九月山寇猝至廳廡門樓一夕盡燬至康熙庚戌知縣蔡杓捐俸建造先立儀門譙樓而堂署以次脩舉自是一邑規模重振矣鄉

大夫御史余縉碑記蔡侯諱衿字而執號瞻嶽福建泉州府晉江人由丁

酉科進士受命出都府余方巡視京城過謁問

郎取吾暨之民風土氣山川關隘而詳詢之予

固知　侯之上有以酬主知而下有以慰民望

也公嘗報政之期矣公而革徭田之獘巡行而

復經野之規具僭奸摘伏之神釋窩逃株連之

累追黃白渡之私滋而石梁重建清茅渚埠之

官門而輿杠再新諸如美政豈特葺縣治建廳

事堂之訖也哉然政有不可不記者

皇恩浩蕩而觀感無地何以令人瞻仰　國令之遠播

而觀瞻不肅何以令人敬畏而況乎公帑無諸

乞之金錢則動用難民間有早責之綵穀則率

作難乃　侯當此之際而捐俸勸諭不喻時而

異材林集神人胥應庶民子來許之譙樓崔嵬

有司使斯民之得以早作而夜息也太建儀門

內外有限使斯民之得以知趨而知避也大建

大堂承宣有基使斯民之得以不爲詛而爲訓

也敎厚淳樸之氣坐斯堂而有以開之衣冠禮樂之風坐斯堂而有以振之克威克愛之猷坐斯堂而有以布之爲保障不爲藩籬之意坐斯堂而有以播之政事以畢民氣以和爲天子之屏藩作斯民之父母坐斯堂而胥有以任之則是堂之所係豈小而建斯堂以出治之績又豈淺鮮也哉自此而勸 廊廟侍 闕廷慰天下之蒼生我 侯之學問事功咸于今月光之矣是烏可以無記以著 侯之功神 侯之政而傳 侯之業于不朽乎予用爲是言徼與父老師徒再拜而勸諸石

儒學

縣學縣治西一百步唐天寶中令郭密之遷于長山下石晉天福庚子趙諟移縣東一里宋景泰四

年尉劉述重建慶曆四年詔州縣立學令寇仲溫增造淳熙六年知縣李文鑄以其地歲有水患遷建今址提刑王厚之捐緡易民居以廣之元時元貞間陞爲州學知州馬翼重修有師善堂先賢祠朱文公祠居仁由義遵道進德育英養蒙六齋東廡有文成祠元末燬于兵洪武改元仍爲縣學永樂中縣丞朱庸教諭羅伯初以民間房舍舊材修葺尋圮天順中知縣曹公銓重建弘治癸亥潘公珍又建之嘉靖壬寅徐公履祥重修萬曆間廟堂

鄉賢啓聖名賢諸祠及齋房椽舍盡圮甲午尹公從淑再造萬曆四十四年又圮楓橋太學生樓成楨獨任其工捐貲數千緡廟貌輪奐迄今如故

明倫堂三間　育英齋三間堂東廂圮

登俊齋三間堂西廂圮　尊經閣五間明倫堂後

御製亭尊經閣前初亭偏立教諭龍會河詣聖諭不宜偏徙建于閣前中今圮

膳堂明倫堂右　庫房明倫堂左

射圃尊經閣後　教諭衙尊經閣左

訓導衙一育英齋後一登俊齋後二衙俱奉裁汰今圮

先師廟五間明倫堂前　東西廡各十一間

啓聖廟舊在西廡後知縣尹從淑謂啓聖先師所自出不宜居右移于文廟之東拓其規模

正殿三間前軒三間門臺一間照牆一帶體統尊嚴斯昭穆之義明矣

名宦祠三間　鄉賢祠三間俱學門內

戟門三間　土地祠戟門左

宰牲房戟門右　櫺星門三座

育賢門三間育英齋南　大門三間櫺星左

泮池櫺星門内

演武場廳三間

稅課司在縣南洪武初設正統己未裁革課程本縣帶辦

醫學舊名惠民藥局縣前西街洪武甲子設

陰陽學縣前西街洪武甲子設

僧會司舊無廨宇洪武甲子設

道會司舊無廨宇洪武甲子設

布政司登仕橋西郎南司

正廳三間　川堂三間　後堂三間

東西廊各三間　厨浴房三間　書吏房三間

中門[illegible] 大門三間

按察司東門內（即[illegible]司）

正廳三間圮 川堂圮 後堂三間

東西廊圮 厨浴房圮 書吏房

府館面泮池西向

中門 大門

正廳三間 川堂一間 後堂圮

大門三間

按萬曆己未知縣劉光復以暨歲苦旱澇置官

田若干畝歲取其息貯之鄉中以備賑名曰永

利倉

預備倉城隍廟側洪武辛未建

正廳三間 廒二十六間 門二間

○邑人周繼夏廣仁堂記略國家惠愛元元固

有常業矣復于天

下郡邑例設預備倉入粟儲之亦成周之制縣都委積以待凶歲也粱侯石渠治邑首于預備倉注意蓋舊倉廒頹敝不堪儲積粟入于斗役私囊乃究侵漁之弊取給公羨區畫增飭建廳事于中闢拓廒倉于兩翼撰崇環固而制大備戊辰秋告成扁曰廣仁堂取積

儲救荒

之意云

東倉在楓橋　南倉在長浦

西倉在靈泉　北倉在花山

便民倉一在縣東永壽寺一在三港口江南埠頭

館驛　按舊制在縣東一百六十步即古經使華驛也唐初名待賓館大曆中令丘岳改諸暨驛宋興國間號新驛改皇華仍復使華元改暨陽站罷華又為驛館

宣何公館離縣六十里萬曆辛卯縣尹時偕行記建尹從淑成之

堂三間　廊坦　垣屏

譙樓一坦　傍有社倉坦

楓橋公館坦

公館後有喜雨堂〇知縣李文鱗詩曰偶沾微祿念王程每到山郵一駐旌形勝不殊歸杜曲簿書非復對韓檠民饒只合勤輸賦政拙猶宜自勸耕遙望白雲千里外愧無雙舄比王生

長蘭公館坦

急遞鋪舍一十四處每鋪廳屋三間東西廊各六間郵亭前門日晷鋪司一名鋪兵六名

縣前鋪鼓樓西　十里鋪東十里

張駝鋪東二十里　新店灣鋪東三十里

櫟橋鋪東四十里　楓橋鋪東五十里即公館驛

干溪鋪東六十里　古博嶺鋪東七十里

桐樹嶺鋪南一十里　鯉湖橋鋪南二十里

寒熱畈鋪南三十里　李家橋鋪南四十里

湖頭鋪南五十里　羅嶺鋪南六十里後以址改公館

養濟院舊志在絲織坊永樂間建城北一里房二十餘間

接官亭廢知縣朱廷立查復其址之侵佔者重搆亭三間門一間題曰觀稼復圮知縣劉光復取其址改建貞烈祠今廟貌秩然如故

署廨續誌 康熙二十九年增

縣治

按舊誌載縣治原有東廊九間西廊九間爲六房吏書供事之所因康熙十三年山寇竊發焚毁及城於康熙丁卯年知縣吳龍震捐俸重建

儒學

按舊誌載先師殿堂及門廡甚備歷歲既久遭康熙十三年變[illegible]之後棟宇毁壞漸鞠茂草康熙二十五年教諭嚴曾榮訓導張暉捐俸設法重建明

倫堂次同生員蔡廣生勸募修造先師殿啟聖祠及兩廡戟門欞星門尊經閣等工費千餘金經營三載學宮煥然一新郡守李公爲之記勒石明倫堂側先是衙宇荒殘風雨不蔽嚴教諭式廓樓屋三間廊房一帶及堂側書室一間圍繞垣墉盡爲頹廢後之君子蒞茲土者其知繕造之維艱歟

明倫堂三間

庫房明倫堂左

膳堂明倫堂右

先師廟添造捲棚五間重簷二級挑角四座

東西兩廡各五間較舊制高大規模弘敞　戟門三間

櫺星門三座　名宦祠三間

鄉賢祠三間　土地祠三間

啓聖祠三間　尊經閣五間

以上俱重建修葺煥然改觀

其舊有育英齋登俊齋御製亭訓導衙因久圯未

復

舊有禮樂全書儲尊經閣康熙十三年寇亂失去

無存

按舊誌歲科併考額取入泮十五名至康熙七年裁額止取四名十二年歲科復分取額十五名惟武生併考如舊康熙十七年常額考取外開援納之例文武童生皆得捐資入學自是入學者甚衆後二十二年停止仍額取十五名康熙二十八年

聖駕南巡振興文教加意作人以江浙爲人文之藪廣額大縣考取二十名定限爲例

山川志 舊志附寺于山記今仍之

諸暨爲縣左浣江右長山長山祖珠嶺在縣西南浦江縣界由珠嶺北紆特起離立如五指然曰五指山由五指而石壁北過豐江爲金鷲山斗子巖始至縣右是名長山一小支東拖南向名小陶朱山縣治坐焉其本幹崺峛二十餘里復特起爲漁櫓山浣江至縣北分爲兩江而漁櫓踞兩江之中鎮其去路爲縣後座縣東南蜿及東陽諸暨爲東白山高大爲一邑諸山冠由東白而西曰白巖山

曰句乘山俱鬱律參天而白巖尤雄縣治對焉由東白而金潤且西且北至縣治東去三十餘里特起一峰名白茅實貫縣之左耳由東白而擔東直北從皇箕嶺走馬岡駐日嶺銅岡鐵崖綿亘直至紫巖大巖再北則山陰蕭山矣縣西浦江富陽二縣界曰五洩山由五洩而雞冠諸山綿亘五十餘里又當漁檣山之北復參天而起是曰抗烏山實爲縣之後屏抗烏之後西則道林諸山東則紫巖諸山犬牙鸞翥而大江出其中大抵縣治坐漁檣

外屏抗烏而白巖内案苧蘿諸山而左白茅右長山白茅比長山相去雖稍遠得浣江緊遶而茅峰高起勢若與長山爭雄白茅之外屏則鐵崖芝蕪諸山長山之外屏則五洩陽塘諸山而東白爲東南之崑崙五指鎮西南之門戶道林紫巖諸山爲北東西之護衛足稱形勝其間扶輿蜿蜒森列奔峙要有不容盡述者今特摘其名要者一二列之于後云

長山陶朱鄉當縣城西南北長十有餘里俗呼陶朱

山有峰曰文筆俗呼白楊尖北有戚家嶺中爲桃花嶺南爲范蠡巖下有五湖鴟奚當作奚井舊有陶朱公廟相傳越范蠡居其下宋吳處厚詞越山疊疊兮越水環環公有廟貌兮山水之間屋其三架兮門鏽戶關庭蕪不治兮鞠草哀嘗豚蹄乏饗兮歲歉民慳香火闃冷兮飢鴉寘還巧磨凡月兮名揭丘山遺像可挹兮高風莫攀我來憑古兮憤淚一潸秋色著樹兮霜葉初殷青史傳信兮灼不可刪千古萬古兮雲凝石頑邑人張世昌詩陶朱山頭相樂般山人一去何時還闔廬墳荒白虎逝歐冶劍古青蛇蟠鴟囊有智惟籌決鳥喙多憂渙成血封存大禹拆殫力掃夫差殄餘孽功名自古抽身難五湖烟浪秋漫漫風吹故宅昝邑人胡學詩會稽縣業井黑漆燈夜照照藤盤寒如飛烟瀰

來山色秋依然層巖日落楓葉赤古井泉涸歇
篁姸功成獨美五湖往禍福之機指諸掌寶劍
誰家地下術黃金空鑄山中像凭高弔古臨西
風安樂孰與患難同漢朝韓信亦人傑鳥盡始
啓藏、良弓、邑人趙仁詩

蕭蕭黃葉響嵇椒路入陶朱灝氣浮千載崔歸山月白五
湖舟去水雲愁依巖柳色連蜨堞柏岸波光
帶浣流鑄像黃金何處在雉堞依舊枕東州

浙江右參政姑蘇陳述

草迷故宅空秋雨
樹抱幽巖自夕陽

按長山別名陶朱山又有陶朱鄉范蠡巖鴟夷
井皆以蠡而得名俗沿其名遂爲蠡本諸暨人
吳越春秋曰蠡字少伯楚宛三戶人列仙傳曰
蠡徐人素王妙論曰南陽人史載霸越功成

遊五湖浮海出齊變姓名號鴟夷子皮及去止陶又號朱公其不産于暨明矣則諸所稱名悉屬附會前志以爲此必後人有高蹈欲自比于蠡者而今失其傳矣竊謂不然句踐之還越也君若臣圖所以教養生聚者蠡所不至暨處形勝上游問俗觀風蠡必數歷而常駐焉其所爲宅必蠡官署也其所爲巖必其游觀登嘯之地也夫古今名賢車轍所到便成佳話蠡賢大夫善于民者必多故以其名名地詩曰勿翦勿拜

召伯所憩此之謂也又黃志曰古士大夫作宦于此而即家于此者往往有之何獨于蠡而疑之朱吳處厚碑記已載淨觀院是蠡故宅范文正題翠峰寺詩更有明徵矣

毓秀山亦名小陶朱山城中當縣學之後舊有毓秀亭今廢

紫山城中西門内刑部員外郎餘姚錢德洪詩崒峰不可躋遥遥凌空碧梯磴臨丹崖巉若屢危石絶俛蛛一紗懸蹤岡鳥道窄俯蹈涂汶緬伊攀北斗側淩虛振羽翰飄颻豁襟臆心歡駕長虹披雲扣元極沉湘烟水迷蒼梧稠道隔化城不可居悵

陽久參寂茲意竟何如臨風倚全壁〇望亭岙
矗卒芙蓉連空舉躡足凌雲梯峯頭振雙袂乘
虛御八極嗒然遺下硯有客不能從觸緺攀蘿
桂初登跬步憚臨高萬象會聲欲始學人窮探
極高遠勿憚道路艱行行志高
遠勉哉千里足為爾正轡鞅

姚全山城中西城下

石庭山陶朱鄉去縣城南不一里形甚小石皆紫色
堪輿家謂縣之印山不宜鏟鑿云

苧蘿山陶朱鄉南去縣五里臨浣江江中有浣紗石
輿地誌諸暨苧蘿山西施鄭旦所居其方石乃鬻
紗處十道志句踐索美女以獻吳王得之諸暨苧

蘿山賣薪女西施山下有浣紗石太平御覽羅山
今名苧蘿山山足下王羲之墓孫興公文王獻之
書碑今不存唐李白浣紗石詩西施越溪女出自苧蘿山秀色掩古
今荷花羞玉顏浣紗弄碧水自與清波閒皓齒
信難開沉吟碧雲間勾踐徵絕艷揚蛾入吳關
提攜館娃宮杳渺不可攀一破夫差國千秋竟不還王維西施篇艷色天下重西
施寧久微朝仍越溪女暮作吳宮妃賤日豈殊
衆貴來方悟稀要人傅香粉不自著羅衣君寵
益嬌態君憐無是非常時浣紗伴莫
得同車歸寄謝鄰家女效顰安可希樓穎西施
石詩西施昔日浣紗津石上青苔思殺人一去姑蘇不復返岸傍桃李爲誰春李商
隱莫將越客千絲網網得西施別贈人張世昌浣紗石上秋苔洛妃湧出清波中

雲佩空遺會稽浦仙桂吹入吳王宮吳王其醜雙瑤席玉山自倒渾無力眉翠新添兩點愁聽波浸破千年國城頭鼓角風凄凄一舸自逐鴟夷歸姑蘇臺前鬼夜哭江中白浪如銀屋

〔胡學〕

苧蘿山頭雲氣流浣紗灘頭江色秋浣紗女兒膚玉潔碧波照映芙蓉愁館娃一去無消息月冷故鄉歸不得誰知一派涓涓流滔天竟沼夫差國比年霸越功已成五湖浩渺扁舟輕獨有胥濤激餘怒橫逸欲與灘爭平

〔浦江吳萊詩〕

山圍故堞青螺色水湧寒江白紵聲

〔姚寬詩〕

娉婷初出苧蘿春一笑當年國自傾絲網珠璣迷去路鴟夷風月倍多情蓬山尚擁雲鬟翠流水空聞玉珮聲千古人傳浣紗地王軒何事得逢迎

〔陳述詩〕

蕭蘇楊柳含春思零落芙蓉結暮愁

〔駱問禮〕

溪轉峰迴小徑斜離城迷市侶烟霞共儕此地山如壘不見當年貌似花戰敗力求傾國色功成誰問賣薪家王風民俗今殊昔士女雖今[illegible]

浣紗　汪日炌

浣紗一片石動人千載情竊笑世間人徒羨西子名西子豈矜色未欲傾人城拔尤感知己慷慨吳宮行沼吳雪國恥越覇勤因以成紅顏自不負今古空評衡

金雞山安俗鄉在縣江東五里許與苧蘿山相對嘉靖末年教諭林志勸募富民圖遷儒學于其下不果成

漁檣山泰北鄉北去縣二十五里縣之坐山

松山陶朱鄉西去縣七里許山下有漢朱公買臣廟廟額文應長山下亦有廟由此分建　張世昌會稽

太守吳門客昔年負薪人不識衮龍天近日初明金馬門深露猶滴漢家天子登夔龍百年禮

樂唐虞風金印歸來大如斗錦衣亘照天南東
丈夫英雄誓許國生當封侯死廟食烏啼老星
起秋風淚痕

胡學詩

英雄未遇失好醜龍其魚
濕透年公石兮虎如狗買臣頗似尋常
人典郡終懷會稽綬金門獻策聲赫然錦衣照
耀白日妍百年伉儷負初志五十富貴寧非天
鄉人尚得祟明祀廟貌空山薦芳芷
摩娑斷碣感壯懷落日樵歌下烟市

翰林學士安慶方孝標長山廟詩

丞相祠堂何日興豆籩
唐宋已將登山花繁映
堦前碣野木晴穿戶外塍伉儷貧難安白首功
名老復玷青磾村雞社酒年年事果否精靈故
國
憑

九眼山　陶朱鄉西去縣九里山石如眼者九

東白山　苧義鄉東南去縣九十里名大白峰連跨江

三邑在嵊曰西白在東陽曰北白與小白峰相拱峻極崔巍吐雲含景有雙石筍各長五六丈對立如闕有嶺名瀑布清泉飛流長數十丈中有白猿赤僂又有鳥似雞五色口吐綬長數尺名吐綬鳥相傳趙廣信于此煉丹登仙邑人吳銓詩滿蹊荆榛人跡冥攢岑巘崪兢蒼青光照五緯天應近勢絡三州地最靈異類羽毛詢故叟驗多藥草按圖經樓臺轉自婆娑界兩耳剛風耐靜聽

白水嶺孝義鄉東南去縣八十里東陽界

鷺鷥嶺開化鄉南去縣八十里東陽界是鄉鄭家山古風院有禪

師象白又十數里道與院有禪師歐任著有炮古錄蕭莊吟諸刻行世俱從杭靈隱寺卓錫于此道風高邁結制安禪近稱叢林幽邃丘壑秀鬱者必及于是焉

五指山孝義鄉東南去縣七十里與荏扇山鄉者頗類云

白巖山一名巢句山龍泉鄉南去縣六十五里義烏界縣治對焉

勾乘山俗呼九乘山趙越鄉南去縣五十里義烏界

善坑嶺長浦鄉西南去縣六十里義烏縣界

金淵山龍泉鄉南去縣六十里下有坑相傳有金宋

元間命官淘採間得之如糠粃然銷煉無成民甚苦之知州馮翼上其事罷之明永樂四年工部奏差行人會官查勘並無爐冶淘鑄形跡奏罷

越山超越鄉南去縣四十五里下有越王廟

石鼓山興樂鄉南去縣五十里山下有盤石如鼓扣之有聲產黃精白木竹箭相傳唐王鍊師居其中秦系期王鍊師詩黃精蒸罷洗瓊杯林下從留石上苔昨日圍碁未終局且乘白隺下山來

浮塘山俗呼茅塘金興鄉南去縣二十五里山嶺有

巔常有雲覆其上

黃箭山孝義鄉去縣東南七十里有石峻立高十餘丈復有石如蓋狀

寶掌山花亭鄉東南去縣四十五里寶掌禪師所居山岩中石室可容百餘人洞口石板數片如削相傳里人沐浴之所

白茅山泰南鄉東去縣三十餘里山之陽爲長寧鄉有幞頭峰

九江山泰北鄉北去縣二十五里

銀冶山亦呼銀下西安鄉北去縣三十里相傳山有

銀鑛永樂景泰中有言其事者差官勘驗無實擬

罪

息笑嶺長寧鄉東去縣七十里嵊縣界

走馬岡長寧鄉東去縣七十里嵊縣界

宣家山大部鄉東去縣七十里嵊縣界產茶甚佳

駐日嶺長阜鄉東去縣八十里會稽縣界

五岫山長阜縣東去縣六十里峰巒秀出者五與會

稽雲門相連

烏帶山亦名采仙山太平鄉東去縣五十里產紫石英狀如棗核而八稜紫色光瑩如琢藏石中石外圓中涵水石英在水中一頭微著石采取必于霹未乾時舊經云晉謝敷寓山下夜夢神人語曰嘗以珍寶相贈至明視林下有異石而瑩乃紫石英也山當楓橋鎮之南相傳每采石英則鎮有火災嘉靖中知縣黎公秀命父老凡來取者皆引至他所使無得呈解合浦之珠以吏貪而徙暨產石英而自本職到任數採無得此不職之效也來採者

以息後久不採遂迷其處云

紫薇山長阜鄉東去縣五十里當楓溪之陽

孝感山長阜鄉東去縣六十里唐張萬和廬墓之所

山下有芝泉亭

鐵崖山長阜鄉東去縣六十里岡巒澗壑盤紆數里一峰名柯公尖上有龍湫一峰岩石峻立其色如鐵名齊鯉尖鐵崖之得名疑謂此也山陰一小山泉出其下清泚可愛舊里名泉塘以此元楊維禎世居其下因以自號貝瓊鐵崖歌白泉生崖巔白烟生崖邊中有

一人長眉霍髮兀然却立如鐵堅朝飡崖上雲暮飲崖下泉虎豹崖上蹲蛟龍崖下眠崖之起兮四萬八千丈崖之伏兮四萬八千年上有金銀重叠非木非石五層之仙樓下有玻璃浩蕩不水不旱萬頃之璚田鑿開太極混沌竅帥出元氣鴻蒙前有時鐵爲笛有時鐵爲船一聲迸落山鬼膽一帆直遡象帝先象帝之先豈人世但有羲皇盤古相與爲周旋金烏玉兎東西晝夜互出沒天雞海牛左右水火蟠龍蜒蜓花瑤艸合蒼翠方逢若水相縈連武陵漁子泛花去小舟間路誰攀緣島中徐福採靈藥樓船逐浪不得窮根源鐵崖中人傳列仙黃庭紫府山海烟出陰入陽履坤戴乾手持麟經五百紙王綱提挈三千年鳳凰池頭淑氣早明光入奏長楊前上林走馬一日遍綠楊紅杏春如烟歸來屣棄利名跡經入鐵崖忘俗牽一飲五斗不得醉再飲一石猶醒然樵童牧子識名姓大官巨卿呼不前興來吹成黃鍾大呂聲古之上調酒酣

歌出康衢擊壤三百一十之全篇左手指礐

右手指彭鏗蟠桃著花幾度實桑田滄海幻化

皆塵消猿猱畫啼山水裂我歸鐵崖閱遺編鐵

崖之堅堅莫言鐵崖之深深且淵兩圖彷彿見

形似山水日月爲敷宣東吳之海爲硯滴金華

之山爲筆椽何當赤脚蹴踏鐵崖上爲公作賦

聲摩

天

桐岡山長阜鄉東去縣六十里

古博嶺東安鄉東去縣七十里山陰縣界

賺嶺東安鄉東去縣七十里山陰縣界

爾瞻山東安鄉東去縣三十里

考溪嶺紫巖鄉北去縣九十里山陰縣界

白水山紫巖鄉東北去縣九十里山陰縣界

紫巖山紫巖鄉北去縣七十里

大巖山紫巖鄉北去縣九十里山陰縣界

五指山同山鄉西南去縣六十五里在豐江之西南去爲鬬雞山珠嶺山北來爲石壁山今名靈屏山

按是山五峯如掌指故名明太祖[illegible]據其下倚爲西南門戸今康熙中淨慈寺禪師嵩峯初住大雄後覩山境異勝移錫應此創建禪院額曰同圓學者翕萃頓成叢席今稱暨苐一名藍也有三十景并詩不能盡述

金鵝山長浦鄉南去縣五十里

日入桂山同山鄉西南去縣七十里浦江縣界水發
在南爲南源發在西爲西源
同山同山鄉西南去縣六十里山小而特以名其鄉
十子君天獨鄉南去縣四十里其形如斗高出羣峯
上有獅子嶺香爐峯飛泉從峽中噴吐鏗然如聞
琴瑟下有金井龍潭潭不深天旱請龍祈雨每驗
五洩山靈泉鄉西去縣五十里飛瀑自富陽從山峽
來五洩始至地故名東西兩龍潭東龍潭卽飛瀑
處有響鐵嶺上嶺卽富陽界山勢過嶺特起一大

峰轉而面南五洩寺在峰下西龍潭深入谷中可廿里許未到潭處一嶺即浦江界隨潭流北至寺前與東潭水合山勢即轉面北兩山夾潭流東行緜延十餘里中間奇峰異狀舊載曰朝陽峰曰碧玉峰曰涵湫峰曰滴翠峰曰白雲峰曰童子峰曰香爐峰曰卓筆峰曰疊石峰曰天柱峰曰積翠峰曰鉢盂峰曰玉女峰曰迴龍峰曰特起峰曰堆藍峰曰鬱孤峰曰輔德巖曰停雲巖曰怡情巖曰垂雲巖曰棲眞巖曰韞玉巖曰俱胝巖曰廻波巖曰翔

鳳巖曰寶隴巖曰四壁巖曰出定巖曰擲錫巖曰刻鏤巖曰垂足巖曰壁立巖曰倚天巖曰遼鷲巖曰雙峰巖曰金仙巖曰含冲巖曰肘盆巖曰摘星巖曰養素巖曰夾巖洞曰啼猿谷曰烟林谷曰清虛谷曰蟠桃屆曰石室屆曰通微徑曰列宿軒曰童秀軒曰石磯曰石鼓曰石河曰石屏曰石筍曰石門曰倭鶴石曰犀角石曰爛柯石曰連珠石曰龍井曰龍門曰禮斗臺曰倚杖臺曰會仙臺曰平雲嶺曰清風嶺曰鳳翔隈曰珠林曰九瑣原曰藏

春原曰明月溪曰鳴玉溪曰寒碧澗然尚有未悉

宋郡守王十朋會稽山水賦句五洩爭奇于雁蕩張世

昌詩兩崖鑱天不容舠玉龍噴壑翻雲濤冰山

漈下白石碎雪浪捲起銀臺高天冥冥寒

卅木參六月飛霜灑陰洞青蛇跳出一線長赤

口傾波瀉雲夌雲奔電激趨犇靈汏關思八道

幽穴巖頭好借一句胡學詩闐風西來高捲天

水六合盡洗塵埃清上有五級之飛泉

礲磺崩騰快一瀉奔流直下□龍淵銀河迸落

九天外雷車□轟山石碎雪花噴壑生夏寒而

氣暮林成晝晦此水不注海與江歘忽怪靈邑

神無方怒氣捲拔上天去散作甘霖彌八荒

人申屠徵東源壁立萬仞崖五級水自銀河來

西源梯磴杳無際各有神龍著靈異

兩源幽渺氣鬱蔥紫烟忽起香爐峰風披拂

淺叢竹杖屐躋攀看不足神遊那得挾飛仙益

山青雲起中五洩古名山東游峻嶺
駕鴻鵠　吳萊詩　雲門老石峻嶒脊見胥天河瀉
破芽苔灣蛇龍鱗身似蜥蜴魑魅出沒司神奸
雷公一聲忽下擊鳥跡不到猶重關青華仙真
舊治所碧落侍從登清班穴疑緣後據一柱戶
想銅鐶啣雙環扇馭鑾鞭白羽璀芝樓菌閣朱
甍殷梯梁未絶或可倚洞府渡遠多愁顏向曾
褰衣得揭涉別擬鑿徑通茅營寬弘頁占十餘
畝塵靜粗營非人寰珊流帶綰王繚繞巒翠髻
擁花欄斑斑闢塵坱與世隔苒成棲宇寧吾慳
隤君尋常有道力況此跬步臨巉潺虛壺涯沙
臼不動寶爐溫養丹將還丈夫出處我已定驅
字早寄孤飛鷗休拘見畲路入東甌幾屈盤
併漲海遇有勝處同躋攀　又　青天東峽望來慳
林多鹿豕山爲國漁有蛟龍海其實客子杖藜
依舊不神仙樓閣幻莽蒼吾知此地宜招隱詎
減淮南大小山○日曉行呼野鶴羣山絡五級
洗岩泉虹霓射壁從空現霧登搜潭到地開桑

草茶舖錦□東雲渾似棗林落場叢翠然早已同
仙樹老我來餘岳瀆文◎一點剛風削一容仙
山肺腑閉重重眼穿上界成官府舌捲西江得
祖宗鶯嶺雖峰渾不到龍湫雁蕩故多之衰年
老病吾猶負文送宋景濂遊詩建眺能攜一
却詩家九節筇短筇寺前突
帆定何峰九天管籥來咫尺崔三島樓臺抒藍龍
聞欲嘯歌先生徃病嫌登陟轉身濡西源山石
漱深水曾但唐縣令周鏞詩路入碧烟九過溪
渠家有赤松發穿巖曲到□
天分五嶺寒頃北地秀諸峰翠掃西壑徑破崖
東不杪鶴泉鳴竹落樣題當年老歐無消息獅
有祠堂吟繞雞鳥啄杉松翠
一枝藜宋縣令丁寶臣詩室丹崖不計重天作
錦屏環十里借開珠屋面千峰花間越鳥鉤輈
語溪外秦人勞躬逢早晚車騎到林下藍輿多
月待秦溪二十四重溪溪遶山盤路欲
追從曾諤詩迷五級泉流無晝夜三州源合□

東西巖永縷縷垂金線石磴層層挂玉（知越潮
梯試問祠師禪定處白雲深鎖舊招提
事刀約詩）西源窮盡到東源直注層崖五磴泉
眞境無出追汗漫勝遊聊得弄潺湲
風生虎嘯層岩底月上猿啼古木巔（吳處厚和
只待歸休林下去同來靈默此安禪
刀詩）烟霞　隝兩山源石壁寒垂瀑布泉人事
是非空繚繞水聲今古自潺湲月留吟客
眠寒榻風送樵翁下嶺巔檀篆（尉劉述詩）翠屏
未消爐火煖夜長人靜好談禪千疊
水潺湲一簇青鴉杳靄間借是瞭年逢此景傷
將前眼看他山瀑飛落磴終難尚龍蟄寒雲只
暫開薄宦勞人無計（蘭陵令蕭開詩）誰鑿洪崖
住可嗟歸去又塵寰作斷痕靈
泉從此瀉流分長虹五曲白垂地曉壁萬重青
破雲仙客歸來沉遠信老龍蟠蟄時飛雨輪他
林下忘機士人（令蘇緘詩）一道靈泉瀉碧天五
是人非不欲聞潭遯絕恩飄然雨噴

細沫來身上練拄長條在目前嵐翠已知冬更好地涼應與夏相便可觀雖什懷清賞猶覺寒聲到耳邊

翰林侍制柳貫詩

横砌繞通一徑修千山攤翠似騰虹五湫地厭三洲勝千里嵐收萬古秋赤日行空垂倒景青天近鯡拔飛流梅花洞中製無譜愧我衰年始一遊又一聯濃嵐散落生

邑人倪公性

拋憐山間雨洩水流來石上雲廻古木稠烟霞縹緲護龍湫路迆南北雙峰並源合東西一澗流嵐翠積陰迷巴澗瀑花飛雪晄光浮岧提深邃壁凡隔谷口雲横得自由

趙仁詩

飛瀑潺湲響入溪萬山深處洗寘迷雲歸湫水雲俱下僧揭禪關月未西地縮三洲應有術天窺九闕豈無梯我來欲瞰蜿蜒窟三尺青銅不敢提

駱象賢詩

宿莽陳條攤蓝林行看面面絕風塵將雛瘦鶴常依徑逐隊元猿不避人五洩遠疑天上落諸峰半隱霧中真與潛溪去後無知已空負山靈幾度春

山陰

徐渭詩　五佛柱綠玉龍井七十二峰照見真一十

水壘疊俱不似古春一死博河豚○十

崖緊接大糟平長袤難須怒愈生絶似海門潮

工急白頭翻吼鼻沙行○紫闐村中一綫微窄

厨入灶浣裙衣無端流出

郡司馬常熟孫鑑

庚

高岩上解與人間作雪飛、成

滿和月尋山出豈陽風日詹以桑州木生幽香

約暑引清泉村村課農桑重圃並稼衛參差雲

外望野豈抽新青不辨綠徑荒弘農素心人盤

折逆道倘止我山樓宿雞黍為我當月出光皎

如長嘯發清在○清狂耿不寐且起雲氣舒屏

去呵殿嵐獨與造清虚標緲烟霧中空翠落襟

絡絶壑臥高松凝自混沌初前峰聳突兀隱約

仙人居○愛兀超神采指點是青口層層矗奇

峯壁匣折而古七十二峰頭群水居其首疊石

作天障洞有神仙否壁立渾無徑為待巨靈手

○巨靈擘五丁百何神然開雷霆助葬擊山月

長蘇苔石鮮列成皴皺龍不敢構羣峰屹岸嵠

如屏或如臺飛流激迴潤知目五洩來豈意人
境中奧區曠佳觀○遂與人境絕躋攀恣奇探
佛火劫灰盡無復留名藍披榛尋徑行僧爲說
龍潭初覽心目駭孤騫無烟嵐石削青芙蓉周
遭峭別龕王龍下攫拏勢如天驷騁珠璣萬斛
揚奔瀉聲沉酣仰瞰林杪石魂搖足勿堪微[illegible]
積翠中小語猶喃喃喟庶幾化人遊躋勝空懷幃
無能窮二洩况復望其三志嗛重徘徊呼音輣
試談○徘徊亦何爲童子勇可貫水以懸瀑名
孩洩居第五試探四級奇還歸報爾主須史返
命至山靈真化宇盤崖絕梯鐙蛇行可伛僂崖
斷緣藤攀仰瞻不容縋山盡紫閬名平疇可壓
數桑麻嬉婦子清流遶膏土泉源本連瀉水落
乃尯怒天公試手闢不更人鑿斧鬬言益飛越
登仙須化羽靈境當夢遊此願乃
終古藍輿駕言歸樓頭看暮雨
按五洩名山甲于越東南道士大夫時至遊觀

萬曆間知縣劉光復念地方供應之煩捐俸置田六畝永作五洩公費每年里長輪守至今碑載青門

寶珠山諸山鄉西去縣三十里有寶珠廟楊相公之神從楓橋冷水灣顯靈于此　國初山寇竊發見神馬夜逐寇即屏迹山中有細石其圓如珠故名寶珠　按神姓楊名儼冷水里人兄弟三人勇而好鬭宋嘗有紫薇侯爵之封

花山花山鄉北去縣二十里

杭烏山俗稱抗烏山花山鄉北去縣五十里登嶂七

十有二有玉臺石有石塚可容數十人大石爲門其平如削

陽塘嶺靈泉鄉西去縣五十里浦江縣界嶺下兩山相逼唐宋置陽塘關于此元廢崇禎癸未婺賊蔓延復壘石置關今迹尚存

雞冠山靈泉鄉西去縣五十里形如雞冠產奇石名茶上有玉女塚

張世昌詩

星宮何年遊太清飛來化作高崖青天地無心蘊精巧造化有迹通幽靈神剜鬼鑿妙鐫削瑤臺清冰出萬壑劍光穿斗射龍文元氣蟠空孕犀角東南宇宙烟濛濛卞和夜泣空山中何人更施補天手爲我獻入明光宮

胡學詩

奇峯岑嵂峩雞冠天雞不鳴晴晝闢元氣磅薄浩不散秀結異石青斕斑陽文唐唐玉質瑩陰縵氤氳黛光泠星斗昭回河漢章龍鸞飛舞菱花影山人磨刀割紫雲枕屏琴几空紛紜請游琢出五色質赤手妙補天無痕

龍山 花山鄉縣西一十六里山巔有石柱長丈餘號青龍角

洞巖山 槩浦鄉西去縣五十里有洞五六重深數十里必秉火可入入時必以物記其處蓋洞門相似者甚多恐出時或迷其路也 張世昌詩 石樓突兀開仙宮海上駕出金鰲峯龍窩久蟄雲霧泠蟻穴或作王侯封歟封深入九地底虛壑颼飂溯風起氷絲

有淚泣鮫珠碁局無聲敲玉子六丁鑿兊光晶瑩我欲鏟破陰崖扃火輪飛出天雞鳴萬國同照陽

胡學詩

雲峯中立開洞天竅石砰豁深重淵巨靈何年兊鑿破霹靂一夜鮫烏明龍穿太陰黑入杳莫測碧崖井氣流雲液鐵砡横截海上流玉局移來橘中奕神仙鸞雀不可追白蝠散亂如鴉飛風塵傾洞滿塵世避地擬作綺玗歸

鄭天鵬詩

我會踏破天下三十六洞白雲缺何如此洞真奇絕一級一級探之窈莫窮幽深奇怪陟降百千折外有片片如剪赤霞封中涵老子所秘丹符訣坐忘四子怪石岩回首塵凡俄隔越乳窟津津飲玉泉飛霞仙鼠白如雪頓覺羽化而登仙少室禹穴那能埒我吹洞庭紫鐵簫鳳吟龍嘯聲清烈聲清烈一聲吹破岩頭雲二聲吹破天邊月三聲四聲兮千岩萬壑金石俱嘶裂忽聞雲中仙樂韶濩相和鳴疑近瀛洲閬苑蓬萊闕醉以麻姑酒援筆如揮箒漸磨石骨十丈餘寫我胸藏山水

詩千首識吾今日共尋幽敢謂神鬼驚兮致幽
走山靈笑我李賀狂五色心肝疑盡嘔書罷椽
筆擲下地希夷僊伶忽相遇授以工金八石丹
脫凝牽裳留我住住却三日始歸來世上桃花
結實已　刁約詩　千岩萬壑幾重重勢勝回環聳
千歲　翠峰風靜殿堂無燕雀雲開洞
穴有虬龍前山樵晚聲喧[illegible]別寺齋初響
谷鐘幸有林間三二友藍輿追賞共從容　吳處
厚和刁句　洞穴敷空五六重旁邊突起一孤峰
平時花竹常啼鳥早歲風雷或起龍
竟水井千僧洗鉢亂雲堆裏客聞鐘　趙仁詩　岩
芸[illegible]林下歸休計朝德身推許孟容　翠
玲瓏竹樹間天風環珮影珊珊碧桃花落[illegible][illegible]
洞瑤艸香甜露滴壇青壁有廻龍護篆玉京遺
迹在窺丹如今避世非　山陰知縣劉炳詩　紫壑
無地却笑相逢雪滿冠　丹符
秘青春玉騎來捫蘿緣熟徑掃石落荒苔入海
三山近通天一竅開即今聯弱水直欲訪蓬萊

邑人陳鶴鳴詩 巖巖鐫石殊奇絕外象包羅中透徹門開峭壁路嵯牙蟄龍迸破冰山裂玲瓏石竅甚幽遐秉燭遨遊隨轉折一洞玉虛清二洞瑤臺潔三洞蓬壺別有天雲篆雋題多俊傑四洞五洞闢鑰嚴鱉曰名傳難度越人世紅塵飛不來爛柯研石誰羅列六七八洞到者稀深入層層無盡竭混沌窟鴻蒙穴萬怪千奇天造設偶從靜裏探元機剛介應辭癯臣節

邑侯劉公復于洞巖置田六畝供應當道遊觀里長令守一如五洩

道林山義安鄉北去縣七十里

壕嶺義安鄉北去縣七十里蕭山縣界

萬馬嶺義安鄉北去縣七十里

大悲山義安鄉去縣四十里

唐義烏駱賓王早發諸暨詩征夫懷遠路風駕上危巒薄烟橫絕巘輕凍澁迴湍野霧連空暗山風入曙寒帝城臨灞涘禹穴枕江干橘性行應化蓬心去不安獨掩窮途淚長歌行路難

金鷄山　鄉北去縣五十里

山川續志

夫暨第一山十二都孟氏任居之後夫暨者夫差之弟此其所封之食邑采地也山不甚高而曰第一蓋所封之地不一而此第一也駱氏謂越未常獻地吳安得有封考勾踐僅以五千甲士窮棲會稽則旁邑疑爲吳有故有是封或即令公子監越之意與

浮塘山舊志但載其名未詳其勝其巔有金牛洞棋盤石平坦可容數十人塘泉其冽烹茗爽人又有

鬭牛石建菴其上登臨遠眺烟雲變合竹木浮綠
春晴秋爽遊者忘歸焉
按舊志龍泉鄉有金淵山西安鄉有銀冶山相傳
有礦可採永樂景泰中遣行人會勘民甚不堪當
事力陳困擾罷之
國朝康熙壬戌復奉部檄於陳趙隖婁子隖採銅
現在開採礦戶歲輸銅觔

山川志附寺觀

佛老之說自屬外氏然崇宮峭榭多當山川之秀且暨巖壑綿連不能盡識往往以寺名呼之則大點綴風物固詩人墨客之所樂取而考驗其實夫必不爲觀風理俗者之一助也故附于山川之後

大雄教寺在城中實長山麓也吳赤烏年間建梁通普間改名法樂寺唐會昌五年廢大中五年復改報國後改今額寺中舊有琉璃井六璃軒先照樓銅佛殿（宋翰林學士汪藻詩）暑雨倦行役假投得禪關客堂納凉風坐

見香霏遲積水其天遠高僧與雲閒傳聞扁舟
人說昔廬茲山建立風千載諸峰高雲鬟當時
大功成此在談笑間今豈無國士處姚寬詩鮮
遊一何難憑高望行朝小雨猶班班榻
無疑塵雲易低幽素清寒薄衾枕微凉散庭戶
夔破流水聲鈎簾看山雨時與靜者期為擬湯
休、元州判官金華黃溍先照樓詩初日團團出
句海東陵居先
照最高峰不知今日華
嚴界樓閣先開第幾重
翠峰教寺大雄寺左亦長山麓唐天祐元年建初名
淨觀院宋乾德三年改今額今廢相傳舊有藏經
之殿四字唐皮日休所書殿後累竹宋劉叔儼所
書又有范蠡祠鴟夷井俗云范蠡故宅也宋范仲

淹詩翠峰高與白雲閒吾祖曾居山水間千載家風應未墜子孫還解愛青山又贈

幾公山主陶朱山下雲霞深知音寂寞無絃琴如何一遇仙鄉客說盡無生了了心

上省教寺縣南一里長山之麓吳赤烏三年建今廢

智度講寺縣北二里月山唐景福二年建初名香積院宋改今額邑人袁貴誠詩客至竹窓聽夜雨僧歸松徑掃晴雲泉熙開有僧四若時出家本寺得法洞宗暮年守靜仙屏山一日說偈語告衆至時端坐合掌而寂

崇法教寺縣一里鄭家山宋開寶四年建初名水陸院後改今額

接待教寺浣江東 淳二年建

永壽教寺縣南二里金雞山之北梁大同二年建名

延壽寺會昌中廢咸通十五年重建名長壽後改今額相傳咸和中丹陽人高理浦中獲一金像後有西域五僧至理家云昔遊天竺得阿育王像至鄮藏河濱蓼感謂吾東遊爲公所獲理驚出像五僧見之放光寺立勅送像藏于寺王十朋詩乘興忽來

長壽寺寺前流水汎悠悠一林春色自啼鳥□岸夕陽空釣舟楊柳堤邊聊悵望石岩花畔□遲留功名富貴終須在莫向尊前嘆白頭

法海寺縣南三里金雞山唐大中八年建初名寶壽廨院宋祥符元年改今額

五峯禪寺縣北五里五峯山唐天祐元年建

淨土教寺縣北五里五峯山唐天祐元年建初名五峯塔院宋祥符元年改今額今廢

資壽教寺縣南一十餘里寶聚山長山北首唐大中間建初名聖壽後改今額相傳舊有來青閣涵碧亭又藏經之殿四字皆唐柳公權書云翁榮靖公詩　山徑青蘿繞禪扉翠壁深洞門春寂寂花木曉陰陰看竹頻移局臨泉細聽琴平生幽興極況復對珠林

錢德洪詩　微雨山徑深連岡倚危壁登頓出雲峯邐迤縣蘿壁古寺松檜陰山房梯磴側嘉朋曳屨來晤言見良覿結念屬青樽情深動歡躍坎坎鼓聲淵蹲蹲舞

衣窄情嘯發孤峰芳塵寄蹬席雲散不知還班荆坐月夕寧知後來者相尋寄幽跡

青蓮禪寺縣西一十五里陶朱鄉山中晉天福四年建初名碧泉院至道二年改今額後漸廢嘉靖中[illegible]復建之後山名金典岡右一峰高聳名嶽峯近人題寺十景曰竪掌峰曰伏龍池池有三曰先照峰曰藏春塢曰潄雲溪曰靈源井曰雲梯石曰萬松壑曰碧泉曰礴山

慈光教寺縣東四十里小溪嶺南唐咸通五年建初名通化院後改今額

東化城教寺縣東五十里紫薇山中大同二年建初名紫巖院後改今額山上有方塔宋元祐壬申造塔下有滴水巖鄉人駱璉詩殿虛孤磬發松巖四山明塔影峰灑落泉聲谷底清蔽餘春暮屐飯後午時經聽罷蛩然去誰還識此情

隆安教寺縣東五十里法雲山中晉開運二年建初名法雲院後改今額隆或作龍

永慶教寺縣東五十里鍾山中東周顯德元年建初名永光塔院宋時改今額

靈峰教寺縣東五十五里青山麓周顯德四年建今

廨

正覺教寺縣東六十里菩提山中柯公尖之南晉開運元年建初名菩提院後改今額寺周圍皆山惟前一徑曲屈通山麓水從峽中出跨峽一小橋橋傍有一指石又有喝開石相傳舊有菩提樹生子必一百八顆天台陳平章詩六月泉聲戛玉寒周圍環繞画圖間一橋鎖斷無窮景不放浮雲過別山邑人陳叔榮詩禪關一徑接陂陀曲礀横橋次第過怪石昂頭隨指點斷崖當路作門戕平生不到三千界異寶驚看百八顆林下老僧殊有意白雲先放出岩阿駱象賢詩招提高倚翠微中古木新蘿日影重落葉牛空迷鳥道風

傳當午飯僧鐘石橋過雨雲猶住茆澗穿廬

碓自春笑指山莊歸路近不妨杖履更從容

薦福教寺縣東七十里駐日嶺側宋開寶四年建初

名報恩院宋改今額

四果教寺縣東七十里鳳凰山麓晉天福三年吳越

文穆王建初名保安羅漢院宋改今額

鎮國講寺縣東七十里馬鞍山南晉咸淳中建

青石教寺縣東七十里青石山麓晉天福三年建

永福教寺縣東南二十五里光山中舊名應國禪院

唐會昌間廢晉天福七年重建

普潤禪寺縣東南二十五里文殊巖下晉天福間建初名醴泉院後改今額本千歲和尚所居有小石巖玲瓏類龕有文殊普賢像

崇勝禪寺即大巖寺縣東南四十五里寶掌山唐貞觀十五年建

延慶教寺縣東南七十里千歲山唐貞觀元年建相傳千歲禪師道場也周顯德元年改興福宋祥符元年改今額

彰聖教寺縣東南七十里西平山北唐咸通十四年

建初名古靈院

法藏禪寺縣東南八十里花藏山周顯德二年建初

名官田院

清涼教寺縣東南九十里上林山漢乾祐二年建初

名上林院

離相教寺縣東南九十里福田山晉天福四年建初

名福田院

僻空教寺縣東南九十里僻空山宋建隆二年建初

名法詩院

淨隱院縣東南一百里崇化山晉開運三年建初名
崇化院
南山教寺縣南二十里長山南漢乾祐二年建
香社教寺縣南三十里木連山隋時建唐會昌廢咸
通間重建院有木枝連理賜號木連院後改今額
雲居教寺縣南四十五里句乘山西唐天祐六年建
貞明四年賜名越山禪院宋治平三年改賜今額
鍾山禪寺縣南五十里鍾山唐咸通八年建後于康
熙三年有禪師一聞悟中興此寺梵宇一新禪師得法

洞宗安禪結制一日解制陞座云何事空山聞午鐘石頭大小悉開封烟霞去住無拘束大道長安路已通擲拄杖云看取拂鞋印子

寶林禪寺縣南六十里寶林山晉天福四年建初名福田後改今額

廣福教寺縣南六十里木瓜山周顯德二年建初名鴻福院後改今額

淨住教寺縣南六十五里金洞山下唐貞觀二年建名龍潭禪院宋三年改安福院祥符元年改今額

上崇教寺縣南六十五里珠嶺南唐貞觀元年建舊

名高崇院後改今額

嘉福院縣南六十五里嘉善山宋乾德五年建初名

嘉善改賜今額

崇壽院縣西南二十里寶泉山宋乾德二年建初名寶泉院

北山教寺縣西南二十五里長山之北過嶺即南山

寺漢乾祐三年建初名香林院亦名松林

梵惠教寺縣西南四十里梅山麓宋乾德四年建初

名淨福院宋治平三年改今額

棲巖禪寺縣西南五十里高峰山唐景福元年建初

名高峰院

明教講寺縣西南六十里森塢山晉天福七年建宋祥符中改通教天聖初改今額

顯教寺縣西南七十里中山塢中晉開運四年建初名忠山院宋改今額

法善教寺縣西二十五里普廣山唐文德元年建初名普廣院宋祥符元年改今額廢

資勝教寺縣西廿五里尊塘塔唐天祐三年建初名應乾廨院皇祐元年改今額寺久荒頹住僧貧慼順治六年邑人楊肇

泰指皆改向易建
寺復重興如舊

藥師教寺縣西四十里東山唐咸通四年建

天曹教寺縣西四十里分水嶺側宋開寶五年建

大曆教寺縣西四十五里大曆山唐時建

北塔講寺縣西五十里雲居山唐景福五年建

洞巖講寺縣西五十里洞巖山下唐中和二年建天
順中賜名靈洞翠峰院後改今額

福昌講寺縣西五十里開歲山宋乾德四年建

歸寂院縣西五十里歸典山唐天祐五年建

五洩禪寺縣西六十里五洩山中唐元和三年靈默禪師建名三學禪院咸通六年賜名五洩永安禪寺天祐三年改應乾禪院後改今額宋刁約述詩

翠屏千疊水潺湲一簇青鴉杳靄間惜是曉年逢此景恨將前眼看他山瀑飛落磴終難畫龍戲岩雲只暫閒薄宦勞人無計任可嗟歸去又塵寰

邑人倪伯升

五洩高寒揷太清銀河垂地落天聲玉虹貫日晴空見驄馬翻飄白晝傾作賦曾聞誇雁蕩秉椽應可到蓬瀛何當一吼垂龍起手挽商林洗甲兵

吳郡陸以道

燕尾春流瀉漾香爐曉氣氤氳欲覽幽人行跡落花芳艸如雲

慈氏講寺縣西北一十八里玉泉山晉天福七年建

初名玉泉院宋祥符元年改今額

歸義教寺縣西北五十里皂角嶺西宋咸淳二年建

石佛寺縣北二十里花山麓後梁天監四年建初名寶乘後改今額【翁榮靖公詩】穿山落葉經行處屈指重來十五年世事奕碁無足論白雲蘭若自依然

吉祥寺縣北二十里瀛檣山晉天福中建廢明萬曆六年重建

中浦接待院縣北三十五里中浦山宋紹興初建

下崇教寺縣北四十里馬鞍嶺南唐貞觀元年建

雲岫教寺縣北四十里馬鞍嶺北晉天福間建初名
雲福院今廢
香巖寺縣北五十里白馬山唐咸通八年建
溪山教寺縣北六十五里雲峰山後唐長興二年建
初名靈峰
道林講寺縣北七十里道林山吳赤烏年間建吳越
王改靈巖院宋改今額
宣妙教寺縣北七十里七里山唐咸通二年間建初
名妙興院

普濟教寺縣北七十里明齊山宋乾德五年建初名通濟院天聖元年改明濟院治平三年改今額

岳儲教寺縣北七十里岳儲嶺建隆三年建

石井教寺縣東北一十五里普潤山太平興國元年建初名普潤殿內一石柱鏤空若朽木彈之鏗然相傳魯班以木屑結成故彌久愈固誠勝跡也

延祥教寺縣東北四十里延祥山晉天福七年建初名福清院宋時改今額

安隱教寺縣東北六十里暮青山唐咸通間建廣明

二年賜名國慶院長興二年重建改溪山院後改額

西岳教寺縣東北六十里西巖山下梁時建咸通八年賜咸通西岳院後除咸通二字相傳丁令威鍊丹之地丹井存焉

修惠教寺縣東北七十里平進山後唐長興五年建宋太平興國間改精進院後改今額

保福寺縣東北八十里尚元山西唐咸通八年建乾符二年名保慶禹泉院今禪僧九逵住持此刹以

西化城教寺縣東北八十五里後崇巖側晉天福七年建周顯德二年吳越給靈根寺額宋祥符元年改今額

三德教寺縣北五十里抗烏山[illegible]唐貞元十四年建

延壽菴縣東十五里新壁山唐大中五年建

隆華菴縣東二十里趙王山元至正六年建

上思孝菴縣東南五十里官員嶺元至正二年建

崇先菴縣南七　五里菴山宋開運二年建

馬村菴縣西五里落馬山宋延祐元年建

法華菴縣西二十里梁大同二年建
隱靜菴縣西二十里青龍梁大同二年建
圓通菴縣西三十里元天曆二年建
下思孝菴縣北五里宋延祐二年建
真如菴縣北五里宋延祐元年建
雲濟菴縣東八十里階梯山明嘉靖十八年建
乾明觀縣西南三里長山之麓宋紹興十六年建初
名長春後改前額今廢
崇陽宫縣東五十里慶元中建

崇　觀縣東四十五里

按國家于二氏之徒可謂過于仁矣授有常產貧不得慮而富者不敢請也然猾者用以餌愚民而不久復奪之至于豪右攘臂則多默不理於戲事之不得其平類有如此者

山川續志 附寺菴

靈屏寺又名同圓寺在縣西南六十里五指山下康熙中禪師禺峰創建

鶴林寺在新嶺觀山下康熙中禪師南林同徒東暉師創建

西竺庵在長山之麓里人生員趙學賢延僧道覺建置田三十餘畝永供香火康熙中僧海湧增修

瑞雲菴在江東演武場側康熙中禪師克愚創建

龍舌菴在陶朱山塢東去青蓮寺里許康熙八年開禪師文蓮創建

鹿苑菴在三江口進路里許順治中禪師靈機創[illegible]

星石庵[illegible]

瀝口庵在店口禪師淸禪募義門陳木生建茶亭康熙二十二年卽舊址[illegible]生員陳兆森師律養[illegible][illegible]

紹興府諸暨縣正堂華　爲奉

憲入誌等事康熙三十八年八月二十四日蒙

藩憲趙　憲牌內開諸暨縣二十六都天堂嶴

嶴道人庵基業經　本司捐建白雲觀大殿買

田立碑報竣在案今復據諸暨縣闔邑紳衿士

民余一煋楊萊陳含樸績趙枚王家楨袁尚祖

陳昌麟袁士麟郦丈煥袁陞郭斋篇袁階等呈

爲公請　憲記入誌以垂永久等事業鳴然建

殿買田實以資修維道立碑入誌蓋亦杜佔防

徽准 郎行縣發刊入誌刷印三部送 司存閱

繳等因到縣蒙此合將碑文謄書刊載邑乘以

選 運行以垂永久

白雲觀碑記

暨之南有道凝山去邑治四十里許攷之方輿一統志初未採入郎會稽三賦與諸邑乘亦不具載蓋地縣人靈不得其人則地亦不名也山之巔舊有隆阇庵僅存其址道人居之入山採藥出山乞食如是者三十年忽値大風雪山中無糧道人不飲不食塊然獨處有黑虎守其門樵者怪而閧之則不食七日矣歸而語其鄉之人莫不驚異以爲眞有道力者而道人人饋則

餐人間則答率以爲常余曆
簡命屏藩兩浙籌餉之暇採攬風俗廉知道人遺事
召之至則姓趙名天山暨邑人也形貌樸遬若
無能者然觀其日可不食夜可不寢與之言論
洞徹元理豈非得長生久視之道者耶予聞金
熙宗時有丘處機者居蟠溪穴日一食晝夜不
寐者六年遂仙去號長春眞人上接五祖之印
下開七眞之宗嗚呼如道人者棲托此山不寒
不暑兀然若喪朝饑夜露已歷年所能無仙乎

第其所居不足以息徒衆予因捐俸以倡道人爲築觀於山中而道人初無意也然自是而道凝山以道人而名始顯矣而顧顏以白雲觀者何也蓋惟山有白雲則不受夫黄塵此正陳希夷先生所謂臺殿不將金鎖閉來時自有白雲封之意也落成邑人礱石請予記以垂不朽因述其顛末而爲之記并作銘曰

巍巍道凝迥出塵境綯結一椽修心鍊性黑虎守户白雲在山太虛無我功成大還

康熙歲次己卯林鍾月吉旦

浙江等處承宣布政使司布政使加二級奉天府開原趙良璧連城氏撰

暨邑道凝山記

暨治多名山如苧蘿陶朱洞巖五洩皆郡邑最著名勝甲吳越而道凝不與焉非其地湮沒至今從來地以人傳人以異傳異可傳人矣人可傳地矣又率多不傳必俟諸能傳此異人之人而後地與人得俱傳非偶然也又況境幽境僻如道凝者哉道人號天乙者巢此山三十年矣坐雲馴虎歷有異跡倘亦羨門偓佺輩登松[illegible]穀名封廿臺者　邑憲趙公撫風訪民瘼之下

川坐與語知爲異人即於山中爲捐俸搆樓以居之額曰白雲觀而道凝以傳余思自有諸全以來道凝一山與苧蘿陶朱洞巖五洩諸名勝並峙久矣前此獨不傳無其人也即人之出入於是山者亘古及今不知幾千萬數矣前此又皆不傳無其異也即地有其人人有其異不得一趙公之能傳其人以傳其地者而或來自三十年以前或來自三十年以後所謂傳其人以傳其地者事亦未可必也今山有大乙其人人

後有坐穿馴虎之異而又不先不後來一能傳異人之人如藩鎮東南之趙公而果得人以異傳矣而果得地以人傳矣此豈偶然者哉余適蒞暨邑中紳衿父老請以山入與志親往觀之危峰入霄飛瀑掛練險峻幽邃雖無銀宮金闕之形頗擅紫府清都之勝彼其初以道凝名山已默默久相待矣鍊翠籠蓯簷楹之下時多雲氣往來趙公之額觀良亦不誣遺管而附以丈然則余之爲是遊也抑亦非偶然也

康熙歲次己卯林鍾月吉旦

江陵上元邑後學畢士楷錫予氏撰於官舍

諸暨縣誌卷之二　終

諸暨縣誌卷之三

古蹟志　石　巖　臺　樓　池

范蠡巖縣南

鴟夷井城中

王右軍墓苧蘿山下今無考

琉璃井大雄寺

浣紗石浣江中　翰林左春坊龍游余恂詩曰放艇江城下沿流問浣紗只今無越國何處有施家蟬響秋山靜漁歌夕照斜寂寥千載事片石對殘霞○亦是尋芳客徘徊向水濱採薪猶有女解珮更何人歌舞銷黄土鉛華委白蘋最憐高絕處同泛五湖春　周經才詩片石垂青史因人著勝奇谿山千古秀花鳥四時宜瑞靄蒸佳氣英華毓異姿纖紗今莫問流水映殘基

四眼井城中

𨇤眼橋水分南北城中父老又云通潮信

西施灘茆渚埠上

金雞山塔苧蘿山對

雨花巖俗云滴水巖城南十里

落星湖在六十七都灘時星隕化爲石

橦江石在三十都晉時劉姓一男子釣于五洩溪得驪珠吞之化龍飛去人號劉龍子母墓在橦江石每清明龍子來展墓必風雨晦冥墓上松二株至今奇古可愛相傳龍子所植

錢王釣魚臺石在大部二鄉吳越武肅王鏐曾釣魚

石上

家公萬柳堤在長官橋邊宋邑令家坤翁築張世昌詩曰會稽西南山萬岑西來水多愁太陰長鯨翻身海底出家侯築堤留至今家侯之功何可及汙邪如雲萬家邑翡翠烟收穀雨晴鯉魚風起鯨波發道傍古木鑄遺銘千古萬古存幽靈百川無停功不息東望禹穴雲山清胡學詩浣東城外家公堤春風冥冥花滿溪青山浮黛淨于洗白波縈練清無泥柳塘人烟渺不極桑麻雨露深如織百年耕播樂居民婦信家公著奇績道旁碣石樹穹崇題名欲與長官同輕塵一騎雨初歇勸農太守紆花驄

兎頭石大江側蕭山縣界

天元塔西三十里登七級之巔暨之山川在望焉萬

曆間一日忽大雷雨雷神入塔中獨拔一磚而去至今鈌處尚存

望烟樓在四十一都宋時黄振搆之每日登樓村墅日中有未舉炊者往送之糧鄉人德之名其樓曰望烟今樓址尚存

梁武帝讀書臺硯水井在光山永福寺内有蕭道成碑（宋朝散郎李靴記略）蕭叔達雖號博覽多著述至其所成就殆未能過劉寄奴輩豈少年謬用其心而不知堯舜禹湯文武之所汲汲者余觀其跡而有感焉（宋華成詩）六龍未入雍州日曾負琴書臥白雲

按梁武帝蘭陵人而生于秣陵其讀書于暨尚未及考云、

梅梁出于戚家塢其樹交股而生有一道士過此一刻觀音像一刻龍形而去其觀音像今存石佛寺甚靈應其龍形者取為禹王廟梁每風雨梁有水出越城盛傳梅梁者出于此、

石羊在縣北六里朱買臣廟側俗呼廟為石羊廟石牛在九都石牛塢相傳有一石牛在村食苗人喝之卽化為石其形似牛

吳越武肅王邦郊臺大部義安二鄉界

芝泉亭乃張萬和孝行所感產九莖靈芝泉出如醴故名

張世昌詩　張君負土成幽阡短廬破碣風凄然埋身恨不入九地洒淚直欲深重泉暗藤如雲起黯黑青燐無光夜寥泬焄蒿悽愴百憂生儵忽猶疑見顏色人生寄世如浮漚奔馳遠道空多愁越山青青越水白張公之孝如一日

胡學詩　會稽孝子張萬和手自負土封崖峩雙親永感九地底埋土獨枕空山阿卓然至行激流俗有孫猶能繼遺族月明華表淚將禽日暮青松走馴鹿天荒地老五百年滄海桑田成變遷不見只今廬墓處艸樹衰颯風凄然

千秋橋萬歲橋相傳句踐曾棲于此南去縣五十里

明鏡里在縣六十六都有一小山遇大比年如鏡之明則此都必發科名矣鄉大夫錢時有明鏡里賦載志序類

西青山在十九都居民鑿灰石于此石開忽見石中有西青山三字今字跡尚存遂以爲名

頻伽鳥在大巖寺寶掌禪師以杖注地成樹名貝多木上棲頻伽鳥雌雄相匹冬至產雛雛善飛則棄雛而去明年雛復生雛則又棄去至今似續不絕

落星石在十七都相傳星墮于此石旁築淨舍名星石菴菴外有石楹土名石扁擔

仙姑在泰北鄉岩壁中有石端嚴若女人號靈女亦曰仙姑故山下有仙姑廟廟後多奇石寒泉所凝人多采之以植花卉（張世昌詩）靈女臺前艸深尺靈女幽姿化為石石室深藏羽葢青玉衣半染苔痕碧巖頭雨氣秋紛紛夢魂不作陽臺雲飛行宇宙星霧濕呼吸造化風雷奔丈夫意氣真自許女子英靈亦千古更須為刻耶鄲詞不獨中郎誇幼婦（胡學詩）九江山色纖無埃紫鸞元隺時往來岩前巨石積鐵立一室劃開靈女臺女媧摶土亦戲劇刻畫何年著神迹麾幢羽葢烟霧濛玉質冰肌土化蝕可憐蚩蚩邀福徒桂酒瓊漿采舞巫猶有山川出雲雨歲歲與民蘇旱枯

望夫石俗呼新婦石在長阜鄉紫巖山（邑人楊維禎

石婦操 嶷嶷孤竹岡上有石魯魯山夫折山華巖巖山頭歌石婦行人幾時歸東海山頭有時聚行人歸啼石柱石婦岑岑化黃土

黃巢抗劒池在抗塢山相傳時有龍見

鼓吹峰在抗塢山相傳風雨晦冥常聞樂聲 張世昌

詩 淸都廣樂聞瑤京鼓吹自作天機鳴八龍遊遨九鳳舞珠樓貝闕秋冥冥抗塢之山起參廓天人降闔閭泄關鑰風簫雨瑟烟霧寒天上時聞鼓天樂鳳凰一去三千秋唐虞世遠夔龍愁抗烏山頭跨白雀我欲與爾釣天遊

胡學詩 抗烏巖巖撓天軸七十二峰如削玉半空雲霧秋氣高白日層天動絲竹長松飛來鸞雀鳴剛風吹下笙竽音鈞天九奏聊遺響賓雲一曲過遙岑上界神仙足官府六時天樂天中鼓亭知下土風雨深一片哀商雜人語

幞頭峯在同山鄉鄉人陳洙詩水怪泣潭底然犀記溫嶠山水各有靈陰洞號百簌入虛如有人彷彿蘇門嘯山形肖元幞官縛謝濤要壺中別一天神閒怡兩曜空洞石室中寧分突與奥顯晦豈數存天造非人料金華三洞天與此成二妙

一楷石在縣東正覺寺其石一楷點之即動若以手力推則屹然峽內不復可動矣鄭天鵬詩歸然一丈人獨立殊耿耿把酒與訂交忘言微首肯

八封亭在文廟後山

句無亭在勾乘山中

古蹟續志

城東二十五里有聖姑殿流泉濟溜能結浮石沉器於下器方者結而爲方器圓者結而爲圓取置藝圃可供清玩

附二都有隱仙山與眉月山相對其下有仙公菴相傳浮丘仙翁隱此至今石上有坐卧迹焉更有浮丘墓并浮丘田葛稚川嘗過往還

六十八都銀冶境有桂樹大數十圍垂蔭數畝高十餘丈一望如□　官閘十里相傳嘉隆之遺名人有

十景之詠孀婦趙方氏建菴并捐田於此更增勝
槩

物產志

穀屬　蔬屬　木屬　果屬　艸屬
蜾屬　羽屬　毛屬　鱗屬　介屬
石屬
雜制

穀之屬

早稻　晚稻　糯稻　大麥　小麥　喬麥
白荳　黄荳　青荳　烏荳總曰大荳
赤荳　菉荳　豇荳　裙帶荳　醬板荳
蚕荳　羊眼荳總曰小荳　粟　穇穄　芝麻

蔬之屬

白菜　芥菜　油菜　晩菜　莧菜　生菜

甜菜 萵苣菜 蘿蔔菜 葫蘆 王瓜

冬瓜 菜瓜 絲瓜 西瓜 南瓜 茄

芋 薑 蕨 茭筍 茅竹筍 結竹筍

淡竹筍 石竹筍 箭竹筍俱有乾 葱

蒜 韮 薤

木之屬

松 柏 楡 柳 桐 梓 杉 桕 楓

檀 椐 槐 桑 柘 櫧 楝 栢 冬青

皂莢 白楊 茶 梅 李 杏 桃 棗

梨　栗　橙　葉　櫻桃　枇杷　楊梅

桂　椒　櫻　槿　木香　株梗　杜鵑

玉蘭　牡丹　紫荊　海棠　棠棣　薔薇

繡毬　山茶　木芙蓉　有花者有花而且實有無花者

果之屬

栗　棗　梅　杏　桃　李　梨　櫻桃

柿　枇杷　花紅　榧　橘　石榴　白果

橙　香櫞　菱　楊梅　葡萄　藕　蓮實

芡　蓮心　荸薺　茨菰　西瓜　甜瓜

蔗　糖蔗　核桃

艸之屬

苧蔴　絡蔴　木棉　葛　茅　蘆　菁

蕨　芭蕉　芍藥　水仙　蘭　蕙

山丹　葵　萱　金錢　玉簪　雞冠

鳳仙　龍爪　午時　錦茄　菊　荷

藻　芡　菱　萍　苔　荇　蓼　蒿　艾

細辛　半夏　門冬　茯苓　百節　蒲草

菖蒲　靈芝　吉祥艸　老少年　萬年青

蜾蟲之屬

鼈 蝦蟇 蜘蛛 蚯蚓 鱔魚 鰍魚

鰻魚 鮎魚 蜈蚣 百節 蟬 蛙

蟋蟀 蝴蝶 蜻蜓 螳螂 蜂

羽蟲之屬

雞 鵝 鴨 燕 鳩 鴿 鵲 鴉 鷹

鶍 鶯 雉 鳬 鷂 鳶 畫眉 喿天

青鵻 鷺鷥 百舌 姑惡 鶖鶬 鸕鷀

鬼車 鵪鶉 鸛 鶺鴒 黃頭 竹雞

毛蟲之屬

牛　羊　犬　馬　豬　驢　騾　猫　狗

獺　獾　虎　鹿　獐　麂　兎　豺　貍

野猪　猿　猴　竹狗　蝙蝠　鼠

鱗蟲之屬

鯉魚　鯽魚　鱭魚　鰱魚　鱅魚　鯖魚

烏鯉魚　鮀　鮀之類不一

介蟲之屬

龜　鱉　蝦　蟹　蚌　其餘與蚌之類不一　螺螄

田螺　蛉

石之屬

紫石英　白石英　仙姑石　紋石　元石

雜制之屬

皮紙　聯七紙　茶白紙　草紙　綵　絹

綿布　苧布　縑絲　蜜　漆

按浙東產茶之鄉不獨暨陽越郡則有會稽石城剡溪等處他郡則有括婺赤城以及富春桐君等邑特以暨當孔道舟車輻輳揚帆入省信

宿可至故西商皆賫本入暨採買而暨得獨擅
出茶之名焉

風俗志

歲時　習尚

天地之生也廣谷大川異制民生其間者異俗是故先王修其教不易其俗齊其政不易其宜雖然教固所以易其俗也君子欲振教化于一方而非先察其俗如不診而用藥謂能中其膏肓者鮮矣諸暨叢山廣川故民之生剛矣而近愞柔矣而實悍方輿勝覽稱民性敏柔而慧三朝國史稱奢靡而無積儲固亦近之要其比然詞風者有可得而言焉暨之習俗元旦早起掛門神桃符潔衣冠備

酒果香燭拜天地次寢廟徧拜諸尊長老農晨瞻風雲驗一歲之豐歉明日以次及諸親友必酒食而後罷元夕食粉團必先薦遺剪綵紙爲燈各神廟尤盛諸少年爲火管之屬隨燈所賽勝至夜分不休清明插柳展墓陌上往來不絕馬醫夏畦之鬼咸有薦享三日夜農家聽蛙聲占水旱十六日驗晴雨審稠桑之貴賤端午懸艾虎飲菖蒲酒和以雄黃食角黍以相餽遺小兒佩符篆簪百節艸繫五色線于臂名曰健線夏至日新麵暴餛飩庶羞

薦先占風雲南風紅雲主旱北風黑雲多水芒種諺云芒種落雨重種田芒種無雨空過年山農喜湖農忌七夕女子乞巧望日延釋氏設蘭盆會九日登高飲茱萸酒冬至饔餼奠其先人及親友之在殯者臘月以豕爲牲召巫祀之曰作年福以果物佐牲醴相遺餽歲終拂屋上塵修垣宇備酒果爲新年客燕夜放火炮以辟鬼魅除夕各家集大小飲食曰分歲分歲畢圍爐守歲鼓炮之聲遠近相接夜半始就寢仍以是夕夢寐卜一歲休咎忌

諱者至徹夜不睡凡此一邑之節序大槩如是也
至于爲宮室務必勝人逼燕會恒多節齋吉凶之
事雜用巫史婚亦論財厚聘厚嫁又有不納聘財
而反遺以銀幣者亦有納聘而復得婿家利益者
不得以爲限也喪飲酒食肉用佛老泥甚與家說
雖久暴露勿惜祈禱佛老巫史不一而足近又有
演戲者蓋以人道事神也不問貧富子弟能經理
力作者則衆共重之然市井少年飲博相征逐者
不少外有好訟名其實百十中一二良善守分而

不能自鳴其寃抑者比比膏腴子弟多不樂向官即賦役必倩人所倩人未必良用費數倍今日切齒而明日有事復蹈前轍者有之於戲古者陳詩以觀風入國而問俗暨稱古封邑羣山環列連帶諸湖疆域隘而不爲險土地闢而甲觀鄰封地利人和風氣完固其能秉權而調劑之何三代之風不可復乎

災祥志　星野　水旱　人異　物異

分野屬牛女

按晉天文志取班固費直蔡邕所言十二次及陳卓范蠡鬼谷先生張良諸葛亮譙周京房張衡所言郡國宿度班固言自南斗十二度歷牽牛至須女七度爲星紀于辰在丑吳越之分野屬揚州費直言自斗十度至女五度蔡邕言自斗六度至女一度頗有先後而陳卓諸公咸謂會稽郡入牛一度此特言其入度之界耳當時

所稱會稽其域甚廣蔑爾諸暨僅得數十分之一而今之紹興府屬牛女分野諸暨縣同之四明

王德邁嗣

皋初訂

列國皆有分星商巫咸著爲星經自商迄春秋戰國嘗以此占災祥漢司馬遷天官書論日月五緯及彗孛雲物等皆係于分野然分野之大綱別以十二辰如丑曰星紀配揚州此吳越地也晉天文志自南斗十二度歷牽牛之度至婺女七度而止皆在丑元史所載從郭守敬授時

曆最爲精確自南斗四度歷牽牛之度至婺女二度而止皆在丑然則起止之先後不同矣而斗牛女爲吳越之分野則無不同也又分野之節目則以二十八宿如南斗占吳牽牛婺女占越確乎不爽唐志載僧一行之論謂分野從雲漢貫注以精氣相屬而不係于方隅明誠意伯劉基曰有星在北而分野在南有星在南而分野在北亦有星在南北而分野適如其南北者天地自然之理不可以私意測也劉基所定清

類分野書冠以唐志十二篇其編次紹興府曰

牽牛婺女分野諸暨縣同占 四明王德邁嗣皐再訂

漢漢安二年有星隕于治東北二十里化爲石

晉天福二年治東南二十五里文殊崖産芝之數本又

出泉如醴

大康九年正月地震

大興九年三月丁酉地震

唐神龍二年治東五里木連理

唐天寶三載長山産靈芝之

唐天寶五載張氏墓側出泉如醴又産芝二本本各九莖

南齊永明三年富陽唐寓之刼縣城令凌琚之棄城走

唐咸通七年夏逆賊袁甫犯境至槩浦縣人史昭討擒之

唐乾符六年冬黄巢黨犯境聞有備禦宵遁去

唐天復二年春盜聚陶嶺吳越王錢鏐討平之

宋嘉祐四年夏旱

宋景祐元年八月甲戌大水漂溺居民

宋嘉泰四年民間盛歌鐵彈子白塔湖中曲冬有盜

金十一者號鐵彈子聚衆剽掠不可制賊黨稍平

謬傳其鬬死帥臣以聞已而復起白塔湖中伏誅

紹興元年飢疫十二月民訛言相驚月幾望當火樞

密院以軍法禁之乃止

五年水

八年大飢民食糟粃草木殍死殆盡

十九年飢

二十七年大水

二十八年大風水飢

隆興元年秋蝗大風水飢

乾道元年二月寒敗首種損蠶麥秋飢大疫徙北不

可勝計

四年七月大水害稼唯史浩奏湖田米折帛

淳熙三年旱

七年秋大旱

八年五月大水流民舍敗堤岸腐禾稼

九年飢

十四年秋大旱

紹熙四年四月霖雨至于五月壞圩田害蠶麥蔬稑

慶元三年水害稼

開禧元年夏大旱

二年無麥

嘉定三年五月大雨水溺死者衆圯田廬市郭首種

皆腐

五年六月丁丑水壞田廬

六年六月風雷大雨山湧暴作漂没田廬溺死尤多

九年五月大水

十五年七月水

淳祐二年縣令趙希恪禱雨于五洩東龍潭見一角而雨

嘉祐四年夏旱尚書王應宸王希呂安定郡王趙子濤禱雨于五洩龍現爪如人臂紅光射人

咸平二年閏二月箭竹生米如稻民飢采之充食

嘉熙四年薦飢

淳祐二年夏旱

八年秋大水詔除湖田租賑被水之家

寶祐四年秋大水詔除田租

咸淳七年五月甲申大水漂廬舍詔免租三千八十石有奇

十年四月大水風拔木浙東安撫使常楙給二萬楮付縣折運民賴不乏食各祀于家

元至元十八年飢道殣相望

二十九年六月大水

三十六年二月大水

元貞二年大水　六年六月飢

大德十年大飢疫

十二年蝗及境皆抱竹死

至大元年疫

泰定元年飢

天曆二年飢

至順元年水

元統元年夏四月不雨至于七月

三年旱　　三年飢

至正十二年旱

至元十三年十二月巳酉地震

大德十一年虎暴入市三日死城隍廟後

至正間吳銓家畜犬病踣子啣食哺之及死埋山下

有花開如鳳仙人呼孝犬又呼桃花犬　楊維禎詩

昔桃花孝犬問天家今桃花生子在吳家桃花

子母病踣不起三子者累累苦悲啼有一子啣

食哺母母食之始出馳一去復一來舐母右左

不一離嬰老人壽期願五葉孫斑斕衣門前列

樹不分枝柱下並蒂生靈芝吳家孝慈及州本

況爾桃花爲有知嗟嗟梟獍兒泥塗我宮室蕩
裂我四維風俗日壞壞不支歌桃花作
家慶吳家兒當執政桃花蛙蛙作梟獍

至正戊戌春三月袁彥城家一雞伏五雛一雛有四足在翼下不數日死

明永樂十年小陶朱山產芝一本七莖其年王班中探花及第

二十一年江潮至楓溪

正統八年夏淫雨害稼

十四年括蒼盜陶德二爲逆縣戒嚴葉大山居民

乘時哨聚知縣張鉞討平之

宣德二年江潮至楓溪

成化三年冬桃李花

七年夏秋大雨害稼

十一年巖坑地裂

十二年秋大雨風拔木

十九年民訛言有黑眚人警晝夜不息

二十三年大旱

景泰七年春長山產芝秋白鸜鵒止縣舍

弘治十三年民訛言點選男女婚配略盡有非其偶者

十八年木氷

正德二年冬桃李花有實者

三年旱

七年大水害稼

十三年十九都楊氏妻産一狐

宣德七年大部鄉民家狐爲祟白晝火嘗自作狐震死始息

隆慶元年雞冠山石墮大如巨屋至地震爲池後復
躍過溪乃止又浣江潭中石有文曰戊辰大旱是
歲旱不甚又東關袁氏妻一產三男
二年正月民訛言點選男女婚配略盡夏知縣梁
子琦禱雨于雞冠山得蜥蜴人曰龍也迎至大雄
寺梁力疲行少卻忽堂隅大雷暴震屋瓦若解梁
亟扶走拜越明日雨民建霆雨亭去城東半里
三年殊饑民邵氏養蠶力不能餵葉棄之山中皆
成繭又長山夜火光數十丈知縣梁公見之

四年豐江周氏妻一產三男是年大雨又二男子偶語屋中雷火忽起屋焚二男子擊死一婦人無恙人謂二男子有隱惡云

嘉靖二年水

五年旱十二都孟氏畜猪產人一目有尾

六年蝗飛蔽天

八年水

十年江潮至楓溪

十三年七月大水

十八年大水

十九年蝗冬無雪

二十年蝗又南隅張氏妻一產四子

二十一年一士人家火自發又泰南鄉徐氏畜牛一產三犢

二十三年春清明日大雨雹有如斗者傷麥夏旱大飢

二十九年狐入縣衙變人形能語言知縣王公捉而磔之

三十年秋虎暴入城

三十三年旱楓橋獲青羊又有倭由東陽入縣界出山陰縣去

三十五年倭由蕭山入縣界經靈泉同山鄉出東陽縣界去

三十七年民訛言有眚男女戒備夜不敢寢

四十二年一士人家火嘗自發三月餘乃息

四十五年大水漂民居

新補

萬曆二十四年冬雪連春山積丈許人民凍餒鳥獸多死

二十五年九月初雷大震城裂數尺

二十六年五六七三月不雨泉流俱竭歲大歉飢饉相望箭竹内每節產米一粒傳爲箭米人采之療生

二十九年伏中連雨十日又城西姜嫗產子出即咬其母死子亦旋亡

三十年天稠鄉一婦姙十五月生子鬚髮俱白不

乳食死
三十一年六月中大寒飛雪人復衣綿
三十二年十月初八日夜分地動臥榻傾仄屋舍
搖震
三十三年十月初八日雨天明久已而復晦
三十五年五六兩月連雨不止洪水壞梗岸湖民
病之又聞六月九蛟齊從山出大雨如注洪流漲
溢民間老幼及房屋什物之類直瀉錢江
三十六年霉霖七晝夜大水滔天湖民大飢

四十年五月十二日辰時黑霧迷障冒行者即疫茹腥必斃

四十三年六月初七日卯時虹見于西暴雨立作水溢禾盡腐農人苦之

四十五年六月初六日午刻雹雷驟作寒逾冬日

四十六年自二月至五月大雨

四十八年夏大部鄉狂雨漲瀉沿江男婦未登屋者悉淹死

天啓初城中徐姓母雞變雄家以爲瑞居無何數口

俱死又蔣叟妻產一女未幾變男及長仍變爲女後嫁人孕一子而死是年春廿一都王姓婦生子有兩陰囊撫之月餘死

五年亢旱苗盡槁惟二十都處時有烏雲覆其上微雨潤之此地舊有楊大仙祠鄉民虔禱得雨槁苗復興以此崇祀不絕

七年五月大雨數日洪水泛濫民舍盡衝東城外嵩山廟是年衝圮又六十都岳儲趙山轟雷驟響塔石忽燃經時始滅

崇禎元年七月廿三日風雨瀰天拔木揚沙自辰至未水深十餘丈廛廬盡倒刈稻俱漂時稱異災

三年白虹貫日是年至乙酉曉星下復有一星

五年六月中雲空星燦之際月忽無光者一夜

九年亢旱○附二都趙氏池內產五色蓮花每日入時赤光灼天尤盛于西方

十二年正月大雪没湖十月朔日食而日中見斗牛羊雞犬皆驚逐是年秋螟蔽天

十三年天雨雹禾稼盡折擊傷牛羊甚衆是歲至

大旱秋大水山湖禾稻全無斗米伍錢人食草根
樹皮見地中白土以爲觀音粉爭食之
十四年飛蝗遍野斗米千錢邑侯錢世貴令民以
火照水蝗赴水死者十之三
十六年亢旱東陽許都倡亂蔓延暨地閉城七日
民皆逃竄撫院左光先遣蔣遊擊平之
大清順治四年九月十八日山寇入城燒毁縣堂典
史郝朝寶教諭方杰俱被害知縣劉士瑄請兵勦
之

七年十月朔日蝕既

九年亢旱

十四年六月十九日大水漂没廬舍衝壞田地無筭

十八年亢旱八月山賊楊四等作亂廵撫朱昌祚署守道知府吳之樞勦平之

康熙三年四月朔雨雹

八年六月十七日黄昏地動八月内地生白毛長四寸許

九年六月内大雨三晝夜不絶江水泛溢湖田盡

漂没湖民大飢議蠲租税十之三十二月大雪

十年大旱自五月至八月不雨山田秔秫皆無收

山民大飢

附一都一啚民朱艮妻徐氏生于明隆慶三年今

康熙十年巳百有三歲尚健飯

諸暨縣誌卷之三終

諸暨縣誌卷之四

田賦志　田　户　役

起解　存留　鹽法

宋

祥符中户四萬九千六十二户丁七萬七千五百

六十七口

嘉泰中户四萬二千四百二十四户丁五萬六千

四百二十五口

元

户五萬三千九百七十八户丁鈌

額官民共六千四百二十四頃九十四畝七分二五

釐九毫

夏稅錢六百九十八錠二十四兩六分六釐

秋糧一萬九千一十七石三斗六升八合

秋租鈔八錠二十九兩三錢五分九釐

額外富儲莊橋裏莊岡山莊登平莊艸湖莊白塔莊事産民田地山蕩共

七十六頃一十六畝五釐

夏稅

絲四十五斤三兩三錢六分二釐七毫

大麥二百五石九十四升六合

秋糧

糙米三百三十八石九斗四升四合

大稅穀二千一百四十一石一斗一升

大尖穀一千三百一十九石四斗七升八合

白荳五升二合

額外官職免糧等田

馬場田二百四十七頃九十三畝五分八釐

職田八頃一十七畝三分一釐三毫

本州儒學田九頃五十畝四分三厘五毫

蒙古學田一頃八十六畝八分六釐

和靖書院田七畝四分

月泉書院田二十四畝四分

蘭亭書院田七畝

稽山書院田八十九畝八分

僧寺舊有田九十八頃二十七畝一釐三毫

寧𡨴寺田一十一頃六十五畝二分八釐

廢寺田一十一畝七分五釐

房屋八十六間

房地賃錢中統錢七錢五分

課程

周歲該辦中統鈔四十三錠三十二兩七錢

右宋元賦役之法亦影響爾識之以備參考

明

戶口

洪武中共三萬一千二百三十七戶丁一十七萬九千六百四十四口

永樂中共四萬一百四戸丁一十六萬四千四百
六十九口
宣德中共三萬六百七戸丁一十四萬七千五百
五十口
正統中缺
天順中缺
成化中共二萬一千一百戸丁一十一萬九千一
百三十七口
弘治中共一萬九千五百二十七戸丁一十一萬

五千一百四十六口

正德中共一萬九千三百二十六戶丁一十一萬

二千一百四十六口内民戶一萬八千一百四十四口九萬三千四百二十六軍戶六百六十七口一萬三千九百三十九匠戶四百五十九口三千二百八十一校尉戶一千口一百一十一馬站戶三十口三百零八廚戶六口七十二捕戶一十五口一百三十七醫戶五口九十五陰陽戶五口六十五僧戶八十二口二百七十六道戶三口五

嘉靖初共一萬九千四百二十七戶丁一十一萬

三千一百四十八口内民戶一萬八千三百四十五口九萬五千四

百三十九軍戶六百六十七口一萬三千九百五十九匠戶四百五十九口五千五百八

十一校尉戶一十口一口一十一馬站戶三十口三百八厨戶六口七十二

捕戶一十五口三百十七醫戶五口九十五陰陽戶五口六十五道戶三口五

嘉靖末共一萬九千五百四十戶丁八萬九千七

百八十八口內民戶一萬八千二百三十六口七萬六千三百四十八軍

戶六百五十二口一萬一千一百二十

計開

官民田七十一萬一千九百三十七畝三分七釐

內派

夏税麥九百七十三石九斗五升七勺內官麥一十八石三斗七升九合五勺民麥八百五十五石五斗二升六合二勺

夏税鈔一千六百五十六貫七百九十四文一分內官鈔三十七貫五百二十二文民鈔一千六百一十九貫二百七十二文一分

荒絲五百三十四兩九錢俱出官田

秋糧米三萬三千二百六十六石二斗四升五合三勺內官米六千七百八十三石三斗七升五合七勺民米二萬六千四百八十二石六升九合六勺

官民地一千四百八十七頃二十一畝一分九釐

一毫七絲內官地二十八頃三十五畝四分四釐一毫七絲民地一千四百五十八頃八畝五分七釐五毫

夏稅麥一千二百三十五石六斗五合八勺內官麥二十三石三斗九升二合四勺民麥一千二百一十二石二斗一升三合四勺

夏稅鈔三千六十七貫三百四十五文內官鈔七十二貫八百一十七文民鈔二千九百九十四貫五百二十八文

秋租鈔三百四十一貫五百四十九文俱在官地

官民山一千六百八十一頃四十九畝八分五釐六毫內官山四十頃八分二釐六毫民山一千六百四十一頃四十九畝三釐

夏稅鈔一千五百五十八貫九百二十八文内官鈔三十七貫四百文民鈔一千五百二十一貫五百二十八文

秋租鈔三百九十三貫四百三十文俱官山

官民塘二百三十頃二十六畝七分九釐六毫内官塘五頃六十一畝五分七釐民塘二百二十五頃一十五畝二分二釐六毫

夏稅鈔二百三十貫二百二十八文内官鈔六貫九百五十七文民鈔二百二十三貫二百七十一文

秋租鈔五十貫一百七十二文俱出官塘

官民蕩二十六頃三畝七分八釐五毫内官蕩一頃七畝

七分五釐民蕩二十四頃九十六畝三釐五毫

夏稅鈔二十四貫三百三十九文內官鈔一貫三十六文民鈔二十三貫三百三文

秋租鈔六貫七百七十五文俱出官蕩

民瀝二頃三十九畝三分俱民

夏稅鈔二貫三百九十三文

官民房屋六萬七千五百七十五間內官房一千九百四十七間民房六萬五千六百二十八間

披五十一帶

東厠一十二所

賃錢三百八十三貫三百三十文

新量田七十四萬一千四百九十七畝一分

每畝科米四升四合八勺七抄一撮

新量地一十四萬八千六百四十四畝一釐六毫

每畝科麥一升四合一勺九抄一撮

新量山一十六萬八千一百四十九畝八分五釐六毫

每畝科絲三厘一毫八絲五忽三微

新量塘蕩二萬五千九百一十九畝八分八厘一毫

每畝科鈔二百九十八文九分五釐

明末

戶缺人丁三萬八千六百八十四丁口內

男子成丁一萬一千二百八十五丁

每丁科米五合六勺
科銀一錢一分

幼丁一萬二千五百一十一丁

每丁科米五合六勺
科銀六分四釐

婦女一萬四千八百八十八口

每口科米五合六勺
科銀一分五釐

額田七十九萬九千零九畝四分八釐八毫內

原田七十五萬七千七百三十四畝四分一釐三毫每畝科米二合六勺五抄科銀三分八釐五毫

泌湖上則田一萬一千二十五畝三分三釐六毫每畝科米九勺科銀三分

泌湖中則田一萬九千五百七十八畝一分三釐九毫每畝科米八勺科銀二分

泌湖下則田一萬六百七十一畝六分每畝科米六勺科銀一分二釐

地一十四萬三千二十二畝四釐八毫每畝科銀一分二釐

山一十六萬八千一百四十九畝八分五釐六毫

每畝科銀二釐二毫

塘蕩二萬八千五百八十九畝四分七釐五毫

每畝科銀一釐五毫

總科米二千二百五十六石六斗一升四合八勺六抄八撮五粟

另收零積餘米三十一石八斗四升六合三勺二抄四撮三圭

總科銀三萬四千四百一十七兩六錢九釐四

毫三絲二忽二微內紳衿優免銀二百四十七兩八錢八分九釐[illegible]絲

實總徵銀三萬四千一百六十九兩七錢二分

三毫五絲二忽二微

另遇閏加銀四百六十一兩二錢四釐

額外歲徵

課鈔六百八十二錠九百文折銀六兩八錢二

分一釐八毫

閏加三十二錠一百五十八文折銀三錢二

分三毫一絲六忽俱市鎮舖戶辦

稅課局課鈔一萬六百五十七錠三貫二百四十文折銀一百六兩五錢七分六釐四毫八絲

閏加九百九十八錠一貫九百九十文折銀九兩九錢八分三釐九毫八絲俱市鎮舖行出辦

以上二項課鈔正額內撥出銀四十五兩奏入均徭內支銷

實課鈔正額銀六十八兩三錢九分八釐二毫八絲

徵輸米

起運南京各衛倉水兌正米六十四石九斗三

升五合 解戶部交納

存留餘姚常豐倉秋米二千七石五斗二升六

合一勺九抄二撮三圭五粟 解運當會

存留縣倉鹽米二百一十六石 給本縣司吏俸糧并孤老四十

三名及重

囚口糧

徵輸銀

起運京庫麥折銀三百五十二兩六錢七分九釐

九毫三絲三忽五微

起運京庫米折銀五千八百五十九兩五錢九分三釐六忽三絲五微八塵三渺八漠

起運本色鈔折銀四兩二錢七分四釐八毫四絲六微六塵七渺三漠六埃五纖二沙

閏月銀二錢五分六釐三毫三絲六忽七微二塵二渺二漠五埃六纖八沙解府轉解

存留本府縣及常豐倉麥絲鈔折銀五百四十

七兩五錢二分六釐七毫二絲八忽五微解內
府一百二十兩縣給師生
俸廩八百二十兩餘解司
存留常豐倉廣豐倉泰積庫米鈔折銀九千一
百三十九兩七錢八分二毫八絲六忽七微
七渺五漠
存留顏料縣儒學廣積等倉鹽米折銀六百四
十五兩三錢一分一釐八毫七絲五忽
閏加銀五十兩六錢九分三釐四毫三絲七
忽五微

存留本色鈔折銀四兩二錢二分四釐一毫五絲八微五塵七渺一漠

閏加銀三錢五分二釐一絲二忽五微七塵一渺四漠　解府

均辦藥材狸皮桐油弓弦胖襖等項本色銀四百四十三兩四錢六分六釐五絲八忽　解府轉解

坐辦牲口蠟笋曆日淺船料叚疋漆木軍器四司工料等項銀二千四百一十兩九錢一分七釐七毫

閏加銀二十八兩九錢三分二釐七毫四絲
六忽三塵一渺六漠
紬辦進表拜賀等銀二千一百五十六兩七錢
六分六釐八毫七絲
扣小盡閏月銀七十五兩二錢三分五釐五
毫
均徭銀二千八百一十三兩三錢九分六釐八
毫一絲二忽三塵四渺二漠一埃四纖八沙
扣小盡閏月銀一百六十二兩八錢三分四

釐一毫一絲六忽三微三塵

兵餉銀七千九百九十八兩六錢一釐九毫三

絲三忽一塵

閏加銀九十九兩解府轉解

民壯鹽捕實役銀五百二十五兩六錢

扣小盡閏月銀四十三兩八錢

驛傳銀一千三百一十二兩五錢七分九釐五

毫三絲三忽三微四塵

課鈔銀六十八兩三錢九分八釐二毫八絲

閏加一十兩三錢四釐二毫九絲六忽

國朝

順治三年分

戶照舊鈌八丁照舊三萬八千六百八十四丁內

男子成丁照舊一萬一千二百八十五丁

每丁照舊科銀一錢一分

照舊科米五合六勺

幼丁照舊一萬二千五百一十一丁

每丁照舊科銀六分四釐

照舊科米五合六勺

婦女照舊一萬四千八百八十八口

每丁照舊科銀一分五釐
照舊科米五合六勺

額田八十萬一百七十畝七分七釐三毫內

一則田照舊七十五萬七千七百三十四畝四分一釐三毫 每畝科銀五分六釐八毫 科米七合七勺

泌湖上則田照舊一萬一千二十五畝三分三釐六毫 每畝科銀四分四釐三毫 科米二合三勺

中則田照舊一萬九千五百七十八畝一分三釐九毫 每畝科銀二分九釐六毫 科米二合一勺

下則田照舊一萬六百七十一畝六分

每畝科銀一分七釐九毫
科米一合六勺

新墾地山成田一千一百六十一畝二分八釐五毫
每畝科銀三分八釐五毫
科米二合六勺五抄

額地一十四萬三千一百八畝二分八釐八毫内

原地照舊一十四萬三千二十二畝四釐八毫
每畝科銀一分七釐八毫

新墾地八十六畝二分四釐
每畝科銀一分二釐

原山照舊一十六萬八千一百四十九畝八分五釐六毫
每畝科銀三釐三毫

原塘蕩照舊二萬八千五百八十九畝四分七釐五毫每畝科銀二釐二毫

總科米五千六百六十石四斗三升七合二抄九撮八圭六粟內撥出米三十石六斗六升七合四勺二抄四撮八圭六粟易銀聽解又米一百五十四石八斗易銀聽給

閏加米一百石每一石徵米一升七合六勺六抄六撮

總科銀四萬九千七百九十二兩六錢四分七釐七毫七忽四微內紳衿優免銀二百四十七兩八錢八分九釐八絲

實總徵銀四萬九千五百四十四兩七錢五分

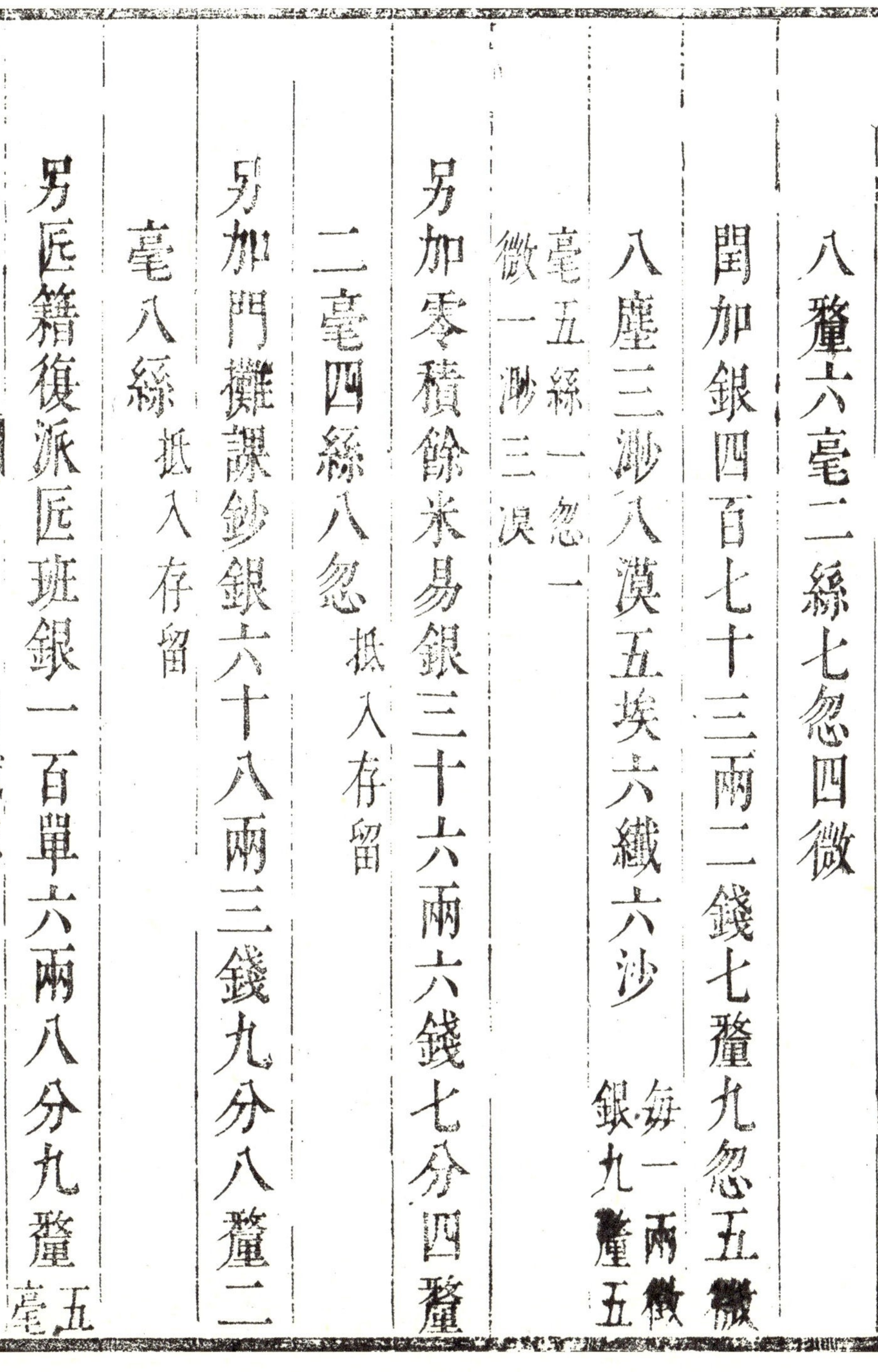
八釐六毫二絲七忽四微

閏加銀四百七十三兩二錢七釐九忽五微

八塵三渺八漠五埃六纖六沙　每一兩徵銀九釐五毫五絲一忽一微一渺三漠

另加零積餘米易銀三十六兩六錢七分四釐二毫四絲八忽　抵入存留

另加門攤課鈔銀六十八兩三錢九分八釐二毫八絲　抵入存留

另匠籍復派匠班銀一百單六兩八分九釐五毫

徵輸

起運户部折色銀一萬三千五百五十四兩四錢一分六釐三毫五絲一忽四微九渺六漠路費銀一百四十一兩五錢五分一釐五絲三忽七微八塵二渺九漠九埃二沙

起運禮部折色銀一百七兩五錢三分二釐九毫八絲八忽

路費銀七兩四錢一釐九毫一絲

起運工部折色銀三千二百六十一兩二錢九

分七釐五毫五忽

路費銀一十兩三錢九分八釐六毫二絲五微五塵

起運戶部本色料價銀四十三兩二錢七分五釐三毫四絲九忽五微三塵一渺二漠五埃

舖墊解路費銀八兩五錢五分六釐八毫五絲九忽三微七塵五渺

起運禮部本色料價銀三兩七錢三分九釐八毫三絲二忽

路費銀一兩八錢六分九釐九毫一絲六忽

起運工部本色料價銀一十一兩七錢二分二

釐七毫一絲五忽

墊費銀三十九兩四錢八分七釐四絲

漕運官丁本折月糧銀七千一百八十四兩一

錢五分八釐二毫九絲六忽一微九渺一埃

一纖二沙

月糧本色米一千一十一石六斗八勺

閏加一百石

存留兵餉銀一萬三千二百四十七兩八錢八分二毫五絲四忽五微四塵八渺九漠五埃八纖四沙

閏加鹽米充餉銀五十兩六錢九分三釐四毫三絲七忽五微

存留各官役俸工廩糧驛站祭祀賓興三年一辦等銀七千七百一十三兩三錢六分七釐二毫二絲三忽三微四塵

路費銀二錢三分九釐八毫

舊編裁剩解部銀七百七十六兩六錢九分四釐九毫九絲九忽五微七塵二渺九漠七埃一纖一沙

路費銀四兩六錢五分四釐七毫五絲五忽

順治九年四月會議裁冗役扣銀二百八十五兩二錢

順治十二年會議裁扣銀六十五兩

膳夫工食銀四十兩

運丁月糧三分撥還軍儲充餉銀三千三十六

兩三錢一分三釐一毫五絲八忽一微八塵

二渺一埃九纖一沙

匠班充餉銀一百六兩八分九釐五毫

起運省倉米四千四百二十七石三斗六升八

合八勺五撮

本縣獄囚米三十六石

康熙四年分

人戶二萬七千九百五十三戶

人丁口原額三萬八千六百八十四丁口

新增人丁口一百一十一丁口

共三萬八千七百九十五丁口內

男子成丁一萬一千三百一十三丁

每丁科銀一錢一分

科米五合六勺

幼丁一萬二千五百五十四丁

每丁科銀六分四釐

科米五合六勺

婦女一萬四千九百三十八口

每口科銀一分五釐

科米五合六勺

一則田七十五萬七千七百三十四畝四分一

釐三毫每畝科銀五分六釐八毫科米七合七抄

泌湖上則田一萬一千二十五畝三分三釐六毫每畝科銀四分四釐三毫科米二合三勺

中則田一萬九千五百七十八畝一分三釐九毫每畝科銀二分九釐六毫科米二合一勺

下則田一萬六百七十一畝六分每畝科銀一分七釐九毫科米一合六勺

新墾地山成田一千一百六十一畝二分八釐五毫每畝科銀三分八釐五毫科米二合六勺五抄

新增丈出地山開墾成田八千六百三十二畝八釐八毫

增銀三百三十二兩三錢三分五釐一毫一絲八忽五微

增米二十二石八斗七升五合一抄四撮六圭五粟

原地一十四萬三千二十二畝四釐八毫　每畝科銀一分七釐八毫

新墾地八十六畝二分四釐　每畝科銀一分二釐

新增丈出新墾地五千七百一十五畝六分三釐四毫
增銀六十八兩五錢八分七釐六毫八忽
原山一十六萬八千一百四十九畝八分五釐六毫
每畝科銀三釐四毫
今丈缺山四千三百一十二畝三分七釐二毫
減銀一十四兩六錢六分二釐六絲四忽八微
原塘蕩二萬八千五百八十九畝四分七釐五毫
每畝科銀二釐三毫

新增文出塘蕩二千一十七畝七釐八毫增銀四兩六錢三分九釐二毫七絲九忽四微

總科銀四萬九千七百九十二兩六錢四分七釐七毫七忽四微 內紳衿只免本身一丁共銀三十四兩八錢七釐五毫六絲 加入丈出抵補丈缺實增丁地銀三百九十七兩四錢八分一釐九毫四絲一忽一微 另孤貧米折銀一百五十四兩八錢 收零積餘米易銀三十兩大錢六分七釐四毫二絲四忽八微大釐

又外賦不入田畝課鈔門攤抵稅實銀六十八兩三錢九分八釐二毫八絲 又額外僱匠班銀一百六兩九錢八分九釐五毫 又加額料蠟茶

價銀五十二兩四錢四分
分五毫五絲三忽五微
實總科銀五萬五百六十八兩六錢一分七釐
八毫四絲六忽八微六塵內奉
文徵錢六十九萬三千五百零三文四分九釐
三毫三絲四忽
閏加銀四百七十三兩二錢七釐九忽五微
八塵三渺八漠五埃六纖六沙
總科米五千六百六十石四斗三升七合二抄
九撮八圭六粟內收零積餘米三十石八斗
七合四勺二抄四撮八圭六

粟[illegible]孤貧米一百五十四石八斗　每石易銀一兩充餉　外加丈出米二十三石五斗五升二合六勺一抄四撮六圭五粟　抵入經費

貢科米五千四百九十八石五斗二升二合二勺一抄九撮六圭五粟

閏月米一百石

徵輸奉

文起運

戶禮工三部折色歸併　戶部地丁銷筭共銀三萬八千九百三十八兩八錢六分八釐二毫九

絲六忽四微九塵二渺二漠三埃八纖八沙

奉文買辦黄桼准就地丁銀内支出一千

兩給牙買辦解部仍聽核定價銀實數開銷

顔料本色價銀三百一十三兩八錢四分五釐

七毫九絲九微一塵八渺八漠二埃

完字號坐船銀一兩四錢

存留官俸并各役工食共銀二千四百五十三

兩四錢三釐三毫二絲

漕運項下共銀七千七百一十一兩三錢五分

六釐三毫九絲六忽一微九渺一埃一纖二沙

驛站項下共銀一千一百四十九兩七錢四分
四釐三絲二忽三微四塵
奉文徵錢
課鈔錢六萬八千三百九十八文二分八釐
地丁錢六百二萬五千一百三十六文六分
二釐三毫三絲四忽
起運米
隨漕月糧一千一十一石六斗八合
閏月加米一百石

觧運省倉米四千四百五十石九斗二升一合四勺一抄九撮六圭五粟

存留本縣獄囚米三十六石奉　文解司

額外科徵解司

牛牙稅隨市鎮貿易有無增價額數不定

當稅隨城鄉有無開張歇業增價額數不定

北關鈔稅額銀一十六兩三錢二分係縣票追聽北關稅役自行催納

按暨邑于徵輸正賦之外又有折差之例實始

于明朝後遂沿爲成格有田之家均受其累康熙己酉蔡侯杓下車深察其弊詳　憲永革暨陽數萬戶從此被其澤矣事關革除大獘故舉而載之

鹽引諸義浦三縣舊額共五百張兼銷台州引目多寡不等無額

新額引九千七百張除台引引新舊額共一萬零二百張每引鹽二百四十斤共鹽二百四十四萬八千斤鹽三縣通食引三縣通銷

功績私鹽本縣額坐四萬八百斤每斤變價二釐
五毫共銀一百零二兩
額制鹽捕八名

諸暨縣誌卷之四　終

讀皇果論　卷之四　卅四

諸暨縣誌卷之五

水利志

湖　橋　江　堰　溪　塘　圩　蕩
堤　埠　閘　浦　渡　潭　泉　龍湫

諸暨水勢大都自南而北極東南爲孝義溪發東白山流子溪發皂莢嶺花亭溪發俞家嶺孝義溪西南流十里合流子溪又十里合花亭溪又十五里合開化溪開化溪兩源皆由東陽來合龍泉板橋二溪始入孝義溪龍泉溪發白巖山板橋溪發大塘嶺孝義開化二溪合流出街亭五里許合洪浦江洪浦江接超越溪發小白峰又一溪名下瀨

發金淵山合爲洪浦江過洋湖入街亭港是謂上東江極西南爲豐江來自浦江縣入縣界東北流十里許合黄沙溪又三里許合義烏溪又里許合上瀨溪爲安華步義烏溪來自義烏入縣界亦十里許與豐江合黄沙溪合南源西源二水二水皆發日入柾發柾南者爲南源發柾西者爲西源皆浦江縣界上瀨溪發善坑嶺亦名善溪義烏縣界由安華東北流六十餘里山澗小水無慮六七支皆入其中是謂上西江過黄白山橋五里許與東

江合俗呼了港口是謂浣江亦曰浣浦曰浣渚曰瓢溪中有浣紗石流十里許始至縣治由城東過太平橋五里許少轉北至茆渚埠復分爲二江曰下東江下西江下東江自五浦宣家埠缸竈埠艸湖港白塔陡亹無慮七十餘里至三港下西江元天曆中州同知阿思蘭董牙所浚由竹橋新亭晚浦長瀾浦至三港亦七十餘里與東江復合其兩江所入漗勘港合胡村水由長官橋沙港口入東江長官橋俗呼落馬橋所謂家公萬柳堤處也烏

石溪發趙毛嶺由雙橋入高公湖古李溪入白馬塢溪入高公湖樂橋溪接龍溪左溪龍溪發樓家山左溪亦發皂莢嶺由石碑橋亭至橋下由洄溪入泌浦湖楓溪接黃檀白水二溪白水發走馬岡黃檀發上谷嶺下谷嶺五岫山黃來嶺駐日嶺諸山大小五六源合流經青山頭至楓橋鎮鐵石堰復分爲二北流十里許仍合入泌湖于溪發芝菰山石牌山合古博嶺小水西流又合桐坑所發出黃沙橋小水由小泉溪入泌湖諸入泌湖水皆會

復分爲二港一則入湖一港轉下宣埠始入高公湖由陡亹入東江泌湖由艸湖港入東江其他桑溪發鄭墅隝由五浦入黄瀾諸湖水由白塔陡亹入其餘小者不能盡紀此則下東江之大槩也五洩溪發富陽山東流三十餘里合石瀆溪石瀆溪發諸山入五洩溪過陽湖由竹橋入西江青山溪發南泉嶺耕陽由陽湖入龍窩溪發白門山由新亭入大馬溪發大馬諸嶺由曉浦入紫艸溪發杭烏山白馬諸嶺由朱公湖入此則下西江之大槩

也東西兩江既合名大江北流無慮二十里雜受
湄池金浦諸水至兜石頭出縣界由尖山臨浦入
錢塘江舊由麻溪入錢清今不復通矣又考溪出
富陽五雲山絮浦發雞冠山及分水嶺合流又合
福昌溪由義安陶湖出蕭山峽浦入大江又福昌
小溪發福昌寺下山由蕭山縣五日溪出臨浦夫
率諸暨山湖相錯水源不長而去海復近錢塘潮
汐直貫兩江亢陽浹旬則諸溪俱涸偶值霖潦山
水暴發而江湖上騰所賴殺其奔潰者獨存泌湖

而近年佃墾俱盡五風十雨一望黃雲未必不爲
農夫之慶而奈之何其不能盡然也
右七十二湖并泌湖列之以備省覽
縣湖城中○放生湖陶朱鄉縣西南一里○五湖陶
朱鄉縣南五里○鯉湖天稠鄉縣南二十里多鯉魚
故名○洋湖金興鄉縣東南二十里○褚家湖安俗
鄉縣一十二里受龍華山諸水○柳家湖安俗鄉縣
東十餘里周圍二十五里○杜家湖泰南鄉縣東一
十里○王四湖泰南鄉縣東一十里柘樹湖泰南鄉

縣北二十五里○章家新湖泰南鄉縣北二十五里○東陶湖泰南鄉縣東十餘里○高公湖泰南鄉縣東二十里高氏所浚故名高處爲田深處爲湖○大呂湖泰北鄉縣北五里○横塘湖泰北鄉縣北三十里○戚家湖泰北鄉○朱家湖泰北鄉○菱湖泰北鄉縣北五里許○落星湖泰北鄉縣東二十里湖中有石云星隕故名○上竹月湖泰北鄉縣北二十五里受石壁仙姑山諸水○下竹月湖泰北鄉縣北二十五里受石壁仙姑山諸水○東湖花山鄉縣西北

十餘里○鏡子湖花山鄉縣西一十二里○沈家湖花山鄉縣西一十二里受白門陳家沈家諸山水○道士湖花山鄉三湖連縣西一十二里受白門陳家沈家諸山之水○新亭湖花山鄉縣北二十里○馬湖花山鄉縣北一十五里受石佛山前村嶺諸水○蒼湖花山鄉縣北二十七里受石佛山花山諸水○象湖花山鄉縣北二十七里受石佛山花山諸水○黄湖花山鄉縣北二十七里受石佛山花山諸水○張麻湖花山鄉○和尚湖花山鄉○山後湖花山鄉

縣東北四十里周一十五里○橋裏湖花山鄉縣北
四十五里受抗烏山諸水周一十餘里○觀莊湖花
山鄉縣北四十五里受抗烏山諸水周一十餘里○
朱公湖花山鄉縣北六十里受馬鞍山白馬山諸水
○泥湖西安鄉縣西北四十里○京塘湖西安鄉縣
北三十里○王家湖西安花山二鄉縣西北一十六
里周圍三十里○太湖西安鄉○木陳湖西安鄉縣
東三十五里受摘佳尖官山陽諸水○釘竈湖西安
鄉縣東北四十里周一十五里○家東湖西安鄉縣

北五十里周二十里○艸湖西安鄉縣北五十里受木陳山岩山諸水周二十餘里○馬塘湖西安鄉縣東北五十里○西陶湖義安鄉縣西北六十里○杜黄湖長阜鄉縣東北五十里○畢湖長阜鄉縣東北五十里○趙湖紫巖鄉縣北五十里受漁欅山諸水周二十里○綫鯉湖紫巖鄉縣北五十里受漁欅山諸水周二十里○西施湖紫巖鄉縣北四十五里舊浦楊司法築圍臏植花木繁華美麗若西施故名○

○黄潭湖紫巖鄉縣北五十里受漁欅山諸水周二

十里○魯家湖紫巖鄉縣北五十里受漁檣山諸水周二十里○江西湖紫巖鄉縣北五十里○蓮塘湖紫巖鄉縣西北五十里受百丈峰留劒陽諸水○歷山湖紫巖鄉縣北六十里○浦珠湖紫巖鄉縣北六十里○神堂湖紫巖鄉縣北六十里受大陽山神山諸水○忽覩湖紫巖鄉縣北七十里受紫巖鄉張家陽白鳩尖諸水○湄池湖紫巖鄉縣北六十里受湄池嶺蛇山諸水○白塔湖紫巖鄉縣北六十里受詹家山黃淵諸水周三十餘里○峰山湖紫巖鄉縣北

六十里○里亭湖紫巖鄉縣北六十里○石蕩湖紫巖鄉縣北六十里○前村湖紫巖鄉縣北六十里○蔣湖紫巖鄉縣北六十三里○横山湖紫巖鄉縣北七十里受楊梅山黄山諸水○下湖紫巖鄉縣北七十餘里受鶴儲諸水○吳湖紫巖鄉縣北六十六里受紫巖山諸水○金湖紫巖鄉縣北七十里受戴家山楊家堰諸水

泌浦湖縣東北五十里周圍八十里許五十九都地舊以蓄水不田故不陞科無居民故無畱里後沿湖

居民漸據爲田、日復一日致有獲大利者官司惡其不法每案奪之黠猾者復以他糧飛灑其中爲影射計官司淸查不能得反以額田爲湖于是十三處之說興焉十三處者田十三處也民以爲田而官以爲湖大率未必皆田未必皆湖也上下相持告訐盈庭紛紛者三十餘年嘉靖間、知縣徐公機勘之曰除十三處、尚足畜水、與其奪民之田以爲湖孰與以湖爲田乎、民賴以寧、未幾有議聽民佃湖爲田以其值造城而十三處復在佃賣之中民復譁然曰田復佃矣吾糧爲往縣因爲丈量槩縣田土曰僻縱有糧患無徃乎民不得已聽之而價值又或不能盡當儉小因之投獻豪右始多事夫役又累豪右旨爲每畝賦米一升而不役得田者皆視爲世業槩瘠圩然稱其中悉成膏腴而時或霖潦水無所減近湖良田反憂魚鱉其甚則泌亦不能自保而近又議編他都民爲邑里殊可發笑又舊說暨水每爲蕭山害元時因以此湖蓄水而責其稅于蕭山此不通之甚者夫泌舊湖也從何稅之如果有之則必蔣其籍夫國家則壤成

賦必有大體乃就一時之屬偏或未然歟

乾道四年八月大學士知紹興府史浩奏其大略云臣所領州爲縣有八其餘七縣皆報大稔惟諸暨聚天台四明會稽數百里山谷之水止有浦陽一江以洩之故人于縣之四旁立七十二湖以瀦此水故無泛濫之患積久所謂七十二湖者人皆佔以爲田遇雨皆歸七十二湖侵損所種之苗然則非水爲患民間不合以湖爲田也是故諸暨湖田之民方大稔嘗有流離饑莩之憂今湖田不可復諸暨湖田之民歲歲懷憂八人受害如此不敢以不告

御史黃鐘泌湖議略云諸暨之湖七十有二諸湖丈量陞科供辦糧差惟獨泌湖自宋元以來相沿爲湖而不以爲田者此必有說職嘗相度其地審視水勢則此湖斷然但可爲湖而不可以爲田也何則縣東之水發嵊縣會稽山陰諸界無慮十餘條皆涯此湖而浣江發源浦江著

烏分派東西兩江而又會流于三港口三港水道狹小旱乾之時兩江之水由三港舒徐順流入于錢塘若有霖雨崇朝則兩江之水暴漲壅淤于三港而其水反從東南逆注于此湖則此湖誠爲衆水聚蓄囊貯之所若提以爲田則必有壅塞懷襄之患而暨之縣大受其害矣

諸暨依山盤谷水易暴漲復易瀉涸高者好雨卑者好暘非五風十雨全暨必無各足之歲是暨固山邑而反苦澇暨固澤國而更苦旱旱則猶有漆絲帛絮棗栗之饒澇則大澤中一望魚鱉沿湖細民雖有智謀無所用矣萬曆年邑侯劉青陽殫心籌酌築堤埂以捍水勢須載二十餘條采之以備

當事之留意也

一禁蓄樣巳砍竹木蔽江路

一禁江灘挑埂圍墻阻礙江流

一禁夾籬栽茨侵截埂項通行路及東西沿江官路

一禁埂中起尾窰造厠屋致易衝塌

一禁鋤削埂脚致單薄悮事

一禁埂上栽種蔬荳桑柏果木陰圖據爲巳業

一禁報陞埂外隙地江灘潛行挑築蔭樣

一禁承田已買過水田地及追還各義塚官地

一禁造屋逼狹以開埂路江路

一禁湮湖通窪放水大湖

一禁東西兩江槩縣山溪并各湖港瀝毒流藥魚

一禁置立私窪如繫關當置者俱要堅築內外用石砌繫承當看守不得悞事

一禁各河港及湖瀝揷箔截流捕魚

一禁砌築魚埠致激浪衝射圩埂

一湖內瀝基及埂外過水溝缺俱不許侵佔

一各湖窪闊不許乘水佈袋裝箔捕魚致灌沒田苗

一夏秋兩季不許木穵堆簰捆三江口及河中致壅水氾溢

一禁侵佔各湖蓄水宮湖

一禁侵佔承佃淤蕩舊河基

一禁埂脚下開掘私塘

一埂下不許牽戞脚網捻蜆

本縣糧田七十餘萬山湖相半山田磽瘠[illegible]

恒仰給于湖田若湖田水溢不收則通邑告饑

矣故築堤捍水生民大利存焉官茲土者守若

晝一可也

邑侯尹公從淑建大侶湖利民圩閘高安鄧論記暨處

萬山之會臨江滙之濱故驟雨暴集則泉壑爭流波湖漲溢則下流壅滯以數板之勢遏巨壑則又頃刻千里涸可立待是暨之水患無以洩之又患無以注之洩與注其機恒相須焉而區畫周悉者之難也久矣何者其衝突無定而横溢之狀百出也故築圩爲湖者七十二先民之爲水備而享不虞之利者固遠矣其關濱決漫衍匯閭閻之憂者比比也至大侶一湖關係最

要其功成最難者蓋茅渚埠合流之水分溢左右兩江洪波巨浸勢甚猖狂如戚家横塘等七湖皆屬其下派但防洩非宜民之魚鱉也者幾希矣萬曆乙未尹侯蒞暨日夜焦勞計所以利民者莫要于水凡境内圩湖罔不防視惟嚴修飭靡遺于玆湖之尤要者特請之當道率民分埂效力闕者補之卑者益之脆薄易潰者堅築而厚培之鄉子潭非諸湖之隘口乎則宜置一埂以絶浸淫漫連之患五浦閘非水害搤塞乎則新益一閘以殺其嚙足剝膚之虞相土審勢程度權宜督率鼓舞民之趨事也踴躍如矣不逾時而告成功焉疏洩惟當防範有方不惟潛消其泛濫之勢而淵蓄灌溉民無涸轍之虞者胥在是矣其利何溥哉

邑侯劉光復開鑿新江以殺江水逆潰　鄉大夫陳寰冲曰　惟公周覩水勢凡紆廻處舟行數十里而陸行徑捷可數十武者皆鑿直以殺奔潰

之勢鄰邑境上有曲流爲吾患者審顧定亟乞其戌盟而鑿之曰毋令秦越之築道病世[illegible]昔鄙復浣江入海故道其後議者紛紜不决以迄于今公獨善爲權衡力捍大患如此公非智勇兼至者哉

橋之名者

桂華橋　即上湖橋城中

衆安橋　即中湖橋亦名登仕橋

采芹橋　即下湖橋城中

義津橋　縣南門外建于唐今圮

太平橋　即通遠橋在邑東城外唐天曆中建置尋廢宋淳熙間修武郎壽康孫建石橋日久崩圮元時即舊址建浮梁鐵纜維之爲渡景泰間邑侯張鉞耆民駱季清等復建石橋又圮順治乙酉年邑侯劉士瑄重建之集彥趙光復陳治寧郭東百五十張立二百十四袁

世潤酈英郭英十七郭泰齡等董事焉今橋洪如舊者五加高二尺許

茆渚橋　康熙辛亥年邑侯蔡杓捐助修造高廣堅厚倍昔仍清理官田以備修築焉

長官橋　俗呼落馬橋宋淳祐中建

會義橋　縣南一十五里舊名黃白山橋隆慶中邑侯梁子琦重建又名梁公橋當釁嶴萬山之衝橋遂傾圮萬曆庚子劉光復修建又圮今康熙庚戌年邑侯蔡杓耆民趙瑞璽沈應子張恩敬捐助全建之橋仍舊址而高濶有加焉

鯉湖橋　縣南二十里

雙橋　烏石溪

祝橋　縣北一十里始有竹橋渡弘治中洪水衝急船纜脫溺有浮水者立淹三人邑人傅文魁目擊其害遂心誓曰必建石橋時甲子興工乙丑欲竪此橋又被洪水衝去橋石竭盡士

慰心悔其無緣遂禱諸神夢曰竹橋文彪造賜汝後嗣賢于是復造石橋丙寅成之因以名祀橋果得子萬曆三十年五世孫傅初等修之祭祖德也劉光復爲記

新亭橋 縣北十里向有木橋遇雨泥滑行人苦之萬曆巳巳里民許椿六十一買石梁建之

古李橋

楓橋

櫟橋 縣東四十里橋圮民甚苦涉萬曆四年知縣陳正誼重建

五顯橋 又名三義橋有耆民駱玧樓濬陳元璧三人創此義舉

乾溪橋 今圮

黃沙橋

李家橋

興樂橋

跨湖橋 城北五里舊有石埰無梁每架木數株過者失足輒漂沒莫救往來患之萬曆壬寅

耆民周文一捐建石梁

永和橋里耆何廷元等建一名閧橋

下黃橋

豐江橋圯

善感橋雙溪係浙東諸郡往來之衝萬曆三十二年壬友十一艱于嗣故建之果隨得數子故曰善感橋

黃婁橋

邵家埠橋

千衞橋朱公湖民于潭造今重建

通浦橋

金浦橋萬曆癸卯劉侯光復重建

朱橋

馬婁橋

寶珠橋縣西三十里

閘之名者

南門湖閘南門外通浣江　縣湖閘

馬湖閘　茆渚埠閘

洋湖閘　閘全湖閘

黃公閘　高湖陡亹閘

了山上閘晉白塘湖　了山下閘晉鯉湖

堰之名者

楊柳堰廿五都黃鷹建立　呂浦堰孝義溪

巖頭堰開化溪　孫村堰開化溪

街亭堰　王村堰洪浦江

鴨子堰義烏溪　牯牛堰

石碲堰　洄村堰

永昌上堰楓溪　永昌下堰楓溪

鐵石堰楓溪　丁家堰楓溪

宣村堰楓溪　黃岬堰楓溪

仕堂堰廿七都橫家山下黃畿建立　魚龍堰千溪

石壁堰黃沙堰千溪連　石蟹堰五洩溪

石井堰五洩溪　祝橋堰五洩溪

王堰跨湖堰五洩溪連　蔣家堰真如菴前

便堰槩浦溪　考溪塘
張家堰雙溪
渡之名者
茆渚渡官　宣家渡官
黃家渡官　潘家渡官
街亭渡官　湖頭渡官
華家渡官今華　新亭渡
蔣村渡　五浦渡
趙家渡　楊家渡今改梁家渡

馬郎渡　阮家渡

了山渡　夏家渡

横塘渡　黄潭渡

湄池渡　石侯渡

晚浦渡晚浦東聯越郡西接蘇杭商賈往來之所向有義渡歲久廢失順治間有傅應麟者置船恐至久復廢捐田五畝作管船人工食又捐屋三間收稅作修船之費義渡自此永存矣

埠之名者

安華埠　湖頭埠

硯石埠　　淸水潭埠

新[illegible]埠　　宣家埠

缸竈埠　　陳宅埠

下宣埠　　烏程埠

姚公埠　　邵家埠

潭之名者

淸紫潭孝義溪　　澄波潭孝義溪

鵝白潭浣江　　清水潭下東江

杠穀潭楓溪　　石盂潭

烏龍潭　曲潭德礪港

官浦潭　青潭

浦之名者

浣浦即浣江　槩浦在下西江

山逕浦在高公湖　五浦下東江

晚浦下西江　長瀾浦下西江

泉之名者

靈泉十五都　南泉五十都

小泉五十七都

龍湫之名者

東白山龍湫　白洋山龍湫

五洩山龍湫　雲蓋山龍湫

雞冠山龍湫　五岫山龍湫

柯公尖龍湫　石敢山龍湫

鳳凰山龍湫　抗烏山龍湫

道林山龍湫

考古仲冬農隙之時修津梁舟楫期與民同利也若所載龍湫則無可考俗謂龍固穴于此也羣相率爲不經之祀雖賢者不免焉嗚呼信有龍也其肯爲巫師所驅遣哉

暨田山湖相半旱與澇兩俱不可葉駱二公詩深入民隱因附于此元郡人葉水村山田詩曰

山田高山田高山田一旱苗先焦長繩接塘車戽竭全無半得空勞農夫稊脈瘦于鬼黑不見眉白見齒一家性命田中禾一身血汗田中水獨不見鶡尾扇蟬翼衣瓊宮瑣窓翡翠圍蕨漿冰椀冷相照豈知赤土如花飛爾農服勞毋嘆苦爾生惜不居太古爾生惜不居太古五日明邑人駱象賢湖田詩曰春一風十日雨水

高秋水高水高日夜心自焦我田汚邪隄岸築馳驅不憚身常勞雨横風狂泣神鬼河伯憑陵徒切齒生涯藝穫上田禾麥凉愁絶湖中水獨不見甕無粟囊無衣蕭蕭四壁蓋草圍兒啼妻號不須問催租有帖如星飛何當真宰上訴農心苦八風調和大復古八風調

和大復古時若
暘兮時若雨

溪之名者

黄山溪入豐江　青口溪入祇橋江

孝義溪　楊家溪入尖山江

乾溪入泌湖　流子溪

楓溪入三港　雙溪入東江

花亭溪　開化溪

瓢溪　龍窩溪

龍泉溪　洞溪

大馬溪　板橋溪

左溪　紫草溪

超越溪　烏石溪

下瀨溪　古李溪

上瀨溪　石瀆溪

義烏溪　青山溪

善溪

學校志

祭器　典籍　生徒　學田　書院　社學

舊志謂城中地位惟學宮得其正石山蹲其後湖水環其前此作人有其地也

祭器

啓聖廟

簠簋三十箇　爵盃十隻

文廟

簠簋八十六箇　小爵盃一百四十一隻　大爵盃三隻

香几一張　石五事一副　供錫臺一副

黃絹帳一頂　鐵香爐一箇　花罇一箇

酒罇一箇

典籍

五經　四書　通鑑　性理

文章正宗等書舊儲尊經閣上今失惟　督學

張安茂所頒頖宮禮樂全書現存

生徒

廩膳生員二十名　增廣生員二十名

附學生員

國朝順治初歲科並行進額四十名通學不下四百餘名康熙初以科兼歲裁額十五名三年一進

今現存二百餘名

武學生通學七十餘名

學田

田百十有四畝屬守者以養士之餘修葺書院

府志有現存者

今不可考

書院

紫陽書院明嘉靖乙未本府司李晉江陳讓行

縣登紫山愛其形勝作書院其上選士之秀異
者學于其間而聘本學諭尹一仁爲之師其門
曰養正之學其前堂曰禮教其中堂曰作聖其
後堂曰求放心爲屋東向三十有六楹南北向
二十有七楹今廢

社學 舊在南門内即紫陽書院今廢其址尚存

祠祀志

名宦　鄉賢　二款

靈神　墓　冢

古者從祀之典名宦鄉賢而已然二者必協諸民心合諸祀典始無物議蓋宜享不享與非祭而祭均失其經矣今從祀典校正當載者列其姓氏以備稽考

名宦祠

春秋范蠡

東漢張敦　浦江人補傳

按暨令自敦始著有循良聲能禦災捍患名宦記載在祀典今補入之

三國陸凱 吳郡人

唐郭審之

宋丁寶臣 晉陵人 錢厚之 熊克 建陽人

劉炳 劉伯曉 山陽人 家坤翁 眉州人

元馮翼 濟寧人 于九思 蘇丘人 單慶 濟陰人

柯謙 天台人 黃溍 義烏人 俞長孺 新昌人

明欒鳳 高郵人 魏忠 滁州人 田賦 蒲圻人

史子疇 張真 姑蘇人 袁時億 東安人

熊禮 臨川人 吳亨 鄆城人 許璽 高郵人

張　鋮新安人　李　永蕪湖人　潘　珍婺源人

朱廷立通山人　甯　欽衡陽人　劉光復青陽人

陳允堅長洲人　畢　宇臨川人

鄉賢祠

南北朝賈恩

唐張萬和

宋黄　振　張　堅　黄汝楫

姚舜明　王　琰　王厚之

楊文修　張　定　朱　光

元王　艮　　楊維楨　　王　冕

明王允升　　郭日孜　　黄　鄰

郭斯皇　　呂　升　　趙　紳

王　珏　　駱象賢　　徐　琦

鄭　欽　　翁　溥　　駱問禮

陳性學

國朝酈徹昌

鄉賢名宦二祠有疏請建祠崇祀者有詳憲建祠崇祀者有合祀而又崇祠祀者有崇祠而未

入于合祀者有祠祀兩亡徒存故址者亦有踞
山川形勝爲一方捍災禦患士民自建而祀者
皆備列于篇以資省覽

孟子廟在縣西三十里夫槩鄉係四十七世孫信安郡王孟忠厚扈宋駕南渡幼子環衛上將軍開國男孟載封爵諸暨因家焉嘉定丁丑建孟子廟肖像其中春秋崇祀明萬曆間知縣陳正誼捐俸重新督學喬因阜檄孟氏後通文學者克生員一體優免與試世爲仍襲以奉廟事如兖府四氏學例順治間六十四世孫貢生孟稱舜生員孟樹忠等呈請縣府道撫各憲每歲撥暨田六項供修備祀批允勒石永垂不朽邑侯陳公正誼重修碑記進士會稽陶允宜撰　禮有之諸侯受國必釋奠于先聖先師凡釋奠必有合也共有國故則釋奠無合也夫先聖先師則古帝王聖哲如堯舜禹湯

文武之爲君五臣伊周孔孟之爲臣是也其國無先聖先師則舉他國者而合祭之有則無合也專所重也所謂國故非特先長于其國也立于其朝寓于其鄉冠履之所至子姓之所遺爲國人之所聞見而信習者皆是也取其所聞見所信習者而爲之師上焉者觀風彰軌以貞道揆下焉者從訓若度以遵法守聖人之教行而久不廢者用此道矣叔世道衰仕者朝齊而暮楚釋奠之禮大抵文具視之而或荒倣彿共問其國故何人其人可師者何在槩奠之舉也艮可嗟已浙東古越地越故大禹之後也史稱禹嘗巡狩宇內至會稽朝諸侯衣冠藏于禹穴廟享血食今古一日或者亦其後人起之耶嗚呼此越國之故也迨宋南巡而有扈從渡江曰孟載者孟子四十七代孫信安郡王忠厚子曰封爵諸暨嚴流寓夫槩鄉子孫家焉嘉定丁丑建孟子廟肖像其中四時專祀夫學校配享所謂合也子姓在而專祀則無事合也其後曰繼塋

曰應酉曰甡善曰元治曰銘曰暐曰濂曰時舉
起而增美之犄歟都哉迄明仕籍弗擢廟宇日
頹嘉靖間郡守張侯邑令徐侯訪其後曰達曰
國寶白之當道克生員以奉祠祀復請于守巡
二使者計直修葺俄以兵火覆工甚矣無事之
難也萬曆繼統余同年婁關陳侯出宰茲土以
浩然之襟巖巖之節自厲而以仁義淑人緯有
孟氏心法一旦闢邑西有廟約余伏謁釋奠旣
畢徘徊四顧見洞岩在前飛瀑在後七十二峯
環矗左右憮然有間曰國故其在茲乎而何榛
莽之弗飭也遂謀新之命孟氏之族長文獻合
其族人醵金若干鳩工庀材以告始事侯復捐
俸百金以竣厥役仍請于督學喬公大參胡公
檄其後曰鵬曰蹄克生員以奉廟事而祀典大
備于是夫槩之墟炳然三遷之里矣廟成而徵
余言爲記余惟下之爲俗視上之爲教暨陽之
俗強而好爭夫強義類也而爭或以利起于毫
厘之辨也使孟氏與儀衍爲謀兇秦鷙智夫豈

終不遇哉而退修七篇與異端宗孔氏以立教卒使數千年之後數千里之遠猶有撫廟貌而典思覩裔孫而加禮者則公義之在人心也美哉禹功明德遠矣繼之者其孟氏乎夫會稽之有禹穴也得太史公而名益顯暨陽之有玆廟也遇陳侯而制益宏先正曰孟氏之功不在禹下余亦曰陳侯之功不在太史公下遂書此以誌始末云

陶朱公祠在縣南五里許即陶朱鄉士毅邑民祈禱多應每歲社會崇祀其上事詳吳處厚碑記

漢朱太守買臣祠在縣北之松山宋時民以禱雨有應聞于朝嘉熙四年九月三日勅賜文應廟每歲春王望前耆老請長官丞尉以下謁廟祈年社令

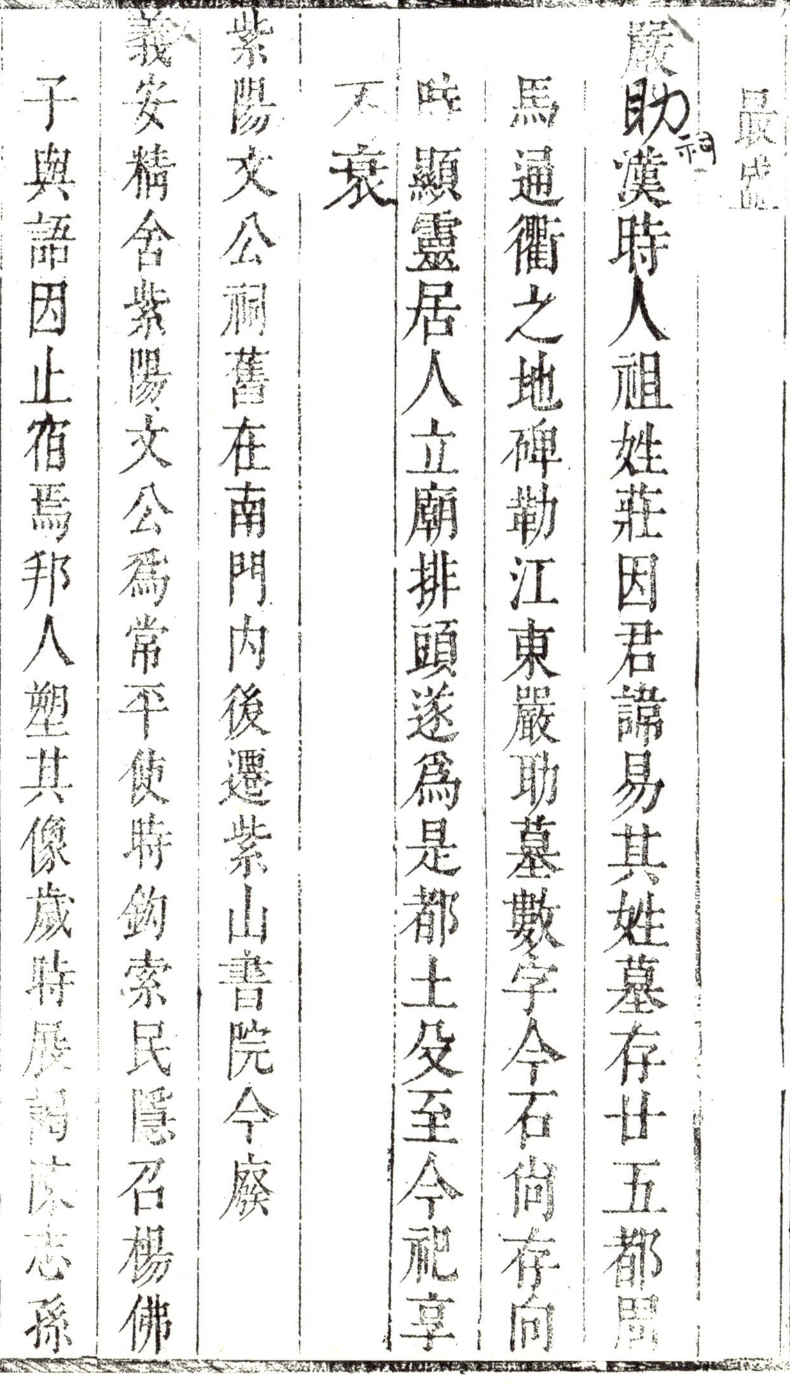

嚴助祠漢時人祖姓莊因君諱易其姓墓存廿五都開馬通衢之地碑勒江東嚴助墓數字今石尚存向時顯靈居人立廟排頭遂爲是都土殳至今祀享不衰

紫陽文公祠舊在南門內後遷紫山書院今廢

義安精舍紫陽文公爲常平使時鉤索民隱召楊佛子與語因止宿焉邦人塑其像歲時展謁床志孫請祠于義學一名紫陽精舍今址爲無遷備在楓橋

梓潼帝君祠在下方門萬曆丙申邑侯尹公從淑建立每科赴試舉子祖餞于此併奉　勾芒神

輿越二大夫祠在上横街武安王廟之側即范蠡鄞大夫種也萬曆庚子耆民酈有政請邑侯劉公光復刱建之祀以仲冬者則其入吳之月也

史大夫祠在縣西北三十里靈泉鄉

按大夫家世其先杜陵人諱晧德輝其字唐咸通中充諸暨鎮遏使平裘甫之亂黄巢犯境又郄之卒葬靈泉鄉之温泉村鄉人懷之立祠

祀焉

賈孝子祠在縣東南六十里孝義鄉

宋史太師浩祠在乾明觀乾道間奏免湖田租賑恤淹沒之家立祠祀焉今廢

孟貞女祠在十二都孟子祠側宣德間巡按蔣玉華翰林院侍讀黃文瑩以事上于朝旌表其門立祠致祭每歲捐學租銀兩遺教諭往祀焉事載烈女傳

貞烈祠在縣東五里許舊屬官亭遺址即孟貞女蔡烈婦也事載女列邑侯劉光復申請合祠以祀

忠聖祠在學宮之側元時胡存道本邑人爲松江教授死難事載節義集萬曆辛丑耿文高自松江任諸暨教諭存道託夢乞耿攜還耿至任以其事詳憲建祠從祀聖廟今子姓春秋與耿合祀

靈雨祠在縣南司東王侯嘉賓祠又在靈雨祠後萬曆己丑六月亢旱邑侯王公步禱請富春山木乂神求雨至則夢神報云九日雨遍果驗建祠祀神士民思王侯之功并祠于木乂神之後

元邑侯單公慶祠在城隍廟側延祐二年建

明訓導李公永祠在學宮内

邑侯梁公子琦祠建在紫山側大學士餘姚呂本有碑記

邑侯時公偕行尹公從淑祠並于靈雨祠與王侯合祀

邑侯劉公光復祠共六十三處縣前六角亭官船埠苧渚埠會義橋等處者獨縣前昔者民嚴賢廿四袁忠六十等德買基建祠屢被鄰火沿燒者裔趙燔嚴采鍾徐行志袁紘張鶴霄王習珍袁乾元張王嚴宏才楊晉各捐貲重建春秋祀享不衰

三邑侯祠路公邁王公章蕭公琦在城西門内合祀

邑侯錢公世貴祠在上水門外

邑侯朱公之翰祠一在苧渚埠一在王家埠

嶽瀆神祠　凡祀典除先聖先賢城社黍苗之司與夫捍災禦患及以死勤事而外俱不得載然一鄉一里之中有踞龍虎之穴而靈顯赫奕者有扼險禦衝關風鎖氣而事神鎮壓者宜備之以游目焉

茆渚埠江神廟江流至此分爲東西兩江而廟當其分處逆流而面邑侯劉光復置旁便田地若干畝收租備香火修葺之資

樓巖四十三都胡公廟羣山聳翠由嵊縣綿亘數十

里旛結成勝兩水夾腋會于龍尸瀆吐作瀑廟樓

岩上故名其神甚靈應每歲八月十三日新嵊天

台數百里内外男女駢闐享祀者極衆

長山頂胡公廟俗稱胡公臺踞一邑之勝攝衣登眺

則山川雲物環繞襟帶每年八月十三日遠近士

民賽會甚盛

江東廟在接待寺之左創于明初邑侯吳亨縣丞凌

顯凡邑人雨暘災祥之禱如響應聲永樂中姑蘇

成胤爲暨教諭命二子規矩應浙鄉試占于神得

箴句曰美君兄弟好名聲只管撝謙莫自矜丹桂槐黃相逼近巍巍科甲兩同登已而兄弟皆中式後訓導李永占其一子賛及貢得門闌喜氣事雙雙之句兄弟皆登進士其靈應類如此不能盡載云翰林編修四明楊守陳碑畧浣江之中有神祠焉曰江東聖濟廟神姓石氏名固泰生于贛歿而為神其始有廟在贛之崇福里人稱石固王廟後徙贛江東之雷岡今四方所謂江東廟者本此矣楊溥曾署為昭聖王宋五封至崇惠顯慶昭烈忠祐王賜廟額曰嘉濟元三易為護國普仁崇惠靈應聖烈忠佑王更廟額為聖濟宋贛縣尉莆田傅暉嘗為撰箴辭百章今行于世唐以來廟碑為漢高六年潁陰侯灌嬰討南

粵神報嬰以克捷之朔故爲廟祀唐大中元年里人行禱有奇徵故徙廟而益崇奉之宋元祐間夏旱泊東城災先後皆應禱有降雨滅火之驗隆祐大后脱金人于造水都統制李耕殲叛兵山寇皆其陰翊之力餘靈驗有有夥其跡皆在于贛載于嘉濟實錄者猶詳

江東上綱廟安俗鄉土穀神姓陳名謚宋堯佐四世裔學士陳盛之祖登進士官至兵部侍郎平邊有功留守秦鳳扈蹕南遷徙東越樊江後隱暨陽江東台輔坊境內祝融作祟以法除之卒後往往顯神里中追祀立廟勑封定國侯加封裕國明王旱澇祈禱甚應歲孟冬月望人與城隍松山二廟並

賽之

東嶽廟在三都之蔣塢舊在城東金雞山下宋大觀中忽大風飄一甩于蔣塢之麓里人因立廟其地令其神最靈異占休咎者月無虛日或夢中示意或抽籤得詩句無不巧合

清與浙東末附卜之詩有與君六月換秋風之語後以六月初一日大兵壓諸暨其顯應類如此

三十都楊司馬廟相傳越句踐司馬也隱此歿爲本境土穀神旱潦祈禱多應歲正月十二日里人設

供爲木架高四五丈復于架上卓幡竿數十尺名曰插尖

丘墓

知縣欒公鳳墓在苧蘿山詳本傳

知縣吳公亨墓在龍華山詳本傳

舊志載墓頗多然惟二公食祿于兹怡然忠義而蒿徑無主百年之後樵夫牧子誰則知之表之以俟有力者留心焉

典史郝君朝寶墓在西城外長山下

順治丁亥山寇忽發薄城急郝出北門遇賊于戚家嶺下被害停棺牛市者幾二十年邑人陳其素楊浣郭肅與二三同志擇地于長山之麓丁未冬至日具牲祝葬之蓋郝死于王事故載此即舊志載欒吳二公意也

附義塚

義塚爲客死死無嗣者立也掩骼埋胔王政之所先兩崔子曰悲夫吾不顧世之有義塚也誠長者之言哉舊志載義塚者三自縣尹劉光復

增置若干淸查出若干民間捨置若干備載以

便稽察

七十一都土名後村塂計地十二畝口又一所土

名後村塔地二畝二分口又一所土名後村塔

地二畝三分

四都祝橋沈家滙計地四畝

附七都長瀾土名灰宕山計地十畝

六十二都湄池土名羅滙高埠計地三畝三分

六十八都土名塂地四畝

士民捨立義冢

正七都姚公埠土名沈家埠討地四畝 姚大任捨

十一都應店土名廟後山計山五畝 應和四十三捨

又二啚土名泉井塢討山八畝 俞良五捨

十六都草塔土名黄婆山討山十八畝 趙俊三十九捨

二十二都安華埠土名應家衖計山三畝 許思三十一捨

正二十四都一啚宜何土名廟後山計山三畝 何進十一捨

又二啚土名閔橋山討山五畝 何源十捨

二十九都排頭土名毛陽山四畝陳穩十捨

正三十四都街亭土名塘山計山五畝陳穩九十三捨

三十六都横山土名黄觀山計山二畝黄趾衆捨

又一所土名後山塔地一畝黄庚六十六捨

三十八都烏巖土名馬蓼山計地二畝蔡子智捨

三十九都東蔡土名毛窪頭計山一畝張仲賢捨

四十都獨山土名白虎山計山六畝趙存四十三垣三十四捨

五十四都楓橋土名舖前山計山十畝陳都三十三捨

六十都黄潤土名梅園山計山五畝斯潤斯邦彥捨

六十一都店口土名牛角嶺計山五畝 陳欽三十七捨

六十四都阮家埠土名道堂山計山五畝 黄仲玉捨

又一所安家埠計地四畝 壽文二十四捨

又一所安家埠計地四畝 壽文六十四捨

六十六都魚墅土名金家園計山十畝 壽項承捨

六十九都古櫟橋土名豹青塢計山六畝 鄭文亮 章良一捨

清出官地併舊義塚

南隅亭蘿山脚計地三畝 北隅黄泥塘一畝

五都上倉湖傒江塘塔計地四十二畝六分

六都源潭村土名上圩塘計地一十二畝又直埠
　土名地塔計地十畝
十七都黃泥隴計二畝　楊和順捨
二十八都塘田項計山二畝　黃本清捨
三十都平濶黃泥山計二畝
四十一都陳蔡土名黃濟山計地十畝
四十五都大磨山計山二畝二分
附四十七都廟下土名荒平計山十畝
五十都陸家山二畝　六十五都魏文聰捨

五十一都童山計山十畝五分駱來二百四十九拾

五十五都前塘村土名黃土嶺計山十畝

五十六都黃泥隴坐溪驛路邊地七分謝富三十四拾

六十一都八堡垣字九百十四號九百九十五號共山四畝陳欽百三十七拾

六十二都焦樹彎計山二畝又一所朝山頭二分

六十六都五畐黃家湖江邊地二畝四分五釐壽祥如拾

又黃家埠安家埠江邊

六十八都土名西邊地三分九釐又二分

又西邊地二處共地五分九釐

賔孝阡

南隅二堡隅字一百廿八號土名自洋山山四畝

二分　邑侯蔡公　捐立

南隅二堡隅字一百三十一號土名大貝山計山

五畝六分　邑侯蔡公　捐立

北隅二堡謂字三百十一號山三畝地二分　趙瑞鯉捨

正一都四堡黄字三百三十三山二畝　趙瑞鯉捨

武備志

險阻　器械　寨堡
保甲　武場　射圃

古者入廟獻馘，干戈與俎豆雜陳，出境尋盟，文事與武備並用，夫豈嘗一日忘武哉！故中人之家必固其扃鐍，千金之室必高其墉，若夫一邑之内，設險固圉，整飭保甲，有備無患，尤不可不亟講也。

軍器庫舊在縣堂之東，貯器械弓箭銃砲火藥諸項，載諸册籍，每年增修有差。順治丁亥，山寇入城，焚毁殆盡，近已漸加置造。今歲辛亥，邑侯蔡杓重建

縣堂舊時軍庫搆造如初矣

城守窩鋪若于每歲一修順治十八年山寇蠢動城中人運石城上纍纍如列伍有警則飛石擊之力省而功倍至于關柵必修鈴柝必飭宵行有禁旅店有稽宰與尉每夜臨城巡視以備非常防禦之道視昔有加焉

舊城高一丈有八尺爲敵樓者七順治十七年復加城垜三尺滾木虎頭牌悉如式堅完壁立屹然百二雄關也

捕盜司舊在縣治東二百步有廳廡臺門轄鄉十有二陶朱開元化山義安泰南泰北安俗天稠金興花亭靈消緊浦弓兵三十名官則判官輪署吏則刑房兼之明朝罷其制惟朔望日率兵操習于演武塲名日落標至

國朝槩除之每歲霜降日觀兵一次遵古制也

演武塲廣袤數十畝在城南金雞山之陽宜禁其蔬植察其侵佔

順治初城四門列紅衣砲于月城内後砲運寧波防

海而城守詰奸倍加嚴戒

縣西去八十里有紫岩寨東去八十五里有管界寨西南有新界寨又有陽塘關長清關與富春蕭浦諸縣接壤地無崗轄易于藏奸且重崖複嶺伏莽難靖如湖頭石梯抗烏道林紫閬等處鼎革之初羣盜嘯聚為害蕩平之後當事留心備禦庶幾可恃無恐

順治初每鄉行團練法以捍衛一方今太平日久革去鄉練而特嚴保甲邑侯蔡杓每甲置一鼓二鑼

有警擊之聞聲協應殆保甲而金湯矣

舊設民壯馬快以備守禦太平日久若輩無所用武第充官府差使然有紹鎮調官駐防與守土者同衛疆圉則未嘗一日忘武也

宋元時有軍營在道山坊内明太祖移于諸全州城内崇禎癸未婺寇猝發邑侯蕭公琦建義勇營于北城外以屯練鄉勇

舊射圃在學宫之後爲文生禮射而設向無武生明末始有之至

國朝文武並重由縣而府而道與文生一體則射圃之

近學宫益宜

諸暨縣志卷之五終

康熙諸暨縣志 2

紹興大典 史部

中華書局

諸暨縣誌卷之六

職官志

知縣　縣丞　主簿
典史　教諭　訓導

本縣官　吏附

堂上三員

知縣一員　正七品

縣丞一員　正八品

主簿一員　正九品今奉裁

首領一員

典史一員　明朝未入流今御攷簿正九品

司吏七名　典吏一十四名

本縣屬官附吏役

儒學

教諭一員

訓導二員今奉裁

司吏一名

稅課司

大使一員革　攢典一員革

醫學

訓科一員　內外科醫士二名

陰陽學　訓術一員

僧會司　僧會一員　掌書一名　佃僕一名

道會司　道會一員　掌書一名　佃僕一名

按州縣設官秦以往不可詳矣漢制萬戶而上爲令不滿萬戶爲長丞各一人尉大縣二人小縣一人諸暨在漢其爲大縣小縣殊未可知惟吳陸凱爲諸暨長吳去漢未久若可例推然吳曾析暨地置吳寧豐安二縣則其大小焉知無變易于其中哉由唐及宋縣皆令丞主簿尉各

一人元州三等下州達魯花赤知州各一員俱從五品同知一員正七品判官一員正八品參佐則吏目一員而諸暨實下州也若其他雜職則固有未暇及者而大槩亦可參之沿革中矣

東漢 令

張　敦　浦江人　有傳

吳 長

陸　凱　吳郡人　有傳

南宋 令

永光元年傳琰季珪靈州人本傳無再查

齊

令

建武年于琳之　卞彬本傳無再查　夌琚之

梁

令

裴子野聞喜人有傳

唐

令

李罕開元年　羅元開天寶年　郭密之大曆年

丘岳　周鏞　主簿王琚

尉

嚴維

吳越

令

趙混　韋蘊德

宋

令

吳育　趙頌慶曆年　寇仲溫有傳

丁寶臣晉陵人進士有傳　王登有傳　曾誇

吳文懋有傳　主簿　吳處厚渤海人有傳

令　陳端禮有傳　王榕撫州人　錢厚之有傳

主簿　吳存睦括蒼人　令　陳熐有傳　羅鏜

趙伯牙　侯文仲　陳協

周彥先　田伯强　姜紹有傳

郭允昇有傳　張光　祝求仁

張居廣　孟球　輦廷之

郭文忠　李珣　郭之運

晏暉　熊充有傳【紹興年】【丞】全授有傳

【令】李文鑄　林博厚　姜郊

李伯明　王及　黄庸

趙善石　陳文之　施一鳴

王謙　沈紋　李昌

趙彥權　史宣之　彭耜天台人

詹彭祖　劉保　趙希鎰

薛興祖　劉炳有傳〔嘉定年〕　劉伯曉山陽人由進士有傳

陳造　趙汝蘖　趙孟堅

王璪　趙希愽　家坤翁有傳

趙希隨　趙崇儕　吳源

衛曄有傳　趙必昕　趙良維

章公亮　趙孟迎　蘇鍼

鞏游　何喬　汪湛

王倫

慕容邦孚

沈愿

沈應昌

元

達魯花赤知州

世祖至元中猶為縣知縣以下皆無考達魯花赤四員亦未知何年任姑依舊誌次此

廉忽魯

哈孫　畏吾人

方顯祖　子謙唐兀氏女直人

百不花　元光蒙古人

同知

判官

吏目學正訓導

張世昌　到任年未考

廉定同

八哈赤 畏吾人

元貞元年是年陞縣爲州

李朶兒只 建議免徵山園夏稅

馮翼 濟寧人 有傳

大德十年

烏馬兒 色目人 廉能

于九思

邸顔 畏吾人

單慶 濟陰人 有傳

柯謙 天台人 有傳

諸到縣任俱不可考但黃公滑送楊公文稱侯至而予已去則寓在其先而護公都與黃同年進士也故同列之

楊也速答兒 山西人

護都 乘止蒙古人由延祐二年進士

黃滑 義烏人由延祐二年進士有傳

李玉 國寶真定人行鄉飲酒禮續編銅錢刻編建義塾

白龍

孫琪 伯祥臨沂人

完澤普化 德潤哈剌魯氏松江人由泰定元年進士

但古伯 季良色目人由泰定元年進士

李質 仲美鎮江人由泰定四年進士

俞長孺 有傳

天曆　年

元統　年

阿思蘭董牙　畏吾人　廉能建譙樓浚西江

白澤　子瞻　廉謹

陳邁　行之　四明人

袁瓛　日巖　四明人

王慶　本書　龍興人

安普　行之　唐兀氏由至順元年進士

山壯　畏吾人

拜普化　彥博　完澤普化從子

靳仁
剌安
河南人

王政

張守正
以忠由至
正十一年
進士

邵儼
公望
高郵人

和里互達
兼善蒙古
人由元統
元年進士

許汝霖
時用剡人
由至正十
一年進士

呂誠
誠夫新安
人由至正
十一年進
士

陸以道
士弘
無錫人

包英
叔蘊
江陰人

哈剌那懷
伯川

年	知縣	縣丞	主簿	典史	教諭	訓導
己亥 至正十九年州屬明	右元知州有劉應千到任先後全未詳					
庚子		欒鳳 秉德有傳高郵人				
癸卯州屬僞吳 丙午州復歸明						
明	知縣	縣丞	主簿	典史	教諭	訓導
戊申 洪武元年特尚爲州	田賦 尚爲知州字大夫滿圻人有傳	欒毅 同知滁州全椒人	魏忠 州判滁州人			
己酉 二年		陳剛 臨川人				

三年庚戌	四年辛亥	七年甲寅	九年丙辰	十一年戊午	十二年己未
		任博文 欒河人			
	史子疇 有傳				
		張仲文 江右人			
		張世昌 本縣人		陳嘉謨 本縣人	
			孟時 本縣人歷任州府同知		郭日孜 本縣人遷任州府同知

壬戌十五年	癸亥十六年	乙丑十八年	丙寅十九年	己巳二十二年	庚午二十三年
毛原遂 玉山人			孟貞 有傳		
馬文聰 閩人					
陶狷 本縣人			袁時億 東安人	陳誠 閩人遷知金華縣	
姚珂 本縣人	郭同 本縣人	梁楝 郾城人			

年						
二十六年癸酉					麋煥 儀真人	
二十七年甲戌	張真				任泰 巢縣人選春坊清紀郎	舒奎 天台人
二十九年丙子		蕭九萬 有傳		楊德仁		
三十年丁丑						林家 閩人
永樂元年癸未	熊禮	朱庸 泰城人			羅伯初 廬陵人國子助教歷翰林檢討	張禎 京口人歷瑞州府教授
三年乙酉			喬升 淮甸人			

年						
丁亥五年		錢顯 吳江人				
庚寅八年			榮世華		柯長 寧國人 舉人	楊澄 福建人陞盱眙教諭
壬辰十年		李思義 河南人				
癸巳十一年	吳亨 通夫 郢城人		鞠茂 登州人	謝琰		
丁酉十五年	王常 江右人		劉恂			
戊戌十六年					成佩 吳縣人遷沅州府教諭	

年						
十七年己亥		閔霖 鄱陽人				
二十二年壬寅				萬師尹 南昌人		周冕
宣德元年丙午			萬師尹 見典史			
二年丁未	周仕廸 臨川人					
六年辛亥	周仕廸			汪朝源 歙縣人	包岡 三山人	
丙辰	余克安 上饒人					

年					
戊午三年	魏傑 昭陽人				
庚申五年				徐麟 武進人	李崇 桂陽人
壬戌七年	許璽 高郵人		李茂 弋陽人		
丙寅十一年	張鉞 大器，新安人，造太平橋				
丁卯十二年				喬斌	熊相 清江人
庚午景泰元年	單宇 洪宇，臨川人，進士				

年					
癸酉四年	强温 北直隸人				
丁丑天順元年			李雅 侯官人		吳端 壽張人
戊寅二年			李謙 衡陽人	楊彬 貴溪人 江	瀹 謝樂山 舉人
辛巳五年	劉必賢 滁州人進士		齊子芳		王昌順 金谿人
壬午六年					方濬 蒲田人舉人
甲申八年	曹銓 秉衡滿城人進士	段輔 文水人舉人			朱旻 崑山人

成化元年乙酉						李永 蕪湖人 歲貢
四年戊子		李鐸		杜恭 達縣人	周祜 貴溪人	李謙 廬陵人 歲貢
八年壬辰		謝翾	任弘道 磁州人			吳英 宜興人
九年癸巳	黃寬 晉江人 進士			張象	陳立 閩縣人舉人陞知縣	林鑑 海陽人
十三年丁酉				鄒魯 直隸人		
十五年己亥		李祥 曲沃人	甘燦 閩縣人		黃表	周澤 太倉人

年						
癸卯十九年		畢震 淮安人		林斌 福建人	謝鏾 吳縣人舉人	
甲辰二十年	王瓚 鉅光桂陽人舉人			譚忠 南雄人		陳洙 蒲田人舉人遷順德教諭
戊申弘治元年	蔣壽昇 賓陽郝陽人進士					
庚戌三年		張南 涇縣人貢士	鄭欽 閩縣人			
癸丑六年		徐海 宜城人吏員		吳家淇 閩縣人		丘雍 邵武人
乙卯八年	鄭光與 以祿蒲田人舉人		謝茂 延平人		吳華 福清人	

戊午十一年	庚申十三年	癸亥十六年	丁卯正德二年	己巳四年	辛未六年
熊希古 尚友新寧人進士		潘珍 玉卿婺源人進士	索承學 遂夫邳州人進士		苗雲 從龍安陽人舉人
蔡沂 遼東復州衛人監生		張輔 潁川人監生	蘇潤 石埭人監生		楊榮 泰和人監生
		楊華 玉山人		陳椿 遼東海州衛人	
	廖忠 新淦人			高玉 邳州人	
		蕭承恭 吉水人舉人	甯欽 衡陽人舉人有傳		
	王恂 應天府人				湯景賢 應天府人江陵教諭

年						
甲戌九年	周啓 文明永豐人監生		龍雲 靖州會同人			曹英 崇仁人
乙亥十年				于俊 沐陽人		錢山 當塗人遷教諭
丙子十一年	馬思聰 懋闓莆田人進士		宋天與 閩縣人			
丁丑十二年	彭瑩 廷璧大庾人進士	吳申 南安人監生				
己卯十四年				李朴 吳縣人	徐中 太倉人監生	王雍 泰和人舉人
庚辰十五年			崔		聶曼 金谿人舉人	俞旺 順昌人

年						
癸未嘉靖二年		胡采 丹徒人戶部書辦			黃銑 邵武人舉人	
甲申三年	朱廷立 子禮通山人進士		汪倫 大理衛人	王原 鳳翔人		王黼 海康人
丙戌五年		金紀 天長人監生		徐輻 永豐人	胡晟 歙縣人	
戊子七年	周朝俛 勤可閩縣人進士		俞江 吳江人	盧潮 柳城人	李俊 高安人	袁塘 祥符人
辛卯十年	張志選 晉江人進士	沈槃 吳江人監生				吳秉壽 歙縣人遷長沙教諭
壬辰十一年		孫鏞 蜀人監生	郭珙 鳳陽人	潘子琪 廣東人	尹一仁 任之安福人舉人	雷萬石

年						
十三年甲午	袁永德　東莞人舉人					
十五年丙申	黎　秀　實夫樂平人進士					王　聰　安義人
十六年丁酉		唐　讞　監生	潘思敬　廣西人監生	高榮詔　湖廣人		
十八年己亥		李之茂　子培四川人監生				侯崇學　曲江人
二十一年壬寅	徐履祥　子旋長州人進士			陳　儀　克威舒城人		
二十三年甲辰					彭　璋　崇安人	陳　頊

年						
乙巳二十四年	李文麟　無錫人進士					曾　瀠　江陽人歲貢歷廣西賀縣教諭
戊申二十七年	王陳策　師董泰州人進士				何忠蓋　星子人歲貢	
庚戌二十九年		鄭　憲　武進人監生	潘文節　弋陽人監生			孔　戴　通州人歲貢
辛亥三十年						王朝宗　江西人歲貢
壬子三十一年	徐　櫆　懷遠人舉人					黃　堂　山東人歲貢
癸丑三十二年			方　凱　合淝人歲貢	許日恭　吏員莆田人	鄭維邦　世輔侯官人舉人歷知州	袁　勱　豐城人歲貢

三十四年乙卯	三十五年丙辰	三十六年丁巳	三十八年己未	四十年辛酉	四十一年壬戌
林富春 惠安人進士			宋魯 葉縣人舉人		
	陳金 太湖人吏員		陸汝亨 長州人監生		戴乾 蕪湖人監生
	李幹 茂名人歲貢		方文淵 貴溪人吏員		劉瑄 太倉人監生
	李聘 陝州人吏員			何錄 南昌人吏員	
		楊遜 竹谿人歲貢		尹奎 永新人歲貢	林志 同安人歲貢
施乾元 宣城人歲貢陞麗水教諭	劉龍 興化人歲貢	呂中臨 南海人歲貢陞澄海教諭	雲行 廣德州人陞武林教諭歲貢	王自修 上蔡人陞王府教授	熊祥 安義人歲貢

年						
癸亥 四十二年	牛應龍 同安人 進士					
乙丑 四十四年			鄒勲 吳江人 監生	羅江 巴陵人 吏員		劉培 江都人 歲貢
丙寅 四十五年				曾應祐 豐城人 吏員	謝禧 泰興人 歲貢監	廖致道 上杭人歲貢 陞連山教授
丁卯 隆慶元年	梁子琦 汝珍壽州人進士	鄭珊 新城人 吏員	彭懷初 青城人 監生		王汝振 舉人陞鄖縣知縣	畢諾 太河衛人歲貢 陞朝城教諭
己巳 三年		冐承祖 如皐人 監生			陳源 南昌人 歲貢	
辛未 五年	夏念東 南城人 舉人	王祐 亳州人 歲貢	習節 汝江人 監生			鄭鄉 當塗人 歲貢

年						
壬申六年				賈　廣 壽州人 吏員		楊　拔 無錫人 歲貢
癸酉萬曆元年					施宗軻 青陽人 歲貢	
甲戌二年	陳正誼 華亭人 進士	甘祖諫 豐城人 吏員	王道貞 寶應人 監生			高　桂 無錫人 歲貢
丙子四年		徐　鼎 祁門人 監生		陳　善 衡陽人 吏員	徐應宿 定海人 選貢	顧世承 華亭人 歲貢
丁丑五年			葛自訓 桃源人 儒士			丁世臣 長州人 恩貢
庚辰八年	楊一麟 新建人 舉人	俞　藻 無爲人 恩貢		胡思溪 青陽人 吏員	許希旦 昌化人 恩貢	燮　寰 新城人 選貢

辛巳九年	謝與恩	番禺人	進士
	周天道	休寧人	吏員
	李　譽	天長人	歲貢
	井伯龍	豐城人	吏員
	張應雷	山陽人	歲貢
	譚　任	武陵人	選貢
丙戌十四年	汪應泰	無爲人	進士
	陳　鑽	豐城人	吏員
	汪東岩	石埭人	吏員
	謝國泰	於潛人	歲貢
丁亥十五年	王嘉賓	滁州人	進士
	李思誠	豐城人	吏員
	許　松	淳安人	歲貢
庚寅十八年	時偕行	嘉定人	進士
	林　璉	永春人	吏員
	王　恩	溧水人	吏員
	龍奮河	貴陽人舉人	陞縉雲知縣
	朱道亨	崇德人	歲貢
辛卯十九年	楊芳春	雲南人	選貢
	董德隆	德興人	監生
	梁邦佐	懷集人	選貢
壬辰二十年	章世肇	直隸人	監生
	丘可詔	上杭人	選貢
	劉時中	湯溪人	歲貢

甲午二十二年
尹從淑 三巴人，進士，有傳
田同井 亳州人，監生
華一孝 鄱陽人，吏員
周天賦 莆田人，吏員
鄧繼璞 高安人，舉人
合[illegible] [illegible]昌人，歲貢

乙未二十三年
陳允堅 蘇州長州人，乙未進士，有傳
王大成

丁酉二十五年
劉光復 貞一，青陽人，戊戌進士，有傳
岑可瞻
朱楊訓
周志遠
高江
陳會賢
單應龍
杭州人
徐一龍

丙午三十四年
陳鑛 號[illegible]，[illegible]蒲人，甲辰進士
張顯懿
徐治佳
楊宗周

己酉三十七年
洪雲蒸 號紫雲，歙縣人，戊戌進士
章一科
魏邦佐
陳寀
吾道行 衢州人，貢士
馬應鸞

壬子四十年
汪康謠 號[illegible]海，休寧人，癸丑進士
柳紹 廣西人，監生
何舜韶

乙卯四十三年	林銘盤 號石泉莆田人癸丑進士				
戊午四十六年	黃鳴喬 號[illegible]莆田人己未進士有傳			高斗	湯世亨 江山人 貢生	周之藩　俞同德
壬戌天啓二年	[illegible] 號[illegible]閩[illegible]人壬戌進士	莅民	周文煒	魯國仕	余紹祉 休寧人 貢生	
癸亥三年	毛可珍 舉人廣東東莞人	韓世宗 陝西人			於慎行 嘉興人 貢生	
丁卯七年	梁耀書 舉人廣東東莞人	黃應日 合肥人	汪應錦 休寧人	孫耀楚 承天人		何一棟 江山人
己巳崇禎二年	王章 號漢武武進人戊辰進士有傳	楊光烈 淮安人	龔國瑚 江西人	周延祥	陸府修 平湖人舉人 松江府學貢	何天恩　曹[illegible]

年						
崇禎五年壬申	張夬 號撤藩，丹陽人，辛未進士	梅之惇 宣城人		姚士謙 廬州人	范我躬 寧波人，陞工部司務	
八年乙亥	路邁 號于道，武進人，甲戌進士	鄒九疇	陳承憲	陳聖修 蒲田人，吏員	蔡仁裕 仁和人，舉人，陞九江推官	施于時　張作相
十三年庚辰	南有臺 號衡山，蘄水人，甲戌進士	張承賢 高郵人	錢宏基			陳士毅
十四年辛巳	錢世貴 號聖沾，青浦人，丁丑進士		佘楷 江南人		沈炳文 仁和人，陞雅州知州	王化民 麗水人
十六年癸未	蕭琦 號若吉，永人，庚辰進士，有傳	王國昌		王一實 涇縣人，吏目	駱光實 義烏人，陞國子監助教	王允陵 處州府人，[illegible]貢生
十七年甲申	李一元 號關義，太平人，癸未進士		周德龍 江西吉安府人，歲貢		李可	程光杰 休寧人

諸暨縣志　卷之六　官職志　十八

年	知縣	縣丞	主簿	典史	教諭	訓導
乙酉	李可立 號卓如舉人貴州籍					梁棟 山陰人
國朝						
順治三年丙戌	劉士瑄 三韓人歲貢	姚汸 青浦人 沈琅儒 錢塘人	是年裁	郝朝賓 汾陽人吏員	方杰 錢塘人辛酉舉人	朱棟 三韓人選貢
五年戊子	朱之翰 上元縣進士	葉永錫 泉州同安人吏員		段國龍 廣平府人吏員	沈衡 仁和人舉人陞上饒知縣	高宗舜 臨安縣人歲貢
九年壬辰	張士琳 三韓人貢士				朱廷謨 海鹽人舉人	徐際明 江山縣人歲貢陞龍泉學教諭
[illegible]十一年		李鎔 池州東流縣人歲貢		張添增 興安府人吏員		

年						
十四年丁酉				郭用高 汾州介休縣人吏員	葛果 錢塘人舉人	
十五年戊戌		霍夢松 太原榆次縣人歲貢			王家鼎 建德縣人歲貢 是年裁	
十八年辛丑	牛光斗 中部縣人進士				章含綸 孝豐縣人歲貢	
康熙七年戊申	蔡构 晉汀縣人舉人	張炳 蒲縣人恩貢		張星垣 渭南縣人吏員	張華 海寧人舉人	

諸暨縣誌卷之六終

諸暨縣誌卷之七

選舉志

進士　舉人
選貢　歲貢

選舉之法古今不同明初薦舉爲重歲貢次之科舉又次之其後科舉爲重歲貢爲次而薦舉不復行矣
國朝仍明制康熙初停歲貢後改二年貢一人表之不惟可以觀一縣人才而已

唐

進士

吳少邽　壬寅　中和二年　王祁

宋 進士

己丑皇祐元年 朱方　馮滋　丁酉嘉祐二年 章蒙

癸卯八年 高象　癸丑熙寧六年 張鎮　韓翮

丙辰九年 黃彥　壬戌元豐三年 朱戩

辛未元祐六年 馮谷　庚辰元符三年 黃日新　黃無愿

壬辰政和二年 朱常　郭元　高樞

乙未五年 韓漑　壬子紹興二年 黃嘉禮　乙卯五年 馮羽儀

乙丑十五年 吳珪　辛未二十一年 孫大中

甲戌二十四年 黃開　黃閎　黃閣

庚戌三年　馮時敏　黃聞　丙戌乾道二年　王正之

王厚之　己丑五年　王誠之　黃誾　王訢

廖俟　壬辰八年　王賁之　俞湮

乙未淳熙二年　鄭大成　庚戌紹熙元年　陸唐老　丙辰慶元二年　馮景中

黃伸　戊辰嘉定元年　黃虎　甲戌　姚翀

黃應龍　章夢光　丁丑十年　章又新

姚鏞　庚辰十三年　林嘉會　癸未十六年　趙汝鏜

趙希暘　己丑紹定二年　楊灝　壬辰五年　陳宣子

乙未端平二年　馮喜孫　甲辰淳祐四年　章夢璞　庚戌十年　黃雷

胡杲　戊辰咸熙四年胡庸　張翼

辛未七年吳幼安　楊潭　張素

宋進士尚有宣繒姚舜明張雷發以年無所考

不敢妄列

元

進士

辛酉至治年陶澤　丁卯泰定四年楊維楨　胡一中

庚午至順元年郭性行

明

進士

會試舉人

鄉試舉人

歲貢

薦舉

	洪武元年戊申	二年己酉	三年庚戌	四年辛亥	五年壬子	六年癸丑
			五月詔今年八月開科鄉試中式者明年會試	胡澄 三甲七十三名		
		戌年庚		趙仁		
			趙仁 胡澄一中子			三月詔天下科舉宜暫停罷

王冕　楊維楨　張辰　陳嘉謨　王祚　俞獻　黃鄰　陳凱　楊思永　傅希顏　蔡權　錢淵明　方文懋　胡文伯　應瑒　王暘

乙卯八年	丙辰九年	丁巳十年	戊午十一年	己未十二年	庚申十三年

孟濂

趙用賢

胡文穆

胡混

方得偉

胡天民

張彥疆

陳思齊

孟恪

傅初

楊允升

年				
十四年辛酉				馮伯奇　楊鯨
十五年壬戌				桂昱
十六年癸亥			奏准天下府州縣學自明年爲始歲貢生員各一人	何遠　黃鑑
十七年甲子		三月定科舉法三年大比子午卯酉年鄉試辰戌丑未年會試	婁宗海	黃希傅　陶㶊
十八年乙丑			周宗祚	姜漸　周文煥
十九年丙寅			張允恒	何貴　王堂

二十年丁卯	二十一年戊辰	二十二年己巳	二十三年庚午	二十四年辛未	二十五年壬申
	俞仕賢 二甲第六名				
			呂升		
張鏞	詔天下縣學三年貢一人			傅文昭	詔天下歲貢縣學一年一人
梁伯善	石達 張次達	蔡員實 張文成	方輝 俞蔭	俞祐 郭日孜	倪仲圭 朱彥敬

癸酉二十六年	甲戌二十七年	乙亥二十八年	丙子二十九年	丁丑三十年	戊寅三十一年
			陶祐 俞希孟		
董閶 顧濬	壽奭 王彌堅	朱景絶	蔣文旭	婁衡	方杜倫

趙伯潤　張鏞　余季良　孫述可　余澤　翁潽　方寅　徐圭　陳溢　戚元義

己卯三十二年	庚辰三十三年	辛巳三十四年	壬午三十五年	癸未永樂元年	甲申二年
斯于	許用賢	金鎮	戚文鳴	朱子名 何遠 陳同	黃士華

張庭蘭　郭斯庄　黃鏜　陳宗孟　錢思誠　毛仲與　周景濂　郭如權　貢鎧　駱用賓

年				
乙酉三年				酈俊
丙戌四年				趙秋
丁亥五年			黃斆	王安
戊子六年			王鈺 第三名	王志甲
己丑七年				周興
庚寅八年				馬宗昂

孟德　吳國賓　虞以文　吳鉞　錢存源　章信　郭如樫　郭禮　章曾　壽伯達

年					
辛卯 九年				方倫	王愷之 馮賚
壬辰 十年	王鉦 一甲第三名	第三名		鄭弘	孫宗海
癸巳 十一年				孫祥	俞允承 蔣誠
甲午 十二年			王常 陳偲	許子恭	楊善政 俞性中
乙未 十三年				陳寶	蔣桂 宣相
丙申 十四年				魏孚	張潤 孟臨

年					
十五年丁酉			阮溥	劉穆	章伯升
					陸時
十六年戊戌				趙賢	
十七年己亥				程永文	
十八年庚子			胡矐	金讓	
十九年辛丑				胡怡　詔天下歲貢用洪武二十一年例	

年					
癸卯二十一年			駱黼 俞德昭 翁佐 呂公愿升于山陰籍	蔣忠 張剛	
甲辰二十二年	胡驩二甲第九名	第四名			
乙巳洪熙元年				俞景昂	
丙午宣德元年			俞倜 陳機第十六名	陳文信	黃餘蔭 方坻
戊申二年				盧立	魏宗杲 翁惟信

庚戌五年	陳璣 二甲第七名授庶吉士	第六名		陳祥
壬子七年				詔天下歲貢用洪武二十五年例
癸丑八年	俞僴 二甲第二十八名			王彥常
甲寅九年				宣載
乙卯十年				瞿文偉
丙辰正統元年				殷增

翁[illegible]謹

酈獻

楊資

丁巳二年	戊午三年	庚申五年	辛酉六年	壬戌七年	甲子九年
	滿 黼				
金俊	何琚	趙理	詔天下縣學歲貢一年一人	阮剛	陳旭
蔡燗 陳洙	王璵				

丙寅十一年	丁卯十二年	戊辰十三年	己巳十四年	庚午景泰元年	辛未二年
	徐琦			張肅	
賈愚	俞安　俞鼐	嚴翊	王琳	張祿	章[illegible]

年				
癸酉四年			陳翰英第五名	俞景
乙亥六年				張銅
丁丑天順元年				陳貴
己卯三年				俞載
辛巳五年				張澄
壬午六年			張伋	詣廩增生員四十五歲以上者俱貢
[illegible]年				

癸未 七年	甲申 八年	乙酉 成化元年	丙戌 二年	戊子 四年	庚寅 六年
		呂訛 公愿子山陰籍			
蔣鎰　何奎　俞任清　楊釗	章桓		蔣憲	章敬	駱章

壬辰八年	甲午十年	丙申十二年	丁酉十三年	戊戌十四年	庚子十六年
				馮瑶 三甲五十五名	
			馮瑶 謙子		駱瓏 華子 鄭欽 應天府榜
傅璘	酈麟	王穎		楊澔	陳幹

辛丑 十七年	壬寅 十八年	甲辰 二十年	乙巳 二十一年	丙午 二十二年	丁未 二十三年
駱瓏 二甲十八名					
				姜元澤	
	金墜	錢鏜	姜璉		樓敏

弘治元年戊申	二年己酉	三年庚戌	五年壬子	七年甲寅	八年乙卯
					陳元照 翰英從子
張琯		宣增	楊琦	陳棨	

甲子十七年	丙寅正統元年	丁卯二年	戊辰三年	己巳四年	庚午五年
陳賞 輸英孫 元魁子					陳仲洙
駱珮	朱琅	石琨	吳祥	楊淳	駱鳳岐 黼曾孫

九年丙辰				章誠 奏准自今年起至十三年止每年貢一人
十年丁巳			陳元魁 翰英子	呂濟
十一年戊午				酈賚
十二年己未				王琦
十三年庚申				陸淪
十五年壬戌				周謐

年				
壬申七年			石瑛	
癸酉八年		鄭天鵬欽子 張文		
甲戌九年			陳文卿	
丙子十一年			馮琥	
戊寅十三年			陳鵠	
庚辰十五年	陳賞英孫			

辛巳十六年	壬午嘉靖元年	癸未二年	甲申三年	丙戌五年	戊子七年
陳賞 一百七十四名					
					翁溥 王珽
何汝礪	王爵	張雨	馮軒	徐湙仁	王溥博

八年己丑	十年辛卯	十一年壬辰	十二年癸巳	十三年甲午	十四年乙未
俞溥 三甲四十二名		駱驥 三甲一百七十一名			
	駱驥 鳳岐子			駱騰霄 應天府榜第十三名	
俞耿	駱騰霄 驥子選		呂欒 駱驗 鳳岐子選		楊承恩 選

年				名	
十六年丁酉				俞玠	
十七年戊戌				呂相	
十八年己亥				鄭體陽 欽孫	
十九年庚子				陳相震	
二十年辛丑				駱騰光	
二十二年癸卯				朱[illegible]	

年					
乙巳二十四年				俞天禎	
丁未二十六年				駱騏 鳳岐子	
己酉二十八年				駱九功	
辛亥三十年				張思得	
壬子三十一年			壽咸學 應天府		
癸丑三十二年				陳紹科 翰英孫	

年	第一欄	第二欄	第三欄	第四欄	第五欄
乙卯三十四年			駱問禮 第十名	楊承惠	
丁巳三十六年				陳仕華	
己未三十八年				姚德中	
辛酉四十年				邵廷潤　宋承祿	
癸亥四十二年				錢鐸	
甲子四十三年			蔣桐 錦衣衛籍順天府榜百十八名		

年					
乙丑四十四年	駱問禮 三甲二百六名	六十五名		陳寬 元昭孫	
丁卯隆慶元年			周繼夏 順天府榜二十七名	汪直孫	
戊辰二年	周繼夏 三甲十八名 蔣桐 三甲二百一名	三百六十二名 三百七十八名		俞序	
己巳三年				傅艮鰒	
辛未五年				俞臣艮	

年					
壬申六年				張思聖	
萬曆元年癸酉				黃璧	
甲戌二年					
乙亥三年				李秀實	
丙子四年			陳性學 十五名翰英元孫鳴鶴子	駱夢周 沈資	
丁丑五年	陳性學 三甲十三名	第七十七名		楊大盛 方策	

年				
辛卯十九年			壽堯臣 江南中第九名	陳相　張遐
甲午二十二年			傅賓 中第二名	華岳　徐有悅
戊戌二十六年	傅賓			
甲辰三十二年	壽堯臣			何敏
丙午三十四年			錢時 中第十五名	
丁未三十五年	錢時			陳廷伯

三十七年己酉	四十年壬子	四十三年乙卯	四十六年戊午	四十七年己未
				楊肇泰
壽成美 陳元暉 朱長庚 中順天八名	陳善學 中四十六名	駱先覺 中第三名 姚一鸞 中第八名	楊肇泰	
鄭之士			何昇	鄺文柟 癸卯恩貢
鄺元亮 屠冢宰薦舉欽授京衛經歷				

年	第一欄	第二欄	第三欄	第四欄
辛酉天啓元年			駱方壐　楊從本	
壬戌二年	駱先覺　陳元暉　壽成美　駱方壐			郭四聰　周希旦
甲子四年			蔣一泰　方允昌中順天府榜　邊惟寧中應天府榜	酈光祖　章志賢
丁卯七年				郭元佐
戊辰崇禎元年				壽秉初　酈民法

年				
三年庚午				張德侍
六年癸酉			張夜光 中順天府第十二名	錢方肅
七年甲戌	方允昌			孫必賢
九年丙子			余縉 第六十二名 張汝嘉 中順天府榜	酈用賢
十年丁丑				郭四宷

年	進士	會試舉人	鄉試舉人	歲貢
十二年己卯			余綸二十二名 陳懋八十二名 方弘憲中順天府榜	趙士彪
十五年壬午			史繼鰲中第十五名	宋存殷
十六年癸未	史繼鰲 余綸			酈徹昌癸未積分拔貢
國朝順治三年丙戌			蔣爾琇 駱起明	姚禹生 壽愷
四年丁亥	蔣爾琇三甲二百十六名	一百十一名		周廷俊 周崇禮

年					
戊五 子年			壽肇基 中第七名 章平事 中八十四名	樓璇	
辛八 卯年			許兆桂 楊學溥 錢洪袞 虞宗岱 京榜	蔣生亮 壽爲先 蔣泰徵	
壬九 辰年	余縉 章平事	中二十一名 一百八十四名		史之英	
甲十一 午年			馮勸	傅聰	
乙二十 未年	虞宗岱				

年					
十四年丁酉			樓璘 中河南榜		
康熙元年壬寅					
二年癸卯			余一燿		
五年丙午			陳其素 山陰人		
八年己酉			錢廷燦 俞鱗翔		
十一年壬子				章在兹 余毓澄	

諸暨縣誌 卷之七 二十

楊守成

諸暨縣誌卷之八

選舉志 武鄉會試 雜授 縉紳 恩例

武鄉會試

進士　　舉人

壽邦寧壬戌科　趙士進　楊璧禧崇禎甲子科

田九區　呂定　吳萬里崇禎癸未解元

傅均　徐杰　許炳先

壽邦寧　田九區

傅均

國朝武榜	武進士	武會試	武鄉榜
順治八年辛卯			傅啓麟 宣德仁 北榜
十一年甲午			呂之徧定子 周勝 柴時茂
十二年乙未	呂之徧三甲五十五名 傅啓麟	第七十八名	
十四年丁酉			壽龍 郭凌霄

十七年庚子			沈斌 陳陞 何銓
康熙二年癸卯			王逢春 王廷綵 郭天行 李斌
三年甲辰	王廷綵 郭天行		
六年丁未	王逢春		
八年己酉			邵綸

壬子

十一年

諸暨縣誌

袁文錦

卷之八

二

附縉紳雜授

林林而生皆暨民也而賢愚貴賤茫不可一或賢而賤或貴而不肖重此而輕彼也可哉然方其搢笏拖紳則雖階有崇卑而固皆班于賢者之列矣班之而未必賢榮其勝于數乎合而表之庶覽者有興焉但其年分先後多不可考聊雜敘之云

南宋

阮佃夫　建城縣侯南臺御史龍驤將軍太子步兵校尉南魯郡太守遊擊將軍假寧朔將軍

淮南太守驍騎將軍淮陵太守兼中書通
事舍人加給事中輔國將軍黄門侍郎右
衛將軍豫州刺
史歷陽太守

唐

吳少邽 門下侍郎
光祿勳
吳兼操 少府監

吳少曇 諫議大夫
吳 愻 太常博士

蔡元方 樂平縣丞

宋

孟 載 封爵諸
暨縣男
王直之 零陵縣丞

王 琡 通州知府
中奉大夫
王 琰 分寧衛衢
州知州

王節之　舒州大使　王友吉　登仕郎
王厚之　平陽尉、𨼆江令、直秘閣、淮西運判、江東提點刑獄事、食冲佑觀祿、進寶文閣
王友仁　全州教授　王鼎之　循州通判
王浚　遂昌縣丞　王巽之　淮陰令
王濬　福清縣尉　王誠之　鎮江府學教授
王澄　平江都稅　王正之　東陽縣令
王澤　義烏縣尉　王友任　南昌令
壽仕澤　南嶽提宫　王友桲　彬州知州
陳必得　池州司戶、慶元司理　王友元　天台令

李耆俊　右通直郎兩浙運司主管文字　　王賁之　長興縣丞

姚舜明　河東經略安撫使婺州知州監察御史江州知州中奉大夫文安縣開國男贈金紫光祿大夫太師　　胡亨之　蕪湖縣贍軍酒庫提幹

姚宏　刪定官杭州監稅　　何易　迪功郎

姚從　高節書院山長　　黃宋卿　翁源主簿奉新令北部員外郎

姚寬　江東安撫使屯田員外郎樞密編修　　黃舜卿　正議大夫

姚憲　秀州知州平江知府宣奉大夫贈特進開府太傅

黃晉卿　朝散郎諫議大夫　　黃渥　廣西提刑中奉大夫

姚渥　仙居令　　黃鉞　朝請大夫直祕閣

廖虞弼 邵介沅横融五州知州樞密副都承旨鎮東節度使贈少保

黄　禾 通議大夫

謝仲斌 翰林院贈魏國公任附九都廻

謝深甫 乙丑進士入翰林院後至右丞相

黄克恭 文林郎撫幹

廖　俁 樞密副都承旨

黄九齡 考城令

黄　彥 大中大夫文安縣開國男

黄師信 闕宣議郎

黄無愚 文林郎

黄克敏 閤門舍人

黄粹和 象州知州

謝若穆 樞密院編修封中山孝王義安

鄉任附九都廻隊堅

黄汝楫 潭州南嶽監浦江令

黄　聞 永州知州

黄嘉禮 朝散大夫

黃宗尹　忠翊郎
黃克寬　衢州通判
黃　閶　朝奉郎
黃　伸　嚴州法曹
黃　朴　武岡軍僉書
黃宗諤　雍州通判
黃自明　贈山陰縣開國男
黃宗諒　信州推官
黃　杞　韶州平樂尉靜江縣令
黃伯達　袁州通判
黃　筦　兩浙運幹
黃叔溫　知襄陽府棗陽軍贈通議大夫
黃宗昌　海門令
黃應龍　南雄太守
吳　[illegible]　武翼大夫
吳景乂　越州訓練
吳　其　字夢龍忠訓大夫
吳　樞　比流令

吳倬都監從義郎　吳瓔婺州監察
吳伸樞密副將　吳昉温州監察
吳褒全州知州　蔣穎處州教授
徐執管閣校勘　陳壽應奉翰林文子
蔣藹國子助教　徐沂金溪教諭
宣縉樞密同知　徐信翰林院檢閱
宣琪資政殿學士奉政大夫　徐正翰林院經論
張雷發如皋令　羅應玉宣議郎
朱敢宜興尉象山令　俞仕隆濮州司理

陳懿餘姚令　　傅巖宮講

郭寬淳安令　　楊欽法司郎中叅軍贈吳越路相

張定清流令通鄧泰陝四州知州安德知府閤門舍人

楊文舉鄱陽令　　袁幹字商用十五院左使

楊質青州教授　　陸景思戶部侍郎

楊高高州知州　　羅維文叅知政事

楊倫武庫令　　胡杲江東路轉運使

楊灝開封僉判贈朝散大夫　　孟曄高郵令

楊賢武義令以軍功進封中山王　　孟贇沿江制置使

孟　義通道郎　　於　崇臨安教授

孟繼榮石城令　　應　奎工部侍郎

孟　銘祕書省校勘官　　應　鎬兵部尚書

楊敬之郡庠教授　　張　澡國子司業

陳文龍京諭副司　　郭　諫天長令兼沿江制置使

陳仲正國子學諭　　陳　當正奉大夫

張仕明玉山令　　陳　恪淮西制置使

陳天麟天章閣講書　　陳　璧翰林學士

陳　丁嘉興府教授　　陳　石知延平府事

元

王　艮　盧州錄事判官陝州總管府知事建德縣尹兩浙都轉運鹽使司經歷海道都万戶府經歷江西行省左右司員外郎淮東宣慰副使

陳景灝　府庠教諭　王應中　蕭山縣教諭

王剛中　處州獨峯山長　王允升　德興縣封

胡一中　紹興路錄事　王應甲　州庠司訓

楊　彬　江西廉訪副使　王應常　州庠司訓

錢應麟　理問嘉興路總管府知事寧遠縣令　胡存道　松江路教官

錢伯賢　鎮江路錄事判官陽縣令福清知州　王仲楊　如皋縣主簿

王仲廬 紹興路經歷　王　賀 安吉學錄

錢　塏 樞密都事　周麟昇 撫州路教授

王希賢 廣州經歷　申屠性 歙縣教諭貴溪教諭月泉書院

山長發學五經師　申屠震 稽山書院山長

楊　緡 紹興路教授　於本立 福清州學正

楊　宏 瑞安令飛騎尉　陳漢臣 稽山書院山長

楊維楨 天台令錢清鹽場令四務提舉建德路推官儒學提舉

陳　起 崑山州蒙古學錄　俞　懋 稽山書院山長

楊維翰 饒州書院山長　方　汝 樂平教授

郭性存 嵊縣丞江州錄事湖廣興安令　方　泗 杭州蒙古學教授

吳　鉞 山西嵐縣令　吳　庸 大理路教授

陳　洙 州庠教授　黃　源 奎章閣典書轉典籤

金志一 福建儒學副提舉　孔　嚋 山西潞州倉使

金　其 字仲賢江西樞密都事　王汝錫 贛菴書院山長溧陽教諭

明

胡　澄 河陰縣丞祁城縣丞遷許知縣　姚　珂 縣學訓導

俞仕賢 禮部主事監察御史河南運司經歷　吳　立 司訓

鍾　庸 刑部主事　吳　某 字國賓保定知府

何　貴　行人司副使　出使于闐　　陶　祐　吏部主事　員外郎

婁宗海　工科給事中　　陳　凱　蘭縣丞

周宗祚　軍儲十四倉副使　　楊思永　臨海縣丞

何　達　召授行人司行人　　蔡　權　中都主簿

傅文昭　北平按察司知事　　錢淵明　知縣

王彌堅　莆田縣主簿　　方文懋　齊府典儀

朱景純　廣東吳川知縣　　張　其　字彥強陜西　同官主簿

蔣文旭　監察御史　　陳思齊　安遠主簿

婁　衡　兵部司務江西　按察司僉事　　孟　恪　泗州訓導　常熟教諭

方杜倫　國子監學正　　傅　初　翁源主簿

蔣　貴　定西侯　　黃　鑒　四川漢州判官

許用賢　福州府學訓導定遠教諭　　陶　涓　夔州教授

金　鎮　刑部主事　　姜　漸　太常博士

戚文鳴　監察御史　　郭日孜　縣學諭導

黃士華　上海知縣　　張　鏞　鴻臚序班

陳　同　江西新建知縣　　余季良　大庾主簿

宣　誠　麻城縣丞　　方得儒　國子監學正

王　祚　湖廣按察司僉事　　陳　滋　翰林待詔

王　賜鞏昌知府　　方　寅國子助教

孟　潒賀縣知縣　　張廷蘭廣信府經歷

孟　時縣學訓導荆州府同知華州同知　　章　澤訓導

虞以文山陰學訓導秦府紀膳監察御史陜西按察司僉事

胡文伯鳳陽教授　　斯　干湖廣長州通判

黄　淝磁州判官廣德州州判官　　黄　鄴翰林典籍監察御史杞縣知縣

婁　竿江西武寧主簿　　章　信湖廣按察司僉事

陳　韶山陰學訓導　　俞　軾試大司馬轉秋官郎

錢思誠懷慶府經歷　　傅希顔漢川知縣

郭　同縣學訓導　　胡　混玉山縣丞高要知縣

郭如權大庾縣丞　　胡文穆應天府推官

馮　其字伯奇廣東高肇知縣　　方　輝襄陽知府

陳伯誠蕭山縣訓導廣東安遠主簿　　張　辰府庠訓導

陳　瓘安慶潛山主簿　　陳嘉謨縣學訓導

史　儀太醫院判階承德郎　　胡天民陝西按察司

史聖志上虞縣學教諭　　周文煥廣東參政泗村駱繼周人

袁　郴會稽書院山長　　桂　昱金華府同知

陳　韡訓導　　應　瑨臨江知府

郭如樫　靈山縣丞
倪仲圭　太平府通判
戚元義　貴池知縣
楊允升　泉州通判
方　沂　饒州府通判
黃希傅　建陽知縣
翁　渚　祈陽知縣
章　會　鄱陽知縣
楊善政　泉州通判
王愷之　延平同知
孟　隆　南雄府知事
梁伯善　平樂同知
何志張　建寧府推官
蔡貞寶　湖廣按察司副使
吳　鉞　嵐縣知縣
朱彦敬　滕縣知縣　東平知州
錢存源　羅源知縣
趙伯潤　壽張知縣

郭　禮　知縣　　毛仲輿　既寧知縣

王　常　奉節知縣　　周景濂　興國知州

陳　偲　福建政和縣教諭　　趙周賓　藍田知縣

俞德昭　全椒縣教諭　　孫述可　工部主事

翁　佐　延平府訓導四川鄷都教諭　　金　澤　湖廣按察司副使

徐　圭　貴池知縣　　王　鈺　翰林編修修江西提學僉

呂　升　漂陽教諭江西僉事同知山西僉事南京大理寺少卿致仕

朱子名　福建長樂訓導　　呂公愿　國子監學正

鄷　俊　江西新淦知縣　　蔣仕文　工部虞衡司主事轉都水司

趙　秩　高郵州學正
王　安　江西鄱陽知縣
章伯升　鴻臚序班
王志中　盧州府同知
應　津　和州同知
周　典　無爲州同知
方　倫　福建甌城知縣
馬宗昂　湖廣通城知縣
陳　寶　知州
鄭　弘　饒州府通判南安同知階奉議大夫
魏　孚　黃崗縣丞
陳　璣　翰林庶吉士
劉　穆　中軍都督府都事
俞　澗　吏部主事福建汀州知府
孫　祥　四川郫縣知縣
陳文信　山西都司斷事
許子恭　黔陽知縣

盧立 福建南靖知縣　黃餘蔭 星子縣丞

陳祥 江西臨江府推官　金俊 漢陽知縣

王彥常 河南鄭州知州　方坻 遵化主簿

魏其 字宗杲刑部主事　宣載 餘干縣訓導升教諭

馮謙 沛縣知縣　殷增 江西新淦主簿

徐琦 崖州知州湖廣道州知州　翁惟信 陽信縣丞

何琚 山東泗水知縣　陳浩盛 盧溝橋稅副使

陳旭 廣東遂溪知縣　朱士英 臨武縣鉛山縣主簿

賈愚 南陽知縣　阮剛 福建崇安縣丞

俞　侗福建九溪知縣　傅景潤雲化縣主簿

王　琳沙縣知縣　酈　軾陵水主簿

張　肅福建莆田知縣　楊　賁王府典膳

陳翰英廣東南雄府同知　張　祿江西廣昌主簿

張　伋福建同安知縣　張　澄江西靖安訓導

何　奎福建福安知縣　馮　銓江西瑞昌訓導

馮　珏南京刑部員外郎　陳　洙左軍都督府都事

駱　瓏安陸知州州左軍都督府經歷廣東潮州知州

王　璵建寧府訓導　鄭　欽湖廣澧州知州

章　明 湖廣宣慰司經歷　呂　訥 南平知縣

姜元澤 湖廣平江教諭　蔣　憲 湖廣應山知縣

樓　敏 王府教授　章　敬 瑞金知縣

陳元昭 德府右長史　陳應鄰 台州府教授

傅　璟 建寧府推官　張　瑄 無錫訓導長汀教諭

陳元魁 五河知縣　陳元功 德府典膳正

駱　珮 上津縣訓導　周　謐 永從知縣

陳　泰 福建浦城訓導　陳　賞 兵部主事員外郎中滁州同知知州真定府同知

張　銅 福建建陽縣丞

駱章　江西宜春縣丞　　陳仲洙　河南睢州學正寶應縣知縣

王槇　河南理問　　鄭天鵬　弋陽知縣

張文　陽山教諭　　楊滔　四川建昌衛經歷

翁溥　太湖知縣吏科給事中龍泉縣丞廬陵知縣蘄州府同知廣東僉事參議四川副使參政河南按察使都察院右副都御史巡撫湖廣江西兵部左右侍郎南京刑部尚書謚榮靖　　張允恒　行人司行人

石瑛　內黃縣訓導　　陳文卿　臨川縣訓導

駱鳳岐　涇縣訓導晉州訓導靈壽教諭　　馮琥　南安府訓導九江府教授

王珽　如臯知縣　　陳轄　貴州都司經歷

駱騰霄 唐縣知縣　金　堅 江西南昌縣丞

俞　耿 慶遠府推官　錢　鏜 福建光澤縣丞

傅　燦 福建按察司經歷梧州府通判　姜　鍾 河南開封教諭

斯近信 福建泰寧縣主簿升沙縣縣丞　呂　濟 鳳陽府亳州訓導

章　誠 德安經歷　鄺　讚 德安府訓導

趙有仁 經歷升趙府審理正教仕　袁文質 教授

郭三仁 州同　楊　淳 撫州訓導丞寧教諭遼府教授

陳　鵠 江西都司斷事　斯天祐 利州衛經歷升鳳陽皇陵衛經歷

徐秉衡 主簿　徐浚仁 遼東海州衛經歷

鄺　琥主簿　鄭天駿潁州判官

孟宗魯南城縣丞　徐九萬永豐縣丞

孟應宿清河縣主簿　黃　澣延平府知事

斯鳳霖薊州知事　駱世茂江陵縣丞

張　雨南平縣訓導　陳　表楚府典儀

王　爵聊城縣訓導　陳民望廣州府照磨

王　溥寶坻教諭　楊雲鵬邳州判官

呂　欒湖口知縣　會昌知縣　蔡　炳縣丞

駱　驗懷遠知縣　應世卿徐州同知

俞　玠　武定州訓導　　駱九成　宿州判官

鄭澧陽　大理衛經歷新化知縣　　朱　蘷　羅城縣丞柳州衛經歷

陳相震　通山訓導石埭縣教諭王府教授　　趙　琨　鴻臚序班

駱騰光　寧州訓導　　駱友道　庫官兆慶府知事恩恩縣丞

朱　淪　順天府訓導福建沙城教諭　　樓守城　遼東行太僕寺

楊　立　江陰縣丞　　壽成器　崇明主簿萬年縣丞營膳所丞

俞天禎　訓導　　趙　鑑　雷州徐汶縣丞

駱　騏　扶溝訓導歸德府教授孟津王府教授　　呂　梴　都司斷事

孟　文　建寧衛知事　　駱九功　封丘訓導

蔣計 縣丞

張思得 南康府訓導太和縣教諭

金子儀 山西主簿

陳紹科 邳州同知桂陽州同知楚府審理

朱標 主簿

楊承惠 如皋訓導

趙德和 縣丞

陳仕華 隨州同知

陳道成 洱海衛經歷

姚德中 太倉訓導延平府教授

郭從華 鳳陽縣丞溧陽縣丞豹韜衛經歷

宋承祿 直隸長洲訓導

郭從萃 靈璧縣丞

楊止 羽林前衛經歷高唐州判官

翁餘忠 太僕寺主簿山東按察司知事光祿寺錄事典簿南京左府都事官生

楊元良 華亭縣主簿

朱瓘 建寧府知事

壽成學 太平府通判山西布政司理問大寧都司經歷

俞序 沙縣知縣

楊士昌 任山西路城縣縣丞

周臺 吳江縣主簿

錢鐸 山東恩縣訓導王府教授

胡德廉 漳浦縣丞

陳寬 韶州府訓導

許就 典膳

汪直孫 建陽縣訓導

楊圭 德漳衛經歷

楊芳 江西崇義縣丞陞湖廣黃州經歷

傅良鯁 寧海縣訓導

金子張 典膳

陳鶴鳴 楊州府經歷以子性學封左布政使又以子善學進階奉政大夫

趙道明 清浪衛經歷

周繼夏 推官

陳相 訓導

楊天盛 訓導

方策 小尹

黄璧 太倉州判

沈賚 訓導

何瑞榮 昌平州順義縣典史

楊承恩 河南汞陽王府教授

陳善學 富陽教諭陞鳳陽五河知縣復陞廣德州知州

陳嘉猷 成都府經歷轉陞雲南大理府照磨

陳性學 副使陞廣東左布政

駱夢周 推官

張選 訓導

許日新 江南亳州同知

鄺元亮 京衛經歷

楊吉 福建白沙縣縣丞

何應暘 福建邵武府光澤縣縣丞

宣聖德 福建福州府經歷司

楊先彪　四川順慶府達州判官　楊文魁　延平府倉峽司巡檢

酈光祖　吳江縣縣丞陞邵武知縣　楊肇麟　海澄縣縣丞陞興府衛經歷

酈用賢　温州掌教陞國子監學錄　邊士彪　衢州西安縣訓導

何一正　休寧縣大厦司巡檢　楊有大　四川敘州府宜興縣縣丞

楊文源　平陽府安邑縣主簿　壽邦寧　武進士授游擊將軍

楊肇定　夔州府東鄉縣典史　何惟元　閩縣知縣

傅　賓　江西南昌府豐城知縣　孫　紀　福建福寧衛經歷陞建郡二府

鍾鳴凡　佶倫州吏目　壽成美　行人司

陳廷俊　晉府左長史　黃　岳　北京會舉除授燕採副總兵

呂世臣黄州經歷　錢時副使

楊肇和廣西向武州吏目　何一上鎮荒所吏目

陳殷太僕寺卿　楊懋義寧國府南陵縣縣丞

陳文學山東泰安州州判　壽堯臣

楊天時楊州府太興縣縣丞　駱方璽工部主事

楊肇明山東昌樂縣主簿　呂世陛雲南經歷

陳袞封廣東左布政　宋存殷仁和縣教諭

駱先覺曲州知縣　蔣廷策任北京中城兵馬

孫高任蘓州吳江縣主簿　何紹浥福建分水關巡檢

鄭民法 授揚武贊府署邑篆復任維揚參軍 孫 亮 任薊州太倉州經歷

朱長庚 淮安桃源縣知縣改和州含山知縣 郭應科 廣東歸善縣縣丞

郭元佐 柳州府雒容縣知縣陞貴州思南府同知署府事

楊肇泰 刑部員外轉湖廣武昌府知府復補安慶府知府

楊肇安 內閣中書 呂元鍾 崇仁縣丞

方允昌 兵部員外 周紹祖 淮安府清和縣知縣

楊 芳 湖廣黃州府經歷 孫 褒 太醫院醫目

邊維寧 江西饒州府通判陞九江府同知 孫 國 北直德陵衛經歷

何允阜 鎮江府經歷 史繼鏳 刑部郎中

何一心 福建漳浦縣丞　　何一本 南直武進縣丞

呂元鋋 後軍都督同知　　壽一麟 湖廣常德府龍陽縣知縣

余綸 興化府推官　　楊光國 汀州府同知

許子艮 六安營守備　　徐士瀛 湖廣新寧縣知縣

何敏 江山訓導陞台州教授　　何昇 常熟縣丞陞鎮海衛經歷

國朝

酈胤昌 永州府通判殉難賜祭薙髮子逢時　　蔣爾琇 河南原武知縣

陳檄 黃巖縣教諭　　駱啓明 福建永春知縣

余籀 河南道御史　　章平事 河南永寧知縣

壽攀基　湖廣安陸知縣　虞宗岱　廣西南寧知府
俞成龍　河南鄭州知州　陳大猷　河南固始知縣
許兆桂　考授知縣　樓汝棟　長屬縣縣丞
楊學溥　考授推官　錢洪袞　山東清平縣知縣
樓璣　湖廣黃梅知縣　酈逢時　考授知縣
周廷俊　慶元縣教諭　胡泰徵　順德府經　縣訓導
周經才　浙江嘉善主簿　趙之璘　考授州同

附恩例

貤封

宋

黄　振宋卿父衛尉少卿　劉　氏宋卿母仁壽夫人

黄　永嘉禮父正議大夫　黄宋卿育父宣奉大夫

黄　渥伯達父正議大夫　黄伯達朴父朝議大夫

黄　朴自明父道奉大夫　黄汝楫開閭閭父開府儀同三司

楊　欽賢祖吳越相　樓　氏賢祖母

傅　氏楊高妻孺人

元

王　理　艮父贈列大夫秘書少監駙都尉太原郡伯

祝　氏　艮母太原郡君　方　氏　艮生母宜人

劉　氏　艮妻太原郡君　錢承茂　應麟父樂清縣令從仕郎

鄭　氏　應麟母宜人　楊　宏　維楨父會稽縣男

李　氏　維楨母會稽郡君

明

劉　輿　穆父文林郎中軍都督府都事　孫　氏　穆母孺人

孫　氏　穆妻孺人　王　堂　鉦父翰林院修撰承務郎

史　氏鈺母太安人　張　氏鈺妻安人
陳　氏鈺妻安人　蔣懷遠仕文父承德郎工部都水司主事
宣　氏遠妻宜人　吳　氏仕文母安人
俞性中倜父南京驗封清吏司主事　韓　氏倜母安人
應　氏倜繼母安人　陳　氏倜妻安人
呂　權升祖中憲大夫　唐　氏升祖母太恭人
呂文著升父中憲大夫　陳　氏升母太恭人
范　氏升妻恭人　葛　氏升繼室恭人
陳　氏升繼室恭人　徐　埂琦父崖州知州

楊氏 琦母宜人　王氏 琦妻宜人

馮謙 珽父南京刑部廣東司主事　張氏 珽母安人

駱氏 珽妻安人　駱章 瓏父左軍都督府經歷

丁氏 瓏繼母宜人　陳氏 瓏妻宜人

陳元魁 賞父承德郎北京兵部武庫司主事　駱氏 賞母安人

鄭氏 賞妻安人　馬氏 賞妻安人

傅舟 燦父文林郎福建按察司經歷　瞿氏 燦母孺人

范氏 燦繼母孺人　俞氏 燦妻孺人

翁珪 溥祖通議大夫兵部左侍郎　馮氏 溥祖母淑人

翁銓 溥父通議大夫兵部左侍郎　陳氏 溥母太淑人

黃氏 溥妻淑人　俞氏 呂公愿妻封孺人

俞氏 呂誥妻封孺人　俞氏 呂欒妻封孺人

楊玘 止父徵仕郎羽林前衛經歷　孫氏 止母孺人

駱氏 止妻孺人　駱驂 問禮父修職郎行人司行人

陳鶴鳴 性學父封監察御史　樓氏 性學母孺人

馬氏 性學繼母孺人　駱氏 性學妻孺人

萬曆間 因舊志廢缺今萬曆壬辰秋署縣事山陰儒學訓導大倉張鳳儀捐俸告成以垂不朽亦附焉

應氏 藪妻恭淑夫人　孫繼祖 紀父贈徵仕郎　王氏 紀母贈孺人

楊士蛟 肇泰父中憲大夫 朱 氏 肇泰母宜人

樓 氏 肇泰繼母宜人 蔣 氏 肇泰妻宜人

郭三錫 元佐父文林郎 樓 氏 元佐母孺人

蔣 氏 元佐妻孺人 劉 氏 孫紀妻誥封孺人

國朝

佘元文 縉父山西道御史 趙 氏 縉母安人

章喁新 平事父文林郎 傅 氏 平事母孺人

鄒希皐 胤昌父奉政大夫 馬 氏 胤昌母宜人

黃 氏 胤昌妻宜人 駱 意 起明父文林郎賜誥加一級

旌表

南宋

賈恩 孝子有傳

唐

張萬和 孝子有傳

元

丁祥一 孝子有傳

明

王氏秉 節婦　阮氏貞 節婦　趙紳 孝子有傳

孟氏蘊　貞女有傳　童　氏　節婦有傳　趙　氏　節婦有傳

金　氏　節婦有傳　應行簡　義民　駱象賢　義民有傳

鄭　氏　貞節有傳　樓守道　義民　曹　氏　貞節有傳

周　氏　郭大本妻貞節　郭　琥　舉孝行　郭三省　舉孝行

陳　家　孝女有傳　何時化　孝子有傳　張　氏　陳穩九十二妻節婦建坊有傳

黃　氏　袁仲解妻節婦建坊有傳

俞　氏　陳㦤妻節婦奉旨建坊有傳　黃　氏　節烈有傳

何瑞麟　孝子旌額

廕敘

宋

王　琰　榕子

王友粹　巽之子

王　浚　友粹子

宣承忠　琪子仕至評事

元

王仲楊　艮子

明

翁餘忠　溥子

酈逢時　彵昌子

例貢

明

應瑍　傅燦　鄭天駿　徐九萬

黃澣　駱世茂　陳表　徐九思

陳堂　陳袞　楊雲鵬　楊雲鸞

蔡炳　徐九齡　朱夔　趙琨

趙錦　周冕　周臺　陳民望

俞應龍　屠珀　楊止　樓夢弼

樓守成　樓守艮　陳道成　俞艮心

楊守謙 郭從華 傅濂 樓崇武
郭從華 駱九成 傅葉 黄璽
朱雲鵬 朱承祿 酈琥 壽成學
徐秉衡 陳鶴鳴 翰英曾孫郭夢麟 郭三仁
蔣繼科 樓崇仁 翁餘福 俞思信
朱承祐 周繼春 何紹光 楊道
陳仁 錢大華 郭全讓 翁洙
應世俊 蔡于達 郭全仁 黄珂
汪喦 楊天時 翁餘恩 袁子龍

斯近信　壽以仁　郭孝悅　楊惟明
應世鄉　趙鑑　朱衣　郭全才
周繼夏　孟宗魯　趙昌　楊道東
何鵬　楊道復　何一心　王必成
陳心學　王國棟　王廷璽　蔣繼華
黃珵　楊慕舜　壽啓祥　錢濰
朱有光　壽秉懿　酈希董　翁餘恩
壽成能　趙雲鵬　何一本　毛立意
何永吉　袁承恩　陳文學　陳憲學

陳嘉謨　楊富春　駱中行　石應珍

周思稷　周維禎　侯應懷　黃文章

駱敷行　壽堯臣　駱先行　楊茂春

趙世廉　周維城　趙世臣　楊希棟

孫允誠　壽一麟　樓成梧　樓應斗

楊肇安　何惟元　何應暘　何夢斗

何昌賢　徐士瀛　何元試　周經才

陳洪綬積分貢生　駱方辰　駱繡　何文華

國朝

趙之璘　壽佺　壽功偉　姚枝輝

趙炬　斯廷瑛　趙[illegible]　趙寅

錢嘉祚　鄭禺銓　錢道生

雜叙

南宋

阮佃夫 臺小史

宋

何 持 將仕郎

元

王 艮 書吏　錢應麟　錢 畊　王希顏

袁文明

明

蔣仕文　章德中　慎起宗　孟　莘

楊　政　洪　範　陳浩盛　陳　詵

宣文吉國監學政　何　藪承仕郎　駱世亨吏[illegible]　朱　灌知印

駱有道　趙艮相　余艮克　俞　祐

黃　金　梁　都　黃　京　駱友邦吏員

金　楠　韓　任　趙存廣　周鳳岐

陳思明　張思明　楊　立知印　傅　浩

朱　格　朱　標　樓明卿　陳　鑑

孟　文　蔣　計　趙　鳳　章　成

沈邦直　斯鳳霖　周　性　孟文獻

史　榜　趙德和　金子華　江梁孫

郭廷彰　壽九功　壽成器知印　俞　倖

郭全袍　傅　堂　楊　士　趙　鈿

蔣　漁　楊元艮　金子儀　何天叙

胡德廉　斯　道　樓世卿　樓　麟

黄　覽　俞艮仕　傅艮旦　石瑞方

周子明　周　憲　楊天富　楊天齡

楊天柱　楊大有　陳大禮　蔡　熙

錢　啓　黃　棠　應　堂　壽大化

趙鳴鳳　吳天賞　石文正　趙　璉

何瑞榮　方大本　朱有慶　郭全初

郭全袠　袁　正　陳鶴年　周子芹

周子尚　趙道明　趙應麟　趙世鳳

郭　棐　朱思信　王德濟　楊　點

孟應宿　朱　讓　何　澄　許明憲

國朝

金守信

諸暨縣志卷之八終

諸暨縣誌卷之九

人物誌一

名宦列傳

張敦浦江人東漢時爲諸暨令有循良聲民感其化時海溢剽鹵敦討平之轉重泉令

陸凱字敬風吳之吳郡人丞相遜之族子也黃武初爲縣長有治迹拜建武都尉官至左丞相迹與蹟同

裴子野字幾原梁河東聞喜人爲縣令不行鞭罰民有爭者示之以禮皆感悅而去歲餘合境無訟後

官至鴻臚卿領步兵校尉知著作郎兼中書通事舍人贈散騎常侍

郭密之唐天寶中爲縣令建義津橋築放生湖溉田二千餘頃民便之

寇仲温宋慶曆初年爲縣令每見星視事亭午皆畢興儒學廢淫祠父老稱之

丁寶臣字元珍宋晉陵人也進士及第以太常博士知縣事寶臣初知剡縣聽决精明賦役有法民信畏而便安之剡曁鄰邑也故其來民皆讙曰此剡

人愛而思之謂亦不可復得者也今吾民乃幸而得之而寶臣亦以治劇者治之由是至郎有聲以材行選編修秘閣書籍遂爲校理同知太常禮院

吳文懋宋縣令也爲政寬平洞知民隱皆畏而愛之

陳端禮宋縣令也剛正嚴重化民以善去之日如始至焉

錢厚之宋建炎初爲縣令長於吏治初和買絹暨一邑倍於一郡民不能堪厚之力請於當道奏減四分之三

陳煜宋縣令廉靜愛民庭無留訟吏不敢欺

姜紹字繼之宋縣令適歲侵請賑於上得米數萬石

全活甚衆

郭允升宋縣令爲政明敏朝訟暮決同僚錄其判語

以誨子姓

熊克字子復宋建陽人也紹興中以進士知縣事越

帥課賦頗急諸邑率督趣以應克曰寧獲罪不忍

困吾民他日府遣幕僚閱視有無時方不雨克對

之泣曰此催租時耶部使者芮煇行縣至其境詢

日曩知子文墨而已今乃見古循良吏爲表薦之
後官至起居郎兼直學士院
劉炳字汝光宋嘉定間爲縣令廉明有爲時有淘金
之役民甚苦之炳力爲奏免
劉伯曉字晦之宋山陽人也嘉定中以進士爲縣令
癸酉六月戊子雷雨日夜不止洪水衝漂民畜田
舍無筭公掩泣奔救聞其事於朝委官覈實相繼
十有七人皆不欲實聞公與上下其議竟得請蠲
租稅一年田之不可復者除其籍民感泣像而祠

之

家坤翁眉州人寶祐間爲縣令有政績能文章尤好獎育儒生曾築長官橋爲長堤以障水堤傍値柳以防衝齧人號家公萬柳堤

馮翼字君輔濟寧人元至元中爲縣令元貞元年陞縣爲州即知州事始至訪民隱知姦狡者爲釐嚴爲禁緝里社長有藏匿者同其罪皆望風引去鄉胥舞文稅石日浮令民得自陳一日盡釐豪強者以催抑不得逞則羣怨之翼不爲動有頌其廉者亦

不加喜曰此士大夫恒分也亦足齒乎政暇輙引諸生講論經史州吏環聽皆凜凜動色會行省檄勘他路荒田及浙西瀕海䰂鹽法利病所至弊衣徒步務核其實大德二年新建都水庸田司遂遷任焉

于九思字有卿元薊丘人大德間知州事時俗好訐牒訴糾紛長吏恒難其治九思委曲咨詢得民情僞察其尤無良者痛繩以法飭勵學校選擇秀茂示以禮讓嚚譁寖衰或言地産水晶砂金發使調

民丁採之闔境騷動九思力陳無産狀得罷其役
遷知奉化終湖廣宣慰使
單慶字吉甫元濟寧人也大德十年遷知州事時歲
饑且疫死者枕藉公至謀所以拯之之術早作宜
思寢食俱廢民賴以生則相與言曰公所以生我
者甚艱吾等何以報其若公之政帥公之教以成
公之理乎公益撫民以寬待士以禮有爭於庭者
進而兒女語之皆懇惕自咎引去凡有征發與先
立期會皆不勞而辦盜賊化爲良民鞭箠幾措官

署寂然有虎暴入市人莫能禦公爲文告於城隍三日虎死廟後歲蝗及州境皆抱竹而死三年遘疾大書忠孝數字遺諸子卒民之奔哭者塞道及櫬行奠送者亦如之相與立祠祀於城隍廟之側

楊也速答兒元山西人也知州事平易得民及滿任前州判官黃溍爲文送之畧曰諸暨古望縣也仕焉者往往憚其俗險而不易治務出聲威以臨之恩意日益薄愚民無知苦吏急而不自安始有懷疑飾詐投隙而起者本其所以至此由御之乖其

方非人性然也異時之賢守有爲之樹碑者有爲之立祠者好德之心曷嘗一日亡況是州之人或出而以才顯或處而以尚義稱俗豈不美治之豈誠不易哉特患夫爲政者莫知以平易近民爾楊侯其知以平易近民者歟侯仕於京師最久補外得汝州政成又徙諸暨其治汝如在京師治諸暨如在汝不以地之遠近俗之厚薄變其志君之三歲未始鄙 其民一切除去苛嬈而與之相安於其事不致疑於形迹之間而人自不欺向所謂感

而無知者亦靡然從其化益平易近民之効也說者謂其不惟見楊之幾微而實中曁之肯綮爲治曁者之龜鑑云

欒鳳字秉德高郵人也元至正己亥明兵下諸曁州明年庚子以鳳知州事廉謹愛民治多政績院判謝再興謀叛以兵挾鳳鳳不屈兵及頸氣益厲鳳妻王氏以身翼蔽皆死之

田賦字立夫蒲圻人也明洪武初知州事明年改縣遂爲知縣時兵燹之後官舍皆寄宿民家賦夙夜

泮勵招撫流亡墾闢草萊興起學校無不竭心而營建亦稍備焉

孟貞洪武初知縣事操守正大庭無滯獄

張真姑蘓人明洪武末知縣事性鎮重廉介是時縣始去兵民以稍營聚生業而湖山間田地最瘠薄前時賦重皆棄捐不耕元知州馮翼力請蠲租聽民收業乃始佃墾至是司國計者欲履畝升科方故萬端百姓憂懼真持不可以身爲請意誠語到乃得減裁

熊禮臨川人也明永樂元年知縣事清慎恪敏詳於治體四年使者抵金湄山取金民皆鬨擾禮與本府判董瑛極言山本無金前時淘采無成大爲民厲不可復啓其階使者按視得實爲寢其役民爲立祠祀之

吳亨字通夫鄆城人也明永樂癸巳知縣事端介剛毅砥礪廉隅縣湖田堤岸皆壞頻年苦水亨疏請爲築務令堅固水不能決民享其利以目眚乞免貧不能歸寄寓安俗鄉卒卽葬焉民爲率錢表其

墓曰清廉知縣吳公之墓

許璽高郵州人也明正統初知縣事寬厚勤敏鞭朴不施未幾以憂去鄉民送者塡塞道左

張鉞字大器新安人也明正統間知縣事廉正不苛且有才氣括蒼盜起轉掠金華諸縣鉞晝夜訓練民兵爲戰守策寇不敢犯東南偏有葉大山界東陽義烏間有葉氏者盤據其中素不奉法且將嘯聚爲變鉞躬率義士黃权威蔡宗承等擣其巢穴境賴以寧其他飭學宮修縣廨易浮橋以石梁凡

所建置皆遠猷大利邑人至今賴之

潘珍字玉卿婺源人也明弘治間知縣事珍時年尚少且縣事久廢文移山積珍乃發憤尋繹旬日之後百緒皆明擿發道滯過於老吏且廉靖謹飭迄無敗事雅稱循良後官至侍郎

朱廷立字子禮通山人也明嘉靖初知縣事恢廓有守愛民禮士皆出欵誠先是縣有額外長短差歲費民財八百餘兩廷立爲蠲除之山會二縣有海堤之役議者令暨亦歲出夫錢廷立日居民守土

各有分域禦菑捍患從其封疆山會之堤而暨與修之暨亦歲有湖堤之役可率山會之民從事乎語詳海塘或問郡爲罷之作訟誠勒諸石諭民無相告訐置鼓於獄囚繫有所苦令擊以聞後遷監察御史官至禮部侍郎

徐履祥字子旋長州人也明嘉靖壬寅知縣事明敏有爲以縣寡文學遂加意振作凡在學之士無不愛而禮之仍葺紫山書院敦禮師傅以教民子弟之有質者且爲復其家諸向學者家有小過皆曲

胥之於是山谷中皆知向學焉

全援字與卿宋時爲縣丞嘗攝縣會畦寇方臘犯境率鄉民禦却之

吳處厚字伯固宋渤海人或曰邵武人皇祐五年進士嘉祐中爲主簿至任扁其齋曰消搖而爲之記其爲文雄壯喜人意率稱是又有陶朱公廟碑五洩山玉京洞詩在山記

柯謙字自牧元天台人由江浙儒學副提舉遷州判官治獄多平反賦役有困民者力爭於上官必除

之而後已嘗捕蝗境上有相率爲淫祀者取土偶人踣而鞭之以示民曰此不與命吏共饗當者明日斬其祀蝗忽飛去擢江浙儒學提舉

黄溍字晉卿元義烏人也延祐乙卯進士爲州判官獎士勸民一以誠信時巡海官舸例以三載一新費出於民有餘則總其事者私之溍樽節浮蠹以餘錢還民民大悅奸民以僞鈔鉤結黨與脅攘人財官若吏聽其謀挾任新昌天台寧海東陽諸縣株連所及數百家民受禍至慘郡府下溍鞫治溍

一問皆引伏官吏除名同謀者各杖遣之有盜繫於錢塘縣獄游民賂獄吏私縱之假署文牒發來爲向導逮捕二十餘家滔訪得其情以正盜宜傳重議持僞文書來者又非州民俱械還錢塘誣者自明官至侍講學士卒謚文獻

史子疇明洪武初爲主簿剛介有斷事至輙報緒

蕭九萬江西南昌人明洪武末爲縣丞傳學能詞翰嘗書容忍思慮四字疏其義揭門屏間百姓以訟至者諄諄誨諭之

錢顒直隸吳江人明永樂間爲縣丞懷才挾器後歷工部主事

俞長孺字觀光元新昌人由學諭轉州學正治經敦行苦志自勵晚年所造益深至任詔門人以反身自約遠近向之嘗與嘉興顧南山老生定交及遷寧國路教授將之任疾作謂其子杲曰昔與顧氏有成言雖病不可不一往其子難之不顧督舟行卒途中所著有心學淵源并詩文共數十卷

袁時億東安人也明 洪武末爲學教諭先是學官多

服鄉儒爲之至時億始從銓選具官帶備儒官之儀而時億深經術善文章誘進諸生未嘗辭倦時官聯法峻人以田里爲安不肯就學求仕宦及時億至聞有師模乃多從之遊時億著忠臣孝子輔相守令等篇與子弟論説謂得其義謹行之不以文視天下國家可幾而理云

羅伯初廬陵人明永樂初爲學教諭耿介直言後歷翰林院檢討

李永字懷永無湖人明成化初爲學訓導性度凝重

無支詞僞行警輕濟之始終無倦居五年卒諸生追思爲立祠祀之

甯欽字宗堯衡陽人也明正德間以舉人署學事儀宇莊重性質慷慨以豪傑自許待諸生恩意欵洽隨其材質爲科條以督之終始無倦有好學而不能昏喪者輟月俸爲助先是諸生中有持學事短長者稍忤意輒相傾垢欽至痛繩束之莫敢吐氣俗昏喪多不以禮欽爲繪六禮圖疏附儀注一不時陳肆學宮令衆觀覽且有精鑑諸生中凡許可者

無不向進六年召爲監察御史

尹一仁字任之安福人也明嘉靖十一年以舉人來署縣事溫厚忠信尤喜接引後進初至任即教人以致知求觀本體諸生譁然久之見一仁事事反躬約已取與辭受咸要諸義始翕然信之時紫山書院初成一仁爲諸生陳布科條作止進退坐卧詠歌皆有節次會著求放心說一時傳爲名言說在建置記六年遷工部主事

尹從淑字道傳四川宜賓人明萬曆甲午以進士知

縣事惠愛廉明下車首建學宮築大侶湖圩閘民迄今利賴先是暨之科名未盛從淑於江東下流起文明閣以振巽方文筆修葺紫山書院廣勵後學自此人文漸興凡所舉措悉規久大民懷其德立祠祀之祠在木义神廟後今圮

陳允堅號毅軒長洲人明萬曆乙未進士治尚愷悌人稱慈母下車數月民無不歌舞釋褐時閱輿地志詿暨僻刁僥三字及選得暨即以三者爲籌畫務求所以興除之政時方久任課吏而遷繁石門

之報忽至民皆愕然失色行三日卧轍攀轅者自縣治達境外百餘里僉曰安得神明仁慈如允堅也歲時走石門瞻望清光者不絶于道而允堅亦不忘暨民存休問戚不憚引手後竟卒於官崇禎中子仁錫號明卿文名冠世榜眼及第贈公翰林院左春坊從祀名宦

劉光復號貞一明萬曆戊戌進士江南青陽人任暨九載潔己愛民始終一節謹度蠲煩無不兢兢納於軌　而尤加意者學校循良之名冉冠兩浙其

爲人英敏強毅遇事果斷暨介萬山間而七十二湖處於下流山田易旱湖田易澇民以常患之光復相度地勢斸麻溪導七堰旱澇有備且於諸湖中畫爲經界築長圩以捍水沿江起大堤開水門以時啓閉蓄洩立圩長數十人圩之坍塌者令督領培補浣江山縣界處地勢犬牙水至此盤渦不瀉上游潰溢光復欲直其江以地屬蕭山乃潛率民夫數百人一夕開通謂之新江水患大減著有經野規畧一書至今奉爲石畫置義田數百畝貯

租備賑立義塚百餘處掩骼埋胔停喪溺女錮婢同族爲僕暨之弊風浸淫已久光復嚴法除之民俗丕變蓋光復奉法循理素信於民而復出奇以濟一時之急雖古良吏蔑以加矣他如成與梁表貞節增補形勝振刷衰敝種種善政更僕未數暨人建祠尸祝者六十有三從祀名宦歷官御史贊成神廟定儲事載明史

黄鳴俊號騶千明萬曆已未進士福建興化人平易近民緩役征薄罰有大獄反覆求生不忍即置之法

既而調會稽歷本省學兵兩道巡撫都御史前後
宦浙數十年惓惓於暨民至今思之
唐顯悅號梅臣福建仙遊人明壬戌進士臨事坦易
御衆和平才名推重一時喜山水探洞巖勒名石
上游浣紗大書石壁雖險絕幽仄不之避也其好
尚如此
王章號漢臣明戊辰進士江南人任暨一載調鄞邑
百姓遮道如失怙恃有泣下者後歷官御史甲申
巡視西城殉難

錢世貴號聖需明庚辰進士青浦人蒞暨二載持躬清慎值歲大祲死亡相枕籍世貴設法賑濟民賴以生縣治堂署廊廡傾圮庀材再造煥然一新釐正民間權量至今畫一調繁山陰暨人德之爲立生祠於中水門外

陳子龍號卧子江南華亭人明崇禎丁丑進士郡司理署邑事文名爲海内所推重案牘之暇手不釋卷時歲大饑奸民誘聚亡命肆行剽掠子龍以計擒之民頼以安勸碑紀事

蕭琦號韓若江西吉水人明崇禎甲戌進士由水部主政左遷知暨事才猷敏異文翰皆佳暨民固健訟琦片言折服庭無留牘癸未冬東陽人許都倡亂時成平日久人不知兵數百里內外無不震駭奔竄草木風寉皆賊公閉城靜鎮人情稍安

國朝

朱之翰號寉門江南上元人順治丁亥進士戊子春來蒞暨以冰蘗自矢時改革之初前令誅求過急奸人聚而爲亂所在蠭起邑無寧宇之翰下車示

以誠信单騎詣山就賊巢招撫賊感動漸次解散百姓安堵在任三載未嘗以折獄贖及一人丁艱去民思之爲建生祠一在茆渚埠一在王家埠

京師圖書館藏書記

諸暨縣誌卷之十

人物誌二

鄉賢列傳

姚舜明字廷輝宋時人其先自剡來遷舉進士爲河東經略安撫使宣和二年睦寇連陷杭處等六州舜明知婺州方之任城已被圍遂招集士卒突圍入城引兵出戰賊衆奔潰擒賊將洪載擄處州復討降其衆四十餘萬以功遷監察御史歷知江州劇賊李成擁衆至城下接戰又平

之人謂舜明藐然孤壘制賊橫潰使不轉入東
南其功居多累階中大夫文安縣開國男贈金
紫光祿大夫太師所著有詩文十卷奏章三卷
補楚辭一卷子宏寬憲寬別有傳
宏字令聲初任刪定官以憂去後監杭稅已調江
山令適歲旱有巡檢自言能以法致雷雨試之
果驗民告妖術奏檜以私憾下大理獄死初宏
未仕時有僧妙應者知人休咎語宏不得令終
端午日伍子胥廟見榴花奇禍至矣以是監稅

亅杭足跡不登吳山將赴江山轉越謁師憲出城值大風雨憩路傍小廟見榴花盛開詢祝史云伍子胥廟乃五月五日也未幾罹禍

憲字令則知秀州時錢安國豪蔓漸滋憲株鋤之略盡轉知平江府群盜毛閃等出沒海道憲設方畧悉擒之累遷宣奉大夫特進開府太傅致仕

呂升字升常本山陰縣人父文著始來徙永樂初以舉人授溧陽縣儒學教諭舉實擢藻教揚材

進近臣薦升獨行君子可敦風厲俗擢江西按察司僉事號有風裁坐累謫昆陽州同知復起爲山西僉事按部有虎患升檄告于神虎爲遯跡以憂去服闋復補福建僉事敦本約己操縱得宜公私安之按部至建寧嫃害稼升仰天禱之雷雨驟作嫃盡死宣德初陞南京大理寺左少卿尋致仕升與修永樂大典爲會試同考所薦拔皆一時名士年七十歸鄉至九十二卒從祀鄉賢

王琠字剛夫其先宋臨川縣人也父榕來爲縣令後遂家焉琠敏悟絕人博洽墳典由分寧尉累遷知衢州所至有聲胡公銓薦之有曰治經有行亞西漢之名儒倜儻無華實東都之循吏識者以爲確論兄瑊字寶臣知通州行業與琠齊名瑊子厚之別有傳

王艮字止善王理子也元時人尚氣節讀書務明理以致用不苟事言說淮東廉訪司辟爲書吏遷淮西會列華南士就爲吏于兩淮都轉運使

司以歲月及格授廬州錄事判官淮東宣尉司辟爲令史以廉能稱再調峽州總管府知事又辟江浙行省椽史會朝廷復立諸市舶司民從省官至泉州建言若買舊有之船以付舶商則費省而工易集且可絕官吏侵欺掊克之弊中書省報如艮言凡爲船六艘省官錢五十餘萬緡歷建德縣尹除兩浙都轉運鹽使司經歷紹興路總管王克敬以計口食鹽不便嘗言于行省未報而克敬爲轉運使集議欲稍損其額以

紓民力沮之者以爲有成籍不可改艮毅然曰
民實寡而强賦多民之錢今死徙已衆矣顧重
改民籍而輕棄民命乎且浙右之郡商賈輻輳
未嘗以口計也移其所賦散于商旅之所聚實
爲艮法于是議歲減紹興食鹽五千六伯引尋
有復排前議者欲辭職去丞相聞之亟遣留艮
而議遂定遷海道漕運都萬戶府經歷紹興之
官糧入海運者十萬石城距海十八里歲令有
司拘民船以備短送吏胥得並緣以虐民及至

海次主運者又不即受有折鈌之患民執言曰運戶既有官賦之直何復爲是紛紛也乃責運戶自載糧入運船運船爲風所敗者當覈實除其數移文往返連數不絶民取吏牘披閲即除其糧五萬二千八百石鈔二百五十萬緡運戶乃免于破家遷江浙行省檢校官有詣中書訴松江富民包隱田土爲糧一百七十餘萬石沙蕩爲鈔五百餘萬緡宜立官府糾察收追之中書移行省議遣官驗視而松江獨當十九民至

松江條陳曲折以破其誣妄言其不過欲疎朝
廷之聽而報宿怨且冀創立衙門爲徼名爵計
爾萬一民心動揺患生不測豈國家培養根本
之策哉艮言上事遂寢除江西行省左右司員
外郎吉之安福有小吏誣民欺隱詭寄田租九
千餘石初止八家前後十年株連至千家行省
數遣官按問吏巳狀其虛誣而有司喜功生事
者復勒其民報合徵糧六百餘石憲司援詔條
革去終莫能止艮到官首言是州之糧比元經

理已增一千一百餘石豈復有欺隱詭計者乎
准憲司所擬可也行省用艮言悉蠲之艮在任
歲餘以中憲大夫淮東道宣慰副使致仕卒年
七十一

姚寬字令威舜明次子也宋時人由江東安撫累
遷至屯田員外郎樞密編修官博學强記尤精
天文完顔亮入寇　衆百萬人爲震懼寬抗論
歲星入翼敵亡之兆未幾亮果斃後入奏疾作
仆榻前卒上爲官其一子所著有西漢集十卷

古樂府二卷註司馬遷史記一百三十卷補註戰國策三十一卷五行秘記一卷及王璽等書擬樂府數篇俱超越漢魏云

黄開字必先汝楫子宋紹興中進士也博學好古邃于經術所論著有語孟發揮周易圖說孟子辯志斷經總論春秋妙旨六經指南諸史决疑暨陽雜俎浣溪文集共二百六十餘卷官終崇安令

王厚之字順伯號復齋琰之子也宋時人由平陽

尉轉望江令除直秘閣知淮西運判每言事忠鯁內出改江東提典刑獄事按處之銅銀坑官吏互相撒周厚之悉劾罷之且籍配其民之豪猾者相率造飛語中傷之適當路者私有所請不遂竟從論罷食冲佑觀祿進寶文閣致仕平生注意金石刻所著有金石録三十卷考異四冊或作卷下同考古印章四冊題跋周宣王石鼓文後考訂秦惠王詛楚文精鑒絶識刻畫淺深殘缺無遺

胡一中字允文元時人以進士補紹興路錄事轉徐州路所著有童子問序四書集箋定正洪範中塲機要三益藁等集父渭字景吕著有鷄肋集弟一貞亦善詩文有雪林小藁撫篪小藳子澄明朝進士第混舉明經及從孫學僎彬彬有文學澄著鶡突藁學字時敏有八咏見山水諸記

俞漢字仲雲元時人精史學著史評八十卷春秋傳三十卷象川集十卷進呈書付禮部板行漢

谷江浙行省于儒學正長錄用不就家頗饒裕歲饑出粟五千餘石以濟貧乏後卒士友私謚之曰文惠

楊維楨字廉夫文修曾孫也元大定丁卯進士授天台尹天台多黠吏號八鵰維楨廉置于法其黨蟠結中傷卒坐是免官久之改錢清鹽場令俄丁內外艱家居幾十年會修宋遼金三史維楨著正統辨千餘言歐陽公元讀之歎曰百年後公論終當歸此將薦之爲忌者所阻尋用常

格提舉臨安四務轉建德路推官無何陞江西等處儒學提舉以道梗不赴張士誠據浙西累使求致適元以龍衣御酒賜士誠維楨作詩曰江南歲歲烽烟起海上年年御酒來如此烽烟如此酒老夫懷抱幾時開士誠默然復遣其弟乞言維楨論其身犯六畏士誠罵以爲狂遂不强留洪武初召修集禮書時年八十餘矣抵京作老客歸謠以見意或勸上殺之上曰老蠻子正欲吾成其名耳遣之還淞江卒維楨在廷册

夢月中金錢墮懷而生稍長父器之鬻廐馬爲資俾遊甬東得黃氏日抄諸書歸學業日進平生性度怡曠喜戴華陽巾披羽衣與賓客周遊酣歌有晉人風居鐵崖山下自號鐵崖先生好吹鐵笛亦號鐵笛子與人交無疑貳尤喜接引後生黠奴負金有難色書收券笑與之或僞爲文冐受金幣問而將發之曰此誠余所作也有貴遊子踵門竟持所購名畫以去戒左右勿詰識不識稱爲長者而惜不得大用然亦以是得

大肆其力于文詞非先秦兩漢弗之學久與俱化縉紳先生與岩穴之士投贄求文者日無虛席以致崖鐫野刻布列東南宋太史濂嘗有言曰元之中世有文章鉅公起于浙河之間曰鐵崖先生聲光殷殷摩戛霄漢吳越諸生多宗之殆猶山之宗岱河之走海然也撫其論撰如覩商敦周彝雲雷成文而寒芒橫逸奪人目睛其于詩尤號名家震蕩凌厲如神施鬼設不可察其端倪其文中之雄乎所著有四書一貫錄五

經鈐鍵春秋透天關禮經約君子議歷代史鉞補正三史綱目富春人物志麗則遺音古樂府上皇帝勸忠詞及平鳴瓊臺洞庭雲間祈上諸集通數百卷從兄維翰亦以文學知名起家慈溪學傳歷饒州雙　青院山長好覽天文地理能作蘭竹傳士柯九思自以爲弗及稱之不絕口所著有光嶽集拜濟錄藝苑略

王冕字元章年八歲父使牧牛壟上竊入學舍聽諸生誦書聽已輒默記暮歸忘其牛父怒撻之

已而復如初母曰兒痴如此曷不聽其所爲冕因去依僧寺夜潛出坐佛膝上執冊映長明燈讀之琅琅達旦佛象多獰惡可怖冕小兒恬若不見安陽韓性聞而異之錄爲弟子學遂爲通儒性卒門人事冕如事性時冕父已卒即迎母入越城就養久之母思還故里冕買白牛駕母車自被古冠服隨車後鄉里小兒競遮道訕笑冕亦笑著作郎李孝光數薦之當路欲署爲吏冕詈曰吾有田可耕有書可讀肯把案牘立庭

下傭奴使哉毋居小樓客至僮入報命之登乃登部使者行郡坐馬上求見拒之去去不百武晃倚樓長嘯使者聞之慙晃屢應進士舉不第歎曰此童子羞爲者吾可溺是哉竟棄去買舟下東吳渡大江入淮楚歷覽名勝或遇奇才俠客談古豪傑事即呼酒共飲慷慨悲吟人斥爲狂北遊大都館祕書卿泰不華家薦以館職晃曰公誠愚人哉不十年此中狐兎遊矣尚可言仕耶日將南轅會其友武林盧生死灤陽唯兩

女一童倀無所依晃知之不千里走灤陽取生骸骨且挈二女還生家晃既歸越復大言天下將亂時海內無事或斥晃爲妄晃曰妄人非我誰當爲妄哉乃携妻孥隱于九里山種荳塡畝粟倍之種梅花千樹桃杏居其半芋一區薤韭各百本引水爲池種魚千餘頭結茅廬三間自題爲梅花屋嘗倣周禮著一書祕不與人觀更深人寂輙挑燈朗諷既而撫卷曰吾未卽死持此以遇明主伊呂事業不難致也當風日佳時

操觚賦詩千百言不休皆腸騫海怒讀者毛髮
爲聳人至不爲賓主禮清談竟日不倦食至輒
食亦不煩辭謝善畫梅求者肩背相望以繒幅
短長爲得米之差人譏之晃曰吾藉是以養口
體豈好爲人作畫師哉未幾汝潁兵起一如晃
言明太祖取金華攻紹興召至與語頗合留餉
午具惟飯一盂蔬一盤晃且談且食盡飽乃已
上喜曰先生能茹粗糲如是可與共大事即授
咨議參軍一夕病卒晃狀貌魁偉美鬚髯磊落

有大志不得少試君子惜之

蔣貴字大富義安鄉三塘人明建文中從靖難軍有功授總兵正統三年以右都督勦西冦平封伯七年平麓川功進封侯爵食祿一千五百石貴爲人與士卒同甘苦臨陣身先士卒不知書然身爲大將能謙下聽人指揮故所向成功卒謚武勇子孫世襲

王鈺字孟堅別號葵軒及永樂壬辰科進士第補翰林院編修表然文行之選奉㫖淸兵部武勲

案牘累數萬紙鈺闗覽參駁數日盡畢無毫髮紕繆者秩滿陞修撰宣德中以疾乞歸正統初起爲江西提學僉事端雅平易而藻鑒嚴明士類樂從行部所至山林耆宿皆相引迎謁求覩風裁南安有長河洞强黠爲梗鈺至錄其子于學欣然向化考績抵京不爲貴倨屈卽日觧官鈺八歲喪父哀毀如成人及長事母至孝讀書一過終身不忘儀狀儁偉舉止端嚴朝野重之及致政家居衆壁蕭然無異寒士年五十八卒

翁溥字德宏嘉靖已丑進士初授大湖縣知縣民
安士習使者屢薦于廷徵入爲吏科給事中持
重識大體不瑣瑣掇拾干時督大同軍殺主將
廷議持疑抗言乞正法以定國是事寧功罪失
當抗言請風力官覈實一大臣諛倿播弄擅愛
憎抗言發其姦狀乙未同會試所得名士尤多
落職爲龍泉丞怡然就道日閉戸親文翰每閱
十日一升堂不須時案無留牘陞廬陵知縣蘇
州府同知廣東僉事參議四川副使參政河南

按察使湖廣左右布政使率盡心舉職不激不撓有恩有威在四川時以平白蕃及都蠻功兩賜金綺辛亥陞都察院右副都御史巡撫湖廣改江西值歲旱大饑議賑貸明年又旱議蠲租驛傳供應屬富戶殊苦公改議并諸一切政務調停省節民吏生焉弋陽王攝寧府事日構洶洶疏請分管以平事權群爭遂定壬子陞兵部右侍郎尋轉左侍郎考滿以捷音陞俸者三賞金幣者二丙辰陞南京刑部尚書明年卒于官

年五十有六訃聞賜祭二壇謚榮靖詔有司治
塋公少敏穎又特凝重朴茂能敦丈夫行及長
豐碩健勁爽朗豁達孝友信義孚于鄉族而文
學政事爲海內表表所著有知白堂藁

黄鄰字元輔號南郭性簡重工文詞居鄉持重洪
武初以明經徵爲翰林院典籍遷監察御史以
老出知杞縣事道民典學政事雅茂復以老告
歸鄰嘗編次縣志後多本之云

馮謙字履吉正統中舉人由新安陽信二學教官

遷知沛縣沛當衝津民力罷于迎送謙力爲裁節邑有戚畹莊梨木廠爲民大厲皆奏罷之日浚昭陽湖建飛雲橋民樂其庇子珏以文學稱歷官員外郎

徐琦字廷振正統中舉人初授崖州知州崖民多黎戴竹笠子垂髻來見琦委曲喻以服用當從中國爲易方巾直領之製簡率俊秀使趨于學教以昏喪禮俗爲之變九年考績轉道州知州政復報最居七年致政琦四歲而孤十五補弟

子貝遊宦幾二十年歸老好禮敦義人稱長者云

鄭欽字敬之成化間舉人後知澧州州多洞苗欽振威綏德民夷交安九歲不遷遂乞歸繼母王氏患瘋疾晨昏省視無怠及居喪哀感尤至年八十六卒所著有思軒集子天賜正德中舉人文行足世其父而書法尤精爲遠近所珍重令弋陽時手書告示每爲好事者竊去及歸老手不釋卷客至清談竟日瓶無粒米不問也年八

十餘尚能于燈下書蠅頭細字所著有秉燭正譌閫遊唱和北行野操南滇存藁諸集

張定宋時人初從軍建康時清流有磔寇屢征不服定建言寇本良民撫字失宜因而作亂若從所請願往降之遂令攝令人洞降寇五十餘人郎實授歷滑江從守鄧州後以功授閤門宣贊舍人知泰州以言事不報去職復江東總管召守融州罷起知通州改守德安與賈似道趙葵不合死

楊實字國華元時人明經且通武略補州弟子員

累舉進士不第遂棄去屏家累築室桐岡傳綜

群籍工苦食淡不讀稗者十餘年延祐間以耆

儒徵乃起歷知吉州軍事適寇犯境猖獗殊甚

實募驍勇得數百人躬爲先鋒奪擊悉平之以

功擢淮西東路檢法尋陞都奏進院檢試南宮

稱爲得人遷大理寺丞

王孟暉名暘以字行初知泗州奉公約已教民耕

作餝勉諸生視其雅懋者傾身禮之州人親信

最聞擢知鞏昌坐謗謫夔州府同知縉紳投荒裔者多企足待滿而已晹獨盡心修職事有弗便于民者聽民譏彈故所行無一事不中人情又善廉察有風岸衣冠黎庶至今皆稱道焉

郭斯后字伯載父銳學識清遠著有關地理說非星術論斯后篤行好學雅意經史洪武中坐事戍甘州在戍五年獲釋以名行補政和縣典史緯有政績嘗作性論上中下三篇其畧曰大哉性乎非真知實得者孰能盡之漁父没于九淵

獲覩驪龍頷下之珠及其出而欲語諸人雖溢驪珠之美終非寸舌百譬所能似也須真得其珠入于掌中斯爲實見矣其立論貴實得類皆如此所著有星溪集及政和縣志

陳洙字文淵博學多才爲文下筆立成詞翰兼美布政使白公圭按察使陳公璇交章論薦有學貫天人才堪經濟之語銓曹惡之不果用定襄伯郭公登南征辟置幕府官至後府都事卒所著有湖海摘奇等集

張堅字適道宋時人受業胡安定先生從遊者甚衆後得官改京秩貧不能給吟嘯自若門生故人多顯者未嘗少千

張世昌字叔京元時諸山人爲本州訓導善著述于詩尤精雱霈汪洋人莫窺乎其際而比興終不失正金華宋濂每歸重之有八咏雜見山水記

張辰字彥暉孝子萬和之後也經術文章表裏茂鬱一時紀載多出其手大守唐公鐸辟爲郡學

訓導淬礪諸生晝夜不倦卒于官所著有草廬藁

陳嘉謨字文紱志寧子也少有師傅詩文清麗北遊燕都翰苑交譽奏補國子生從容學易風致灑然且善鑒古名物洪武初辟爲縣學教諭弟嘉績從子韶

阮佃夫劉宋時人元嘉中出身爲臺小史明帝初出閤選爲主衣又請爲世子師甚見信待景和元年十一月廢帝將南巡荆湘欲先誅諸叔父

然後發引巳拘明帝于殿內將殺之佃夫與王道隆等共謀弑帝明帝卽位論功封佃夫建城縣侯遷南臺侍御史薛索兒渡淮爲寇山陽太守程天祚又反佃夫與諸軍討之破索兒降天祚遷龍驤將軍繼轉太子步兵校尉南魯郡太守侍太子于東宮泰始四年仍以破薛索兒功增封二百戶幷前千戶以本官兼遊擊將軍假寧朔將軍權柄亞于人主嘗値正旦應合朔尚書奏遷元會佃夫曰元正慶會國之大禮何不

遷合朔日耶其不稽古如此大通貨賄凡事非重賂不行人有餉絹二百匹嫌少不荅書宅舍園池諸王邸第莫及妓女數十藝貌冠絶當時金玉錦繡之飾宮掖不逮也每製一衣造一物京邑莫不法效焉于宅內開瀆東出十許里塘岸整潔汎輕舟奏女樂中書舍人劉休嘗詣之值佃夫出行中路相逢要休同反就席便命施設一時珍羞莫不畢備凡諸火劑皆始熟如此者數十種佃夫嘗作數十人饌以待賓客故造

次便辨類皆如此雖晋王石不能過也泰始初軍功既多爵秩無序佃夫僕從附隷皆受不次之位捉車人虎賁中郎傍馬者員外郎朝士貴賤莫不自結而矜傲無所降意入其室者唯吳興沈勃吳郡張澹數人而已泰豫元年除寧朔將軍淮南太守遷驍騎將軍尋加淮陵太守明帝晏駕後廢帝即位佃夫權任轉重兼中書通事舍人加給事中輔國將軍餘如故欲用張澹爲武陵郡衛將軍袁粲以下皆不同而佃夫稱

敕施行又廬江何恢有妓張耀華美而有寵爲廣州刺史將發要佃夫飲設樂見張氏悅之頻求恢曰恢可得此人不可得也佃夫拂衣出戶曰惜指失掌耶遂諷有司以公事彈恢凡如此祭等並不敢執元徽三年遷黃門侍郎領右衛將軍明年改領驍騎將軍遷南豫州刺史歷陽太守猶管內任時後廢帝猖狂內外莫不憂懼佃夫與直閤將軍申伯宗共謀廢立事泄賜死年五十一

謝仲斌宋紹興戊辰進士故相深甫仲父也一女爲孝宗皇后封仲斌爲魏國公孫若穆任樞密院編修生女爲理宗皇后封若穆爲中山孝王祖居四明陪駕徙居諸暨之廻隊今子孫綿延不絶

按佃夫出處不當入人物鄉賢之類然舊志不芟爲其倖取祿位炎赫一時足以儆暨人之攷鑒今仍存之

人物志三

鄉賢列傳

楊文修字中理宋時人有德于鄉鄉人稱爲佛子少有至性及長孝友愽洽毋病割股肉以進及毋殁抱土成墳慈烏數十隨之往返鄉閭欲上其事固止之朱公熹爲常平使者道楓橋至其廬與論醫學天文地理之秘竟夕乃去故病瘼一日他出遇雨道逢一操瓢者穢癩不可近求與共傘文修與俱無難色行里許瓢者以手摩

其瘦曰患可醫吃我一醉文修哂之明早瘦忽在背人謂文修遇異人盖行所感云

吳雄字一飛元時人性易直從金華胡長孺遊以古人自期有地理卜筮諸書考歷詳盡嘗辟本州儒學正不就時人稱爲碧崖先生

錢恒字九成號退庵元時人氣岸清高淹貫經史論辨古今人物治忽人不能更一詞詩格麗唐人所著有灌園集

申屠澂字仲敬元時人父性受業黄文獻公之門

澂與兄溶得其源淵謹言端行俱爲鄉里所敬憚而澂尤寡合賤而賢者禮之貴而言或少偏雅如不聞望之容色毅然至有所請則溫然愉婉辨析必盡工古文詞春容簡奥精篆籀小楷足配秦晉辟本路教授辭疾不行晚節益堅所著有孝全摭言數卷澂居花亭時龍泉鄉有申屠震者作詩辭婉而義正亦爲邑所重云

翁思學字景顏元時人雅意文詞不樂仕進然力本不爲迂濶之行嘗語人曰凡家不論貧富但

四聲不可少謂讀書聲築圃聲機杼聲嬰兒聲
也

毛倫字仲庠元時東郭人居貧自樂放情吟咏或
寫木石或作墨牛求之者接踵與遊者多名人
或勸之仕則張目不荅

陳大倫字彥理元時人始學于從兄洙後事吳淵
穎先生絕意仕進以教授爲業國初避兵流子
里作晚香亭三楹日與賓客暢飲爲樂酒酣高
歌擊几案爲節座人每爲絕倒或氣候和適載

華陽巾服寬博布衣支節行古石細路間遇泉石隹處意若與之相忘人問其故曰吾平生無他嗜惟攻文成癖孳孳矻矻垂四十年昔之人如此者何限今皆安在哉毋搔首自傷識者服其曠達所著有春秋手鏡尚雅集

孟性善字志道元末人博洽有大志熟諳孫吳元人憚之所著有雅齋等集五世祖載鄉國四十八代孫宋扈駕南渡授環衛上將軍卒贈大尉家大槩里子孫或顯或隱代有其人焉

駱象賢字則民父觀光字用賓爲人長者洪武初辟使隴右稱職方擬授官以老乞歸象賢篤行好學于書無所不窺爲文直述事情不求華緻時嘗斟酌六禮之要表帥鄉俗鄉人化之爲圃于楓溪之上圖書滿屋至老玩讀不輟人稱溪圃先生所著有羊棗集篤終易覽溪圃遺稿歸全集等書

黄振字仲驤宋時人以子貴累贈尉衛少卿妻劉氏封仁壽夫人振生而警悟輕財好施作樓里

門隆冬極暑必登望村墅日中有未舉炊者徃送之糧寒無告者兼遺之衣劉亦斥畬稾置義莊以歲入濟族黨之不能昏葬者鄉族德之目其樓曰望烟莊曰仁壽振後世多聞人不盡附附其相類者曰汝楫曰新

汝楫字巨濟振元孫亦宋時人也家頗富起家監潭州南嶽廟紹興中攺知浦江尋乞祠致仕宦和間睦寇犯境汝楫瘞其貨寶于室將出奔忽賊黨執白旗揖且拜驚視之乃舊僕也曰吾主

掠士女千餘閉之空室以索金帛否則將殺之

汝楫曰我所藏直數萬緡願以贖其命悉發所

瘞輦輸其營千餘人皆得歸歡聲如雷一日夢

金甲天神謂曰上帝有勅以子活人多賜五子

登科第及汝楫知浦江時子開閎閣闓閶果相

繼登科高宗賜詩有昔日燕山竇今朝浣水黃

之句

新字桂軒振八世孫也元時人倜儻好義祖傳義

莊閱廢已久新盡購復之以賙族人歲侵鄉人

持券物來質粟不較其直而與之所居當路之衝爲飲食以待困乏者年七十餘盡出所貸文券約三萬緡悉焚之衆皆感泣

吳和字景安宋保義保里人有負商人逋者懼索謀他徙和知之悉爲代償夏旱及秋禱社廟邢應和曰禱于社孰若禱于天乎明早焚香告天詞極懇切天果雨

王理字倫卿宋時人學行俱優人稱水南先生初爲大學生與東陽許古道友善臨安危廹困與

東歸古道出其裝得三百金屬理市田宅于暨將徙家焉古道比至家卒理聞往哭之因出所託金還其妻子妻子初未之知也以其半爲壽理謝之曰金與友道輕重若何其信義類若此以子艮貴累贈秘書少監騎都尉太原郡伯

吳宗元字長卿元時人性純孝輕財尚義號有盧及浙以東名士皆與之雅厚元季兵興避地者多依歸焉宗元不問識不識咸資給飲納久之不怠治家嚴恪舉古今厚倫睦族之事裁爲七

言古體凡八百餘言并宗範合爲一集以訓諸
子子庸康庸能詩康子銓字仲衡宋景濂序其
詩律格清絶曠達負氣槩云

陳志寧字以道弟嵩之字以高元時紫巖鄉人兄
弟友善事母以孝嘗割田一千畝山五千餘畝
造屋三百餘楹爲義莊義塾聚族里之貧者養
之未知學者教之事聞旌爲義門

方鑑字子兼元時白門人讀書負氣自豪然好修
行誼嘗割田千畝山若地有差取歲利贍其族

之貧不能昏喪者建義塾禮聘名士黃叔英項烱吳萊葉王教事造就學者故來遊者日衆而宋濂鄭深亦嘗來訪云

虞元善字長卿元時人淳厚簡重以長者自處鄉里侵其地搆佛舍元善遣家僮助爲之役其人慚徙他所人有因負逋爲人妄訐他罪者就元善求援元善爲償所逋而勸止其人部使者重其行誼辟之不起教授鄉里子弟多所成就

宣元字子初性敦龎志修潔與剡人商舜華呂舜

華遊西川以銀一緘寄元家歲餘舜華客死元
昂于其家因以金還其子子初無知者
洪範字九疇大部鄉人由吏員官至巡檢初寓京
僦屋以居鄉有胡某者後至範挈與同寓遘疾
且革館人廹之使出範固持不可及死爲殯殮
之庶吉士陳璣者亦範同鄉也病滯下而家人
適歸範又躬爲調護死亦殮之
何雲字仕龍宋時人德祐間北兵至傾貲倡義築
柵孳鄉人抵禦不支與其子嵩並死于難

吳作禮字起之宋時人開禧間有寇刼鄉民勢甚張作禮與兄弟議爲防禦計因積薪備酒饌賊至迎勞飲食之乃闔戶焚其廬無得脫者事聞拜保義郎

朱光字吉父宋時人也明經教行元伯顔下江南遣裨將上官某招撫浙東至縣光與同邑朱晙張軫等率鄉民抵禦光被執口占曰生爲大宋臣死爲大宋鬼一片忠義心明月照秋水閫賊誰其人鄉兵由我起上官狼子心何須見宗社

蓋上官初宋臣也上官怒以火燃之三日始絕

軫亦死之光嘗註西銘人多佩誦云

胡存道字師善元至正甲午辟爲松江路學官苗兵入城縱火大掠獨守學不去死之前一日題其壁曰上官命我來分教黌舍臨危要致身今日但圖存聖像此生不愧作儒臣郡人立祠繪像刻之于石云

趙令誠宋宗室世胄之子燕恭懿王德昭之後南渡累官兩知紹興府有惠政捐金帛瘞兵死者

數千人歲饑設法賑濟全活甚多卒葬諸暨之龍泉鄉子孫因家焉今居陶朱西安諸子姓猶極繁衍

鄒元亨宋時人原籍維揚南渡其父翰林學士文紹扈駕至越及元亨以孝廉授諸暨學正著書講學崇雅黜浮一時人文蔚起後以秩滿致仕卜居于浣江之西本支繁昌衣冠禮樂甲于邑城

蔣友旭字公旦靈芝鄉人明洪武初由貢入太學

薦舉拜河南道御史陳時政十二事以易儲忤
旨賜死于邸文旭北面拜曰苟有裨于國臣敢
惜生耶上尋悟赦至已無及矣

駱問禮號續亭明嘉靖丙辰進士初授大行人轉
南給事中直聲震朝不避權貴以言忤江陵閣
輔張居正及中官幾至不測尋謫國子監學正
又調邊方得楚雄府知事內江趙相國貞吉之
力居多新鄭高相國拱復起且曰此我真門生
與內江意合遂有松江之擬江陵陰忌中罷滿

三年始得推揚州府遷南工部主事轉南兵部署郎中数年出爲雲南布政司參議寮友吏民甚見親愛制歸復補福建轉湖廣按察司副使時輔臣許公國吏部楊公巍且有大用之言而問禮以父老思歸矣歸山幾二十年世之想望手采者不啻如正色立朝時問禮自入仕途遇權門如不知未嘗以一事干人亦未嘗以人干遷就一事冠婚喪祭必斟酌古禮一切陰陽技術屏絶不遺餘力而其大者有三一論治穆廟

時進喉論三篇謂政當專在朝廷一論學宗朱
左陸學術辨性命論具有本原一論文以學術
之正人才之盛必自正科舉之文始其言皆昌
明儁摯可爲歷代寶鑑問禮嘗曰以賈誼之才
不得意于絳灌以裴晉公之聞望不能豫防南
北司之水火其殆自謂矣剛方之操老而彌勁
所著有萬一樓集萬一云者以世儒競言一貫
而不言博約必會萬然後能一也又有續羊棗
集目嘉隆以迄今公議特重者一人而已從祀

鄉賢

陳性學字宷冲生有異資七歲自聯其書室云刺股毋懷分夜志柱門常抱惜陰心明萬曆丁丑進士由行人試貴州道御史巡按直隸提督學政甄錄皆名士兩劾權相悍帥舉朝側目卒中政府忌出僉憲粤東遷少參粤西晋山西右轄稅璫横甚性學危言折之廷推撫閩以外艱去服闋起左轄偏兵楡東遂伏闕請歸謝絶世事秦撫崔應騏以邊才薦性學時高卧山中惟恐

不深矣性學服官三紀歷中外所在有最績

桃李滿門著有西臺疏草及紫瑛山藏稿光裕堂集楚藩祀名宦郡邑祀鄉賢

酈洙酈光祖合傳

酈洙號白岩邑廩生道學宗風岸然先正講學于稽山書院一時知名之士皆出其門十困塲屋所著有教家輯畧等書堪與紫陽家禮並垂不朽山陰徐渭誌其墓乃克纘其緒者其孫

光祖號均儀性至孝弱冠有文名副于榜者再舉明經授吳江丞廉能之聲藉甚轉邵武令著有

範世全書定性論四書本旨禹貢註等書道德文章更爲世宗仰明太史陳仁錫知其生平宦績爲述行畧前令朱之翰額其堂曰道學大儒

朱長庚字與白明萬曆己酉舉人淮安桃源知縣調知和州之含山以耿介忤當道罷歸隱于樂勾山之嘯客堂藏書甚富無不手自評定一時名公如韓求仲黃葵陽咸推重之

酈儒昌字叔典性孝友慷慨有大志爲邑庠生以
例入國學孫可業器重之積分優等
國朝定鼎授山東沂州同知有異政陞湖廣永州通
判隨
恭順王闢地招徠屢建奇功　王凱旋儒昌請兵
留守不果逆賊以卒二十萬圍永儒昌設備捍
禦糧盡援絶城遂陷妻黃氏季子尚英二十餘
口悉死之事

聞贈湖廣按察司僉事麈一子與祭一壇從祀鄉賢

余元文號仰泉其先世自龍川徙暨爲暨人幼穎悟赴童子試少不利輒棄去遂傳綜經史以至岐黃卄石占筮青鳥五行等書靡不遍曉故其學日閎以肆課二子綸縉家僅中人產乃歲醫以克延師問友之資且賙姻里之貧乏者由是家益落丙子縉舉于鄉巳卯綸再舉癸未綸成進士壬辰縉再捷南宮令河南之封丘奏績最拜山西道御史

諸封元文如縉官元文既貴顯未嘗以事干一人生平剛方疾惡好面斥人過咸戒曰毋爲陳君短也秉性儉約布衣徒步與行者肩相摩恬如也自課諸孫焚香蒔圃外不知有世俗事尤愛梅菊曰吾師其隱德殆與孤山柴桑比跡矣冢孫一燿癸卯膺鄉薦時元文年八十人以爲尤難未幾以疾卒將易簀諄諄誨侍御及諸孫讀書種德勿墜家聲爲念世以眉山蘇氏方之良不誣云

楊芳字平寀性清介博涉書史累試不就崇禎間由椽任江西崇義縣尉轉湖廣麻城巡檢值流寇披猖屍横遍野見馬櫪間有一女子裸體垂斃即解衣覆之問其家乃河南陳氏女王御史未娶媳也被寇刼掠至此距家二百里許即引二騎親往送之御史感其誼疏請退賊功陞黄州經歷孫學溥以科名顯孝友克繩人皆爲隱德之報云

樓暹字東明少遊邑庠慷慨慕義順治十八年陞

寇入境捐募壯丁爭先扞衛寇猝至各都未及
應遲奮力獨拒時賊夥環集勢孤莫支遂被害
各都男婦藉遲死拒得脫所全活甚衆四鄉咸
競吊之道府皆有扁獎

郭元佐字含冲生有異資好書篤學弱冠輒采藻
遇試必壓卷設教受徒暨之英俊多宗之以明
經授汀州教導士風丕振陞郴州維容令招徠
開墾起究宜滯視象州篆多猺患數梗不服公
置堡設兵洞頑輒化轉黠之思南同知復多惠

政委府篆士民懽洽屢荐受貤封及歸里惟教子弟以存心敦本官槖蕭然不爲念也

余綸字伯綬號岸脩生而韶俊狀岐嶷髫年輒善文就試首錄能究心經濟之學不沾沾舉子業自爾靡試不冠軍己卯薦賢書癸未登甲榜時流寇陷明與大索長安諸通籍僞令匿者族若出見即得膴仕脅污者強公公峻絕之已料賊必速敗金陵建國除閩莆李官父疾不就丙戌王師壓省山寇竊發公引二親遠避饔飱或不繼納

身以奉後亦絕意仕進一以娛親課子爲事雖儆廬饘粥勿顧也讀書根究理要與仲弟侍御公微時抱背城南自相師友生平拳拳惟孝親友弟故咸奉爲家訓閒居嘯傲喜咏林處士陶靖節句以自況著有蘿月菴諸書十數卷冢君一燿癸卯鄉薦皆公文章道德遺之也

陳元杰號玉宇初山陰人本姓周其鄉陳氏以姑表繼嗣因姓陳遷居暨之南城天性淳厚孝友五歲卽如成人及長贊繼父納庶母復生五子

撫養成立比分居一無所私在陳氏族黨蓋毀

孝友聞尤人所難元杰貲產固不饒又公與五

弟以此家計頗艱然有志於學毋言家世業儒

至我而輟吾子弟必學毋替以讀書爲務先聘

王氏後聘龔氏克相順成能尤自課及女子其

素登丙午賢書元杰取人所負券日數百金悉

焚之其長者之行類如此尋以壽終

諸暨縣志卷之十終

諸暨縣誌書卷之十一

人物志　四

孝友列傳

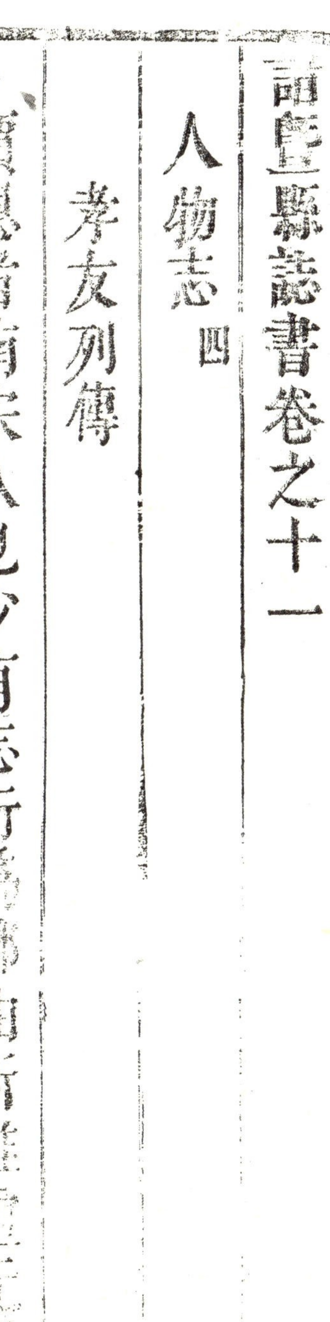

賈恩者南宋人也少有志行爲鄉曲所推重元嘉三年母亡居喪過禮未葬爲鄰火所逼恩及妻桓氏號哭奔救鄰近赴助棺櫬得免恩及桓俱見燒有司奏改其里爲孝義里蠲租布三世追贈天水郡顯親縣左尉

張萬和者唐人也力學明經遭父母喪負土成墳

兄弟廬于墓萬和終子孝祥亦廬于墓俱二十餘年後墓傍產芝之二本各九莖又出泉如醴人謂孝行所感事聞旌異之名其里曰孝感

黃嘉禮字仲文宋人也舉進士累官朝散大夫性孝且剛意向學目疾不能視禱于神曰母老矣嘉禮身事之非目不可惟神賜之明俾畢事親之願目乃復明及母卒復失明

丁祥一者元人也家貧母老行傭以養母病目無以爲樂焚香露禱每旦盥[illegible]亦如之

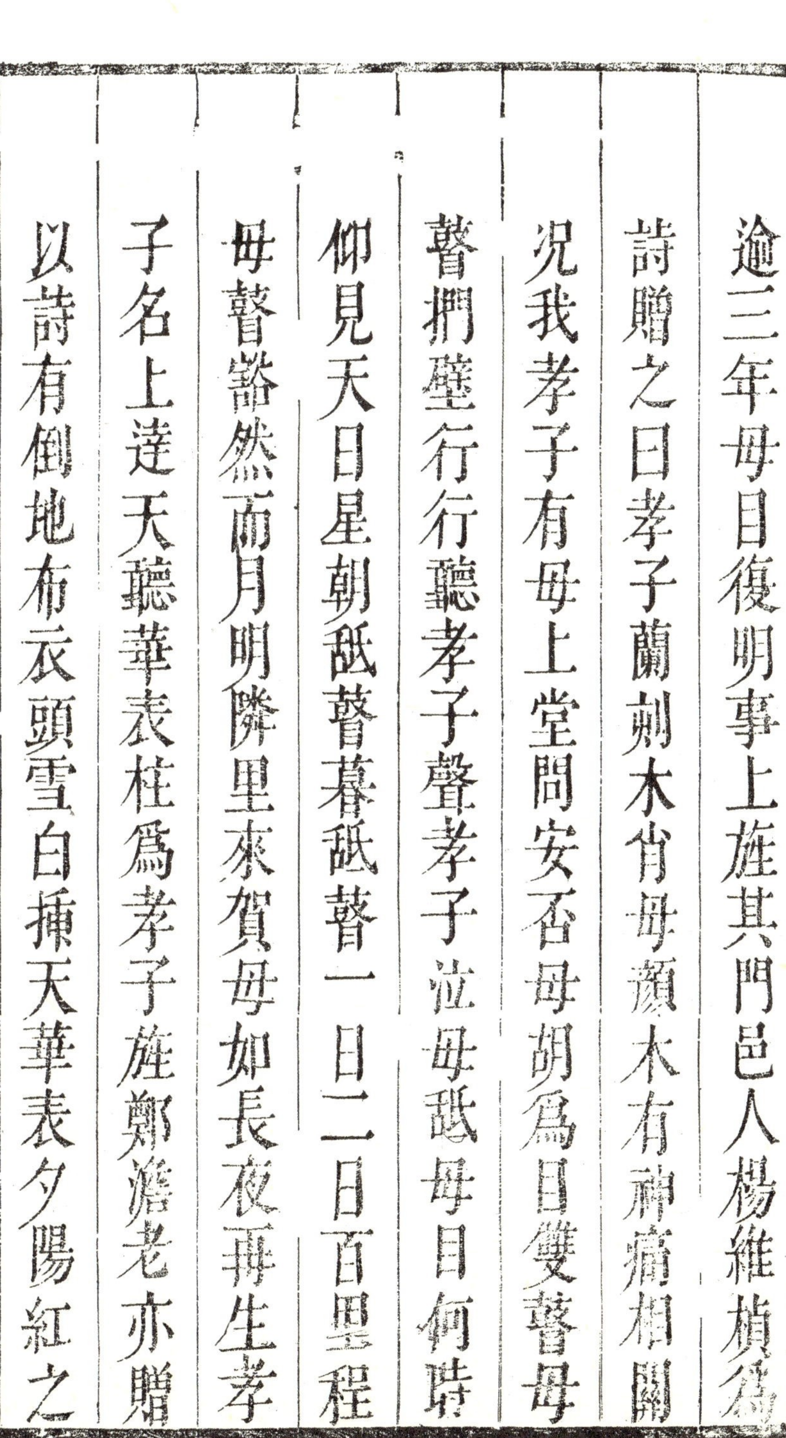

逾三年母目復明事上旌其門邑人楊維楨爲詩贈之曰孝子蘭刻木肖母顏木有神痛相關況我孝子有母上堂問安否母胡爲目雙瞽母瞽捫壁行行聽孝子聲孝子泣母舐母目何時仰見天日星朝舐瞽暮舐瞽一日二日百里程母瞽豁然而月明隣里來賀母如長夜再生孝子名上達天聽華表桂爲孝子旌鄭澹老亦贈以詩有倒地布衣頭雪白捧天華表夕陽紅之句

樓昇者字仲高元時人也爲儒有氣局性孝母病醫禱無效夜夢神人語以割股乃可從之果愈後父病醫禱益虔時有胡筠者字梅友亦割股救母

孔明允字孟達讀書尚志節操履清絶元季兵興奉親居孝義山中負米爲養雝如也同邑張辰謂明允當阨窮而守益固孝益純庶幾行古之道者云

石渠字孟權東郭人年十三父艮金陷于獄渠往

中之時當道者咸甚詰勘數四渠辯對屢屢屢
感俱切父冤獲釋好事爲作孝童傳及長論議
正大爲士類儀表

趙紳字以行父秩字尚禮工詩文精篆籀永樂時
任高郵州學正入京舟次武城偶墮水中紳即
入水抱持河流悍急俱不能出明日官爲出其
屍尚以手持父臂不解事聞旌其門

袁徵母陳氏病篤憂苦不食夜禱于北辰曰母病
諸藥不效聞古有割股者如果效徵何敢惜此

股遂刲以進病遂愈時方春庭桂吐華鵲巢于
室咸謂其孝感所致

黄慎字仲言元時人謙恭好士博貫羣書考古篆
隸書法之從兄仲忠以門戶事逮行慎從代爲
之辨事已明而兄竟病死慎扶櫬歸悉發其囊
中餘貲數千百緡俾兄遺孤置田宅焉

黄珂字仲章元時人從父黄源没于瀋陽觸寒暑
走五千里裒服收瘞人皆義之源字子達號松
塋順帝至元中遊京師以書法精妙試奎章閣

典書轉典籤遂殁云

周元功字艮佐元至正間從弟元祜爲販鹽者所誣官爲收逮艮佐哀其拙訥毅然往代械送永嘉力辯得直鄉人義之

丁美字文彦兄進洪武初被誣逮者至美度兄懦且訥必不免請代行兄曰事在我汝何預焉美紿逮者曰此吾兄也欲代吾行乎逮者以爲實固驅美行竟死逮所同時有黄彦輔者其從兄彦實坐誣州府追遣將行彦輔慨然就械以往

而其事卒白鄉人皆義之而于美之死尤加惜焉

楊宗暉許山鄉人明洪武初隨父叔器入京父爲椽獻魚鱗圖冊以大紅花綾爲面上惡之且曰吾方以儉率天下安得違式獻此耶命誅之宗暉赴法曹訴曰違式當誅但此暉實爲之今誅父是暉陷之也願以身代父死法曹爲上其訴許之時年十九

鄢民法字聲我性純孝儀度恢弘萬曆間父元亮

上京應選卒于途民法時年甫十三忽夢父語
曰我于某日卒郎號泣別母赴京覓信果如夢
言遂奔喪歸里人謂其年尚幼有齧指心痛得
曾參氏之孝焉後歷仕著績乃解綬歸事母竭
誠依依膝下者十數載居喪盡禮遐邇咸推重
云

傅儲字石天邑庠生幼孤性至孝爲塾師時以母
老在堂距家十餘里雖風雨必歸定省邑侯張
公夬慕其名卒不一謁督學許公按紹凡行優

者令通學公薦府與考五百有奇而所薦者皆儁也以忠孝廉節爲尚門人傅日烱從遊最久館穀所入悉以贍其弟及故交環堵蕭然自若也與同學蔣性安有婚姻之約未幾安早世撫孤如子不受幣而完其姻所著有五經註疏遺稿家貧未梓門人經其塋祀而劉焜爲之倡

傅日烱字中黃邑庠生幼孤事母以孝聞從念臺劉先生學以古人自期甲申國變正衣冠哭别于母願自殉母許之乃赴湄池江而死郡城與

殉節諸公合祠

酈逢新字咢生諱徹昌公次子邑庠生性至孝經史過目不忘九歲母病劇割股救禱願以身代事繼母尤篤聞父殉難永州偕兄逢時洒泣扶柩值寇兵阻隔未遂而歸時繼母病篤號哭者數日夜奮然曰母若弟任之兄永州之行任之弟遂間關萬里匍匐達永哭訴各憲得荷具題扶櫬歸家竟以病孱嘔血支牀飲泣慘顇日劇及聞

恩贈命下即撫心長慟曰兒事已盡死復何憾遂殞有司上其事旌獎屢加焉駱念庵贊之曰忠而死孝而死死等耳酈生賢士赴難湘水伏闕帝里枯血骿趾病終不起父也如此復有厥子嗚呼難矣豈非其實行可傳與

何時化字成之性至孝讀書通經史嫻文藝以父母年老堅不就試惟溫凊爲事值母許氏病篤焚禱刲股救愈父母皆得享大年人咸謂孝感所致二親既殁廬于墓三年山神廟祖過其廬

必揖顯以昌祚之叶里鄉咸敬仰之公舉于縣
縣令汪公旌以額東陽許少薇先生製文述頌
又居平讓墳於嫂還金于旅著三族禮儀一時
宗族鄉黨翕然效法稱頌不衰三子長起元望
隆重府薦鄉賓次起鳳起麟皆孝友時嘖嘖爭
羡乃父遺風焉

張瑞虬撿躬醇慤天性最孝奉親必敬親不食不
先食親有疾湯藥必先嘗而後進及二親亡扶
櫬入里西山廬墓三載自力于山以供粢盛食

有餘悉給于父母所識之貧乏者斷酒啖蔬絶足井里時見虎環其廬蛇蝎遶其榻弗畏也通里結憲疏請旌表

○趙璧庠生性最孝父病篤割股以進果效迨父母逝廬墓于艮山三載有携而餉之者僅啖其一物餘謝之葢以啜粥之下不忍醉飽也未一年鬼現光以乞食盜潛蹤而過門一方化之凡有服齊衰者不復近聲色咸知孝弟當道俱有碑記

女列傳

施氏周時苧羅山下人施有兩村氏住西故世稱西施有殊色施父賣薪施每浣紗于江越王句踐使范蠡求而得之偕鄭旦並獻于吳王夫差吳王寵之爲築姑蘇之臺以居後越滅吳乃沉西施于江以謝伍員范蠡意也

按明太史楊用修氏云世傳西施隨范蠡去不見所出只因杜牧西子下姑蘇一舸逐鴟

奚之句而附會也予竊疑之未有可證以折其是非一日讀墨子曰吳起之裂其功也西施之沉其美也喜曰此吳亡之後西施亦死于水不從范蠡去之一證墨子去吳越之世甚近所書得其真然猶恐牧之別有見後檢修文御覽見引吳越春秋逸篇云吳亡後越浮西施于江令隨鴟奚以終乃笑曰此事正與墨子合杜牧未詳審一時趁筆之過也蓋吳既滅即沉西施于江浮沉也反言爾隨鴟

奚者子胥之譖死西施有力焉胥死盛以鴟奚今沉西施所以報子胥之忠故云隨鴟奚以終范蠡去越亦號鴟奚子杜牧遂以子胥之鴟奚乃影撰此事以墮後人于疑網也哲哉斯言真范蠡千古之滄浪哉

屠氏女南齊時東洿里人父失明母痼疾親戚相棄鄉里不容女移父母遠住苧羅晝樵採夜紡績以供養父母俱卒親營殯塋負土成墳忽聞空中有聲云汝至性可重山神欲相驅使汝可

爲人治病必得大富女謂是魅魅弗敢從遂得病積時隣舍人有中溪蜮毒者女試治之自覺病便差遂以巫道爲人治疾無不愈家產日益鄉里多欲聚之以無兄弟誓守墳墓不肯嫁爲山賊刼殺

方氏宋南昌令王友任之妻也初友任父厚之所積書籍甲于海内友任殁子瀶尚在懷抱方闢樓居祕藏之嘉定中柄臣遣使者書幣指求再三且言門戶無鉅細皆吾責家僮驚走遍告親

戚者重虛其請或有勸少弓之者方曰門戶我當自守彼求之必爲子孫計吾家何獨不然竟謝使者

孟氏宋海門尉倪夢應妻也夢應早世孟刻苦教子孫以忠厚家有餘廪出糶必縮時直十之二三有言平準其直者輒欷歔不食歲以爲常趙氏與婉宋張軫妻也軫死義事見別傳軫死趙孀居守志教其子敦事詩書子名復

蔡氏王琪妻也姿貌端麗性行婉淑歸琪未朞元

至正間兵亂蔡避亂山中賊兵猝至度不免投道傍造紙沸鍋中死賊驅其從婢順女婢罵曰主母且死我可驅乎賊怒截其腰領

張氏淑貞張英妻也至正之亂英舉家避難靈泉鄉已而張冦攻新城間道猝至驅掠羣婦以行莊度不可免罵曰死即死欲驅我不可得賊曰驅固不可殺亦不可也遂殺之英字仁傑有儒行善寫花木蟲魚子恒洪武中爲行人

郭氏靚趙宜震妻也元季亂夫婦伏莽蒼中數年

始歸而宜震死郭年少耳貧苦節早夜織紡易粟以字教其孤宜震有從兄用賓免官家居授徒郭令孤就學因姆氏以匪縑布代束修用賓辭之郭令孤致詞曰匪束修無以成弟子禮苟憐死者而及其孤則請勿辭也用賓哀其意受之孤業少有不習郭必詈而撻之因泫然流涕曰何以慰爾父之靈孤亦欷歔弗禁後疾革呼其孤曰勿哭父早棄我爾既有成我以得死爲幸人皆賢之

斯氏鞠字妙善楓橋樓師忠妻也元末境内多故舉家奔竄山谷間師忠出負米罹鋒鏑死時斯年二十六後一年師忠弟師實亦遇遊兵卒妻何氏玊年方一十八歲師彰死妻陳氏婉年方二十一歲皆誓志自守師忠從子珏卒妻錢氏年二十九歲剪髮一髻内珏棺中明無貳志一門四節其他又有鄭氏貫澄者適孝義鄉吳璟從妹貫深適璟弟璊璊弟瑛娶黄氏昭從子儉娶斯氏一門四婦相繼寡居亦無異志夫以樓

吳二姓所遺若此是固其不幸中之幸矣

王氏秉阮氏貞王適桑溪李慶長子逼阮適次子遠皆相繼夭殁元季遊兵掠境二婦相與係持深入避地家貲悉蕩親族有奪其志者娣姒厲聲泣曰寧餓死爾遷居僻隩勤紡績以自給洪武癸亥事聞詔表其門曰雙節邑人陳部贈之以詩曰山石有時泐井水有時乾嗟哉兩孀婦秉節永弗諼白髮同初志時人多厚顏長憶泉下人相視起悲嘆枯榮連理木聚散雙飛翰並

遺偕老願共守衾床單一熊雖不易保此良獨難彼美共姜誓貞毅不可干苟非栢舟詩未俗何由敦

趙氏淑周本恭妻也父孟德嘗授以孝經列女傳等書能通其義年十八歸本恭歸十一年而方內兵興本恭疾且革顧趙曰世亂子弱我死能自保乎趙齧指誓之本恭卒趙挈孤從一媵辟山谷間饑餓顛踣或念其艱苦勸使易節趙怒斷髮以誓亂既定還家日治麻縷夜燃松脂奉

詩書口授諸孤其兄公亦早死而遺其孤趙撫之愛于子昏娶亦先焉後皆成立云

孟蘊字子温生時夢天降一霓裳女子于庭長有異姿好讀書工詩賦言動皆中法[illegible]父母謂此奇女必配奇男擇壻得靈泉蔣生文旭弱冠領洪武丙子鄉貢薦授河南道御史建言忤　旨賜死蘊時年十九聞訃卽歸蔣氏執喪盡禮終事舅姑姑亡無倚復歸母家構樓坐卧其上自隨止一老婢懿親姻屬歲時拜訊止於樓下

面惚一揖而去後年踰艾始接少婦室女訓解孝經內則女誡諸書親鄰中有荔枝餉者益曰此楊妃所嗜物我何用為乃作詩郤之曰金盤誰薦紫袍新野騎無端擾漢津總使 齊心不易難將青眼笑紅塵所著有栢樓吟一卷歷八十五載生洪武庚申九月九日終成化辛卯九月九日年九十有三髮無纖白面有少容故人稱為黑髮姑云明宣德六年巡按蔣玉華侍讀王文瑩以其節行併聞詞梅花詩疏請于朝

祠建坊時年五十有六矣旌曰玉潔冰清歲給學租銀于大寒日詣夫槩貞祠遣官致奠至今不絕（附閨詞云）誰謂妾無夫未卜婚期夫已殂誰謂妾不嫁夫歿於官妾身寡誰謂妾身不見郎妾覩遺容若未亡誰謂妾不到君堂妾扶君櫬執君喪誰謂夫無配妾自笄年先巳字誰謂妾心二妾誓終身守夫制妾身永作蔣家人夫君原是吾門壻豈知牛女隔銀河鵲地參商無面會今生空結斷頭緣欲滿姻期在來世（又梅

花詩云傲雪經霜已有年凡花未許與爭先乘

驄人去無緣折留得清香滿世間

童氏者楓橋人俞瀟妻年十九歲瀟病亟呼童曰

吾死後汝當他適童泣曰豈事二姓者耶剪

髮爲誓瀟弟滋娶趙氏滋死趙年二十七潤娶

金氏潤死金年二十九率厰同守居側生竹一

本三幹本幹皆學生三節人以爲瑞事聞旌其

門曰三節

齊氏妙觀南隅楊敏妻也年十八敏卒一子仲宥

甫周歲舅姑欲奪其志齊斷髮破面抱孤向舅姑泣曰我爲死者守此孤忍使孤之無歸乎舅姑怒令自食齋居斗室紡績以資生舅姑卒托老婢經理其家閉門不出開一竇以通飲食如是者二十年年六十七卒

錢氏舉人駱翩妻也婉慧貞靜翩卒孤茂應甫二週錢事舅姑撫遺孤及諸伯仲秩然有禮閨門之内肅如也一日失火驅群婢取諸珍玩投井中舅不之知也明日欲以其半予之固不受年

九十有六卒其後有鄭氏者鼎從孫宗廸妻也年二十有二宗廸卒卽以鼎孫玠爲嗣玠雖子行非其應序鄭曰吾欲繼錢孺人爾守節五十年氷操一致年七十餘卒事聞旌其門

馮氏寶娘鄮浹妻也適未數月浹卒時馮二十三歲痛欲自經家人覺而伺之得免後以姪樾爲嗣棄膏沐謝宴會苦志自守馮婢子有姝色人求娶焉亦命之辭曰願與主母同老終亦不嫁其後浹墓產連理木一株榮榮可愛咸謂馮貞

節所感焉年八十卒娌年亦七十餘狀上當道
互旌異之
吳氏蔡温妻也年十六歸蔡明年温死吳守節八
十五年如一日壽一百一歲
洪氏徐溥仁妻也舅爲道州守溥仁隨任洪以家
事不能行爲溥仁娶一妾及歸舅姑惟重洪姑
王氏有疾洪親嘗湯藥衣不解帶者一月及卒
三年不食肉
曹氏余獅妻也獅故年方二十一孤艮尭甫五月

姑氏憐其少將改嫁之抱孤誓泣曰夫雖死不有子乎閉門斷髮不從貧紡績以養姑久而愈謹歲大歉値姑喪家益貧隣婦勸曹攜孤適人庶可兩全曹忿其言噬右大指濺血御之神主鄰婦窺之亦泣嘉靖中事聞旌其門年九十餘卒

傅氏元末人年十八適同里章瑜爲苛吏脅軍興期會廹死道上計至傅氏蒲伏抱屍歸號泣三日夜不忍入襯屍有腐氣猶依屍呵含曰冀甦

既入棺至嚙其棺底穴及葬拔其身壙中侍婢謹視之閱數日紿婢吾當浴若輩理沐具俟既而失所在明日婢汲水見二足倒植井中

俞氏年百五歲七子多爲鄉耆諸顯達贈詩成帙令尹亦嘉異之其夫孫盈念五先卒有草亭詩稿

俞氏店口陳僔妻也年二十四僔亡子甫一歲家貧甚俞竭力操作奉舅姑以孝聞痛夫以無良醫死子長令習醫精其學有名于時俞年八十

四卒孀居六十年如一日孫元暉天啓壬戌進
士聞于朝奉旨建坊

黃氏袁仲解妻也歸未二載解亡子生甫兩月伯
氏忌之斷髮破額艱苦萬狀足不踰閾外者數
十年萬曆戊子其子上其事于撫按請旨建坊
題曰節孝

張氏陳穩妻也年十八穩亡家貧甚張氷櫱自矢
年九十五以完節終子光祖頤寧丞萬曆十六
年請旨建坊

酈氏幼敏慧讀孝經能解大意日與諸姐弟講誦焉年十六適徐行恒以貿遷在外不歸者有年忽一日姑患病焚香籲天割股以進其病得愈而姑莫之知惜行年五十一而卒後人矜之爲以志焉

周氏酈元翀妻也翀父文相貢生只生翀周歸未幾翀卒文相年七十餘憐周令再醮周泣曰婦不可二夫舅不可絶嗣願舅更娶姑乃悉出粧奩佐之文相果復生一子名元正周撫之成立

周卒元正爲嫂服喪三年知縣劉光復旌其門曰節孝無雙

蔡氏烏巖人蔡鈑女也名六主生于明嘉靖中有德容及笄東陽王姓義烏虞姓皆宦族爭好逑訐訟連年不決六主恥之遂斷髮自矢終身不字守釋教戒律以壽考卒

蔣氏庠生郭增妻同里俞氏陳守義妻順治四年九月中官兵勦賊壓境遇氏于途將汚之蔣堅不從奪刀自殺俞氏見其夫被兵殺死亦自殺

今里中稱雙烈云

酈氏鄉賓酈慶全之女鄭復修妻也年十八復修亡酈慟甚不欲獨生其舅以復修早世哭之至病劇酈割股療之子鳶成立酈謂曰汝父卒時我誓與俱死以汝幼舅姑老不果今復何辭死同穴可合瘞汝父之墓竟嘔血而卒其女十六適樓不數月而夫卒氷霜之操永矢勿二人以爲得毋氏之遺風云

徐氏承明女也年及笄未字嘗匿葦中爲遊兵所掠拴之馬上道經全湖躍入于水而死數日屍浮

時酷暑顔色如生青蠅不近

俞氏儒士章廷謨之妻也自及笄適廷謨未滿二載夫亡婺守矢志堅貞乏兒女貧産之養朝夕紡織奉事舅姑越四十餘年氷霜如一日迄今一邑老稚揚頌其節孝不衰云

吕氏貞女西塢吕某女也年未笄許同里俞拱之子文昇爲妻昇年十三早世女遂鬄髮縞衣矢心不字舅憐之欲奪其志女曰舅非我誰依因不茹葷不衣帛益氷蘗勞苦以明不變之意且

經營爲拱繼室拱年七十復生子虹虹一歲毋死女鞠育之長令就學成庠生拱耄病危女焚香告天願以身代病果愈至九十卒康熙庚戌女年六十二忽謂虹曰我一生布衣素食今當辭世喪祭仍宜布素毋亂吾真乃沐浴危坐無疾而終訃聞莫不歎息泣下傳其節者謂女鐵心石腸秉于天賦而毀形滅性早同枯槁雖生之日猶死之年孝慈兼盡特餘事耳不待蓋棺而論已預定矣噫知貞女矣虹服喪三年以子

繼女與昇而爲之嗣

張氏者蔡邦瑞妻也幼即以端淑聞長歸邦瑞瑞家道素豐而父母早亡終鮮兄弟舉一子甫孩而瑞復病故族人利其貲欲迫張改適不爾將害其子張之弟勸令挾貲與兒改適他氏俟子長歸宗可全蔡祀張泣曰祀固不可斬吾身亦不可辱乃盡貲分衆以銷其謀及子長而家道復隆人皆欽其智節邑長兩次旌之

惠氏儒士趙杞妻也年十七適杞未二年杞卒遺

脤六月生子如嵩三年之後父母憐其少令再醮媒至氏方績卽碎貯麻之器曰欲我再嫁有如此器遂斷髮損容厲志苦節嘉聲遍里邑侯陳鑣親履其門以貞節旌其堂年八十而卒

郭氏泗村駱華國妻也年二十生子名士駒甫三月華病篤呼郭曰汝年少子穉勢難終守吾死當他適郭號泣斷髮誓曰幼孤可撫妾何求哉妾豈事二姓者耶遂絕膏沐膏燕會閉户紡績課子入泮今嗣孫盈庭氏遺之也

何氏生員郭日東妻也年甫廿三歲霜居矢守繼

侄聖岳爲嗣課子遊庠嗣孫繁衍縣主南有臺

旌其匾曰栢舟芳躅卒年七十有六

人物志六

方技列傳

唐西京光宅寺慧忠國師者邑人也授六祖心印居而陽翕子谷道行著聞肅宗徵赴京待以師禮寂謚大證禪師

鑒真大師者唐天祐時雲居院僧也真明及宋治平間皆勅賜院額呼爲喻彌陀圓寂後人龕其身寺中遇旱禱之有應

宋無用禪師名淨全者俗姓翁邑人也世業農少

與父兄躬畊至見林壑泉石處輙宴坐忘歸甫冠于寶壽寺出家師授以釋典無所解乃入徑山投大慧禪師宗果果曰汝有何能答曰能打坐曰打坐何爲全曰若何打坐何爲直是無下口處果遂知其爲法器全生長田家村野無緣餙且不能書人呼爲翁木大一日隨衆釆椒同輩戲云試作椒頌全卽應云含煙帶露已經秋顆顆通紅氣味幽突出眼睛開口笑這回不戀舊枝頭衆皆嘆異俄有旨度僧果命給侍者十

輩各探籌全得之九人者不平相辞語果命復
探全再獲若是者三遂祝髮全志藏聰然天資
夙悟雖不識字而吐辭成偈有老師所不能及
者尚書尤袤寳文王厚之丞相錢象祖皆與爲
方外交全自號曰無用累興大剎最後住四明
之天童開禧三年示寂

惟月者宋時化城寺僧也明律學日念佛以修淨
業一日有異僧來迎後二日微疾無呼同住道
寧曰今阿彌陀佛高八尺立空中言訖而化

允憲者號同庵元時正覺寺僧也俗姓阮名家子機鋒頴悟遊方至天竺一轉語合留住本山一日丞相府祈雪雲集諸山緣覺推讓其先偈語有曰朔旦年年十二遭今朝添箇是明朝六花未剪銀河水星使傳香雜白毫老僧未免將龜毛拂子向神天顛頂上拂碎銀濤不顧一片兩片東飄西飄直教三千世界十二樓臺總是瓊瑶咦不妨壓倒梅花老添得鹽山數尺高賜緋還鄉里有語錄

榮休居士者，姓魏，字宗杲。讀書勵行。永樂間充稅戸人材，貢試刑部主事。謝事歸田里，生作益勤。適遇雲水檜談禪理，解悟，昏朝打坐，偶行阡陌，兀坐草間，如木偶人。嘗自贊其像曰：「榮顯辭休，致耳達生，委化禪理，參三昧，究竟無東無西無北無南。」因號榮休居士。閱八九歲，一日謂諸子曰：「有漏之軀，欲作無漏。扶我入龕中，當衣我以薪，如藁木死灰然，毋與土壤螻蟻溷。」端坐良久，卽瞑目。踰五日，儼如平生。

陳嘉者字志謨元時人也文辭超邁下筆成章然佯狂不羈無心世用累舉進士考官喜其文正欲收取卷中或用語或塗穢必貽怒而黜人咎之怡如也嘗試成王壽考萬年其間有云花無百日紅人無千日好物尚如此人胡不老烏有萬年之壽考餘多類此自號龍壇居士世稱半仙後與沃州山道人尸解而去

鄭元真者幼學道家術年五十而術通能驅雷電宣德間過大部鄉宿山塢中農家其家無烟而

火沙石從空中下若有人擊之者舉家驚惶元
真書一符令焚之忽大雷震死一老狐于庭其
家遂安又值天時大旱三司延至省城禱雨廿
霖立沛頃見屋上皆魚蝦荇藻之物人以爲皆
西湖之水云

神智禪師唐時人少有貞操出家于雲門寺會昌
中除佛法智冠服雖從俗僧行無改大中初復
爲僧遊至寶壽寺且日嘗延之魚濟于藪澤宣
哉此處吾之藪澤也恒咒水盂以救百疾飲之

多瘥百姓相率日給無算號大悲和尚大中中入京兆時昇平相國裴公休預夢智來造相見欣然相國女爲鬼所迷智持呪七日平復遂請院額曰大中聖壽仍賜左神策軍鐘一口天扆繡幢藏經五千卷裴爲書額光啓丙午歲十二月終于東北山

寶掌禪師生周末當晋魏時自西域來居嘗不食惟服鉛汞而已一日示衆曰吾欲住世千歲今已六百七十三年矣因號千歲和尚唐貞觀中

眉遊二浙至諸暨里浦山下老人問欲何之師曰訪地修行吾將老焉老人曰衡山之陰林幽聳中有石室名里浦岩盍往居之師抵岩下見山秀泉潔有行盡支那四百州此州偏稱道人遊之句遂結茆以居宴坐十七年一日語其徒惠雲曰屈指一千七十二歲矣吾將謝世以還册授汝今住寶掌庵

楊大仙兄弟唐乾符間諸山鄉人七八歲時嬉于瓦窰之側當薪熖正烈二子忽躍入于窰父母

往哭之空中雲軿而下曰帝有命以見司雨部矣言訖不見鄉人爲立祠祀之遇旱禱雨多應

俞鄉仙宋時不知何許人篤孝義鄉村媼家病革語媼曰我死以兩大瓮合尸于内瘞之异去扛木折即其地下窆之媼如其言媼復夢俞曰我已爲天曹司雨雪部矣會野火將及墓白日中雨雪火滅鄉人爲立祠紹興初太旱迎神入城雨大至歲以稔神喜柳枝俗呼爲柳仙至今禱雨多應

陳洪綬字章侯別號老蓮方伯衷冲公嫡孫也性豪放嗜酒不知有世態爲諸生未幾輙棄去以畫名于世片紙尺絹爲世所珍詩與字亦灑灑別有丰致陳眉公曰章侯畫爲工字次之詩又次之其言頗當然晚年所造則又不同矣

諸暨縣志卷之十一終

按修志之難定人物之難也人物之難定非薰蕕不辨之難亦非世遠不可知之難也定人物之難在于勢不能無去取而取者未必德去者適足府怨之難也諸暨自有志續而修者人幾更矣而全備可徵者纘亭先生之本也今觀先生之本其損益于奪之嚴可以想見先生之爲人而八十年子茲猶有未信于人之議大率以先生在當日去其祖先之事實要之而歸于約爲未愜于其心也此其

所以難也夫志猶史也與其泛而美觀毋寧核而傳信傳曰法後王爲其近而可信也纘亭道德文章爲世模楷八十年中評鄉賢者必以先生首稱然則今之修志者不折衷于纘亭之原本而且欲翻先生之定案可乎哉若以纘亭當日所不錄者今筆削在手可以任我臆見追而補也舊志曰王胡章方諸暨之世家也駱溪園所修之本載章氏世閥甚詳溪園纘亭之祖也而纘亭之志顧并無其

語然王胡與方其宦達者往往列于傳而章氏如夢光夔樸又新皆進士也僅見于選舉而不見于列傳乎事今者謬受

憲府公祖之委曷不自爲增入以張大其門楣實以此事乃一邑之公非一人之私也知我者我不敢期罪我者亦可以憬然自省矣

諸暨縣志卷之十一　終

諸暨縣志卷十二

序記誌

陶朱公廟碑叙

宋　吳處厚

窮之與達繫乎命用之與舍繫乎時得之與喪在乎天去之與就在乎我四者古君子出處之大節而公皆兼而得之不亦智矣乎公之事業最詳于國語史記與吳越春秋當是之時越與吳相持幾三十年吳常勝越常敗吳辟則虎越辟則鼠吳辟則狠越辟則羊勾踐之命在于夫差掌握中數矣

公力與臯如計硯諸稽郢大夫種諸臣間關險阻未嘗少變其節乃說勾踐卑詞重幣頓顙屈辱籍其筦庫質其妻子爲吳奴及囚石室又說飲溲嘗惡以媚夫差而夫差不悟乃伐齊而赦越復貪與諸侯會於黃池及越焚姑蘇入其郛猶與晉公午爭長不以爲恤旣而民疲歲饑禍稔數極公卒與越之君臣因其困乘其弊一舉而滅之故曰持盈者與天定傾者與人節事者與地此之謂乎君王之恥已雪霸國之業已成在他人則邑萬戶祿萬

鍾爲師尚父寵之終身固其宜也公獨不然以謂功名不可以多得富貴不可以長保瞥然輕舟飄然五湖投紳笏如柴柵棄妻孥如敝屣冥冥而飛泊泊而遊網不能絓繳不能弋烏喙雖長而不能啄屬鏤雖利而不能剄存耶亡耶死風波耶葬魚鱉耶泛溟渤登蓬萊羽化而仙耶俱不可得而知也徒使越之人愛之不忘念之不足鑄金而禮其像環地而封其域與夫貪權冐寵市禍買患而遂脂冎鏤血刀鋸爲魚爲肉爲葅爲醢者豈同年而

語哉余嘗按之圖經得公之廟于諸暨陶朱山下俗說公本諸暨人鄉曰陶朱之鄉巖曰范蠡之巖井曰鴟夷之井皆以公而得名也年禩夐濶不可得詳廟卑窄蕪壊不治屬歲荐飢民又乏饗余嘗至其下徘徊觀覽惻然于懐者数四盖碑者悲也君子所以述往事悲來今者也因書以爲弔焉

漢朱太守買臣碑記　　宋趙希鵠開封

諸暨爲邑左山峦右水澤地勢高下殊絶故旱澇輙暴至嘉熙庚子秋七月積陰不開霖雨大注霹

靂震霆巨電交作民大駭邑令尹祈于四墉弗應
鄉耆老祈于社里弗應于是川流驟漲四野瀰漫
如澤谷壞室廬損苗稼稚老蹙額曰噫年饑矣適
提點刑獄使者項公咨孫行部至縣召父老曰古
者能禦大災能捍大患必有山川英靈之氣鍾爲
明神而邑之神寧無是者乎僉曰吾邑松山朱太
守之神生而父母吾邦殁而血食鄉井盍禱焉翌
日吏率其僚佐民會其保伍走祠下辦香致敬拜
伏未興濃雲忽收霽色如鏡洪波既息禾則盡起

吏民大喜相與議曰何以報神賜遂以事上府府

大帥蔡公範聞于朝聖天子嘉之下太常寺議廟

號嘉熙四年九月三日勅賜文應廟秩于祀典也

命下之日閭里讙呼嘆未曾覩因鳩財以葺祠宇

闢重門揭庙額仍刻石登載始末按班固漢史侯

姓朱諱買臣會稽郡人或以爲諸暨即其所居邑

由布衣以策于漢武帝奮身山林置之近密帝伐

南越侯以丞相長史出爲會稽守守故鄉故於是

邑宜有祠祠居山之嶺今徙于麓後人憚登陟而

徙之也紹興閒左朝散大夫郭公亢新其棟宇驗梁木舊題乃東漢陽嘉三年所建者舊傳唐末黃巢之變賊入縣境有見來旗書松山神號者因遁去宋朝宣和甲辰妖人方臘嘯聚欲入境神見一嫗織巨屨賊怪問之嫗曰將以供官軍賊遽退慶元戊午延寇跳梁尉楊思中禱之得吉卜整衆擒賊賊望見神旗如晝時驚駭乃潰凡邑之旱蝗水災癘疫無禱不應于文學科舉之士占得失尤驗今禮官以文應定廟額盖取史臣語內外以文相

應之義而傳所爲露印綬驚郎吏等語予讀至此未嘗無疑焉侯之事業以素定于孤窮未遇之時非若僥倖而驟至者若果如傳所載乃閭里賤丈夫淺中狹量者之爲誰謂向薪讀書負擔往樊雲之氣者而肯爲之哉孟堅必有所據矣廟成爰作迎享送神之歌歌曰陶峰聳兮磐而監縈二水兮秋月環雲棟起兮繚松關侯兮歸來樂且閒嬉維牲兮釃爲醴迮馨香兮荐羞肯侯不我吐兮心則喜歲歲春秋兮受多祉集旗旟驚兮蹌蹌至凡蹌兮

飈之揚侯雖徃兮終返故鄉欲雨則雨兮暘則暘

淳祐甲辰二月初吉記

逍遥齋記

宋　吳處厚

處厚字伯固宋渤海人或曰邵武人皇祐五年進士嘉祐中爲主簿至任扁其齋曰逍遥而爲之記

記曰天地萬物參差散殊恢恑譎怪不能相一而莊生能一之是亦辯之志也與其著書首以逍遥名篇其言宏綽其理踈曠其旨幽玅其致高邈王公大人不能器其說造化真宰不能材其用誕則

誕矣而僕竊喜之又以逍遙之名名其齋亦莊生之意也嘗試論之夫性有定分理有至極力不能與命鬬才不能與天爭而貪羨之流進躁之士乃謂富貴可以力掇功名可以智取神仙可以學致長生可以術得抱恨老死而終不悟悲夫使天下之富必盡如陶朱猗頓耶則原憲黔婁不復爲賢人矣使天下之壽必盡如王喬彭祖耶則顏氏之子閔氏之孫不復爲善人矣使天下之仕必盡如稷契尹管耶則乘田委吏不復爲孔子矣使天下

之色必盡如毛嬙西施耶則嫫母孟光不復嫁于人矣盖富者自富貧者自貧壽者自壽夭者自夭達者自達窮者自窮妍者自妍醜者自醜天地不能盈縮其分寸鬼神不能損益其錙銖是以達觀君子立性樂分含真抱朴心無城府行無町畦天下有道則激激與世相清天下無道則混混與世相濁壓之泰山不以爲重付之秋毫不以爲輕升之青雲不以爲榮墜之深淵不以爲辱震之雷霆不以爲恐蹈之白刃不以爲懼愉死生爲旦暮

用盈虛爲消息仰觀宇宙之廓落俯視身世之卑隘譬如一浮萍之適大海一稊米之寄太倉又何足議輕重于其間哉故所至皆樂所處皆適出與天爲民入與道爲隣若是則安往而不逍遥乎此命齋之大畧也齋凡三架十有八楹東西之廡翼然而趨左右之房洞然而虛地可栽屋不求其餘堂可容几不求其舒可以聽訟可以燕春可以優御可以自娛室有淨名經三卷真誥兩帙道書數十軸其餘琴奕圖畫舞樂之具率皆稱是教卿而

升坐于堂則捧版抱牘鴈鶩而並進階前沸于闤闠堂下鬨如圜圄于是與里胥亭長市井閭巷之民辦曲直質是非于庭午而退休于室則前溪後山軒窻四豁身兀坐于環堵心恍遊于大庭于是與釋家老聃莊周列禦寇之徒談性空論名理于書此僕之所以爲逍遥也衆人但見僕汨汨而進碌碌而退塵埃滿巾泥汗滿襟而不知一室之內自有此樂金朱煌煌軒冕崇崇爵甚榮而位甚尊任甚大而責甚重怨謗之所藪憂吝之所窟又不

知與僕室內之樂何如哉乃知古人韜光戢景陸沉于世柱下之史漆園之吏柳下惠之小官東方朔之爲郎皆有所謂又何必遁逃山林跧伏草野而爲方外之上哉夫位之卑者不競則躁戢之賤者不使則悲今吾于是齋也齊鵬鷃之大小均鳧鶴之短長荒唐汗漫覼縷重複廣南華之意述逍遥之旨者不惟用以自釋又將告諸後來者使之息躁競悲怏熙乎澹泊者焉

興越二大夫祠記

明 劉光復 本邑宰

漢前將軍廟刱自先令尹公歲庚子耆民酈有資拓而修之右盈一室請奉神以祠予曰禮經有云以勞定國則祀之以死勤民則祀之嘗觀越世家越之冠帶而長中諸侯者自王勾踐始其嘘燼復燃脫纍然冢君沼彊吳而威上國實惟范少伯蠡文子禽種是賢厥勞偉矣厥施勤矣二大夫義當祠然後世多震慕少伯高蹈而悲文大夫不早見遂霄壤之嗟乎此未易言也少伯智周天人機決時宜當逆戰夫差時彊諫弗聽已習知王之不同

量獨以毀軍滅名復隱忍以見志功成身退得天道也若子禽朝格敵而夕行成國虛無人挺任居守身首已置之若棄一心惟雪恥報國是圖迫泣血枕戈倖剪寇仇而通周室方將借天子靈寵以厲諸姬極文事君而爲軼管范諸人爲愉快孰意君之遽我猜乎然即其從容自裁曰臣聞命矣無纖毫怨懟狀則非如擊節炬月倖倖矜功伐而懷憤懣者比也所謂生死不二之臣非與且少伯告君曰親附百姓臣不如種是二大夫自爲有明闇

而其造澤於越則一也又微獨五千甲卒不遽折入籍以保世滋大之爲庸蓋自姑蘓一炬吳民獲免荷揷執殳豈嘗解懸而艾陵黄池間亦遂不復遭封豕長蛇餘毒泗上諸侯咸寬然無虞恫喝者拜賜不既多乎今夫一言及民一事利物舉列狀而侑食宫牆試想之二大夫所爲療殘傷哺嬰稚教十年愛育吾越民其苦心何如而可亡報耶凡兹林林總總莫非生聚教訓之遺也則爲此地而議崇祀誠無先之二大夫者昔狄公盡毁淫祠猶存夏

禹泰伯等四廟二大夫縱難與平成三讓較功德而以方季札子胥忠智寧多讓耶況神宮虛室後日勢不無所祠與其祠不經以誣民孰若祠此取威定伯者猶可以鼓豪傑思也故題其額曰興越二大夫祠者越之文明光大自二大夫始也

五洩山水誌

明 宋濂 金華

五洩山在婺杭越三州境上北距富春南據句乘東挾浦江其山水最號奇峭齊謝元卿嘗以採藥入其中而宋刁景純吳處厚亦頗遊焉自西抗嶺

入過遇龍橋北行二十步始入西潭潭前横一溪
水甚寒履之如氷由溪而前徑小潭傍有巉石突
起類大甕斜覆乃捫石而登一失足輒墜又行二
里所地稍平曠坐石四瞰峯巒環列獻狀其紋縈
縈然類神工鬼斧所雕刻者山多猴遊人或恐之
擲石亂下如雨又前行半里所泉自石竇中出瀏
瀏作聲若琴若笙竽泉西流滙爲小窪瑩徹泓澂
毫髪不隱儵魚数尾洋洋往來如行琉璃瓶中見
人至潛去窪左大樹離立極怪偉倒影入水中如

画又前行五十步大石闕道相傳有巖角肖鷹喙㝵夜大雷雨喙崩下聲聞二十里又行三十步榛篠成林翠光浮映衣袂成碧色山蟲崖虺奔造後先瞬目失所在至此則氣象陰幽不類人世如升邃嶠坐水晶宮生平烟火氣消盡又自山腰緣葛而前竹籜覆地厚動足輒仆又過十步許抵小潭小潭上曰西潭流水傾沫成白簾濶可七八尺冉冉下注滑而無聲兩傍石崖峭立苔蝕蘚障時有水珠毿毿滴下歲旱鄉民禱龍于此遇禱水或涸

取蜥蜴入瓶盂中持以歸多驗自過龍橋至此約可六七里皆蛇盤磬折路行若窮又復軒敞其中勝致難得具記或言潭上有石河從石河至三臺塔人跡罕至莫詳也尋故路而出斜迤而東過香爐峯峯峭拔上有石類香爐故名香爐北有峯圓而童名鉢盂峯或云肖東甌鴈蕩又名鴈蕩峯由鴈蕩而南轉有白雲覆其谷口者名白雲峯屹然人立者名玉女峯嶄嶻勢欲柱天者名天柱峯其他諸峯星聯肺附登名圖籍者盖七十有二焉復

並崖東折度署彴橋趨三學院院唐靈默禪師道場師嘗降龍於此遺跡尚存由院北深入又百餘步至東潭潭上飛瀑可二十丈瀑怒瀑倒擊崖竅中若運萬斛雪從天擲下白光閃閃奪人目睛至潭底輙後逆上有聲如輥雷人笑語咫尺不辨猶聞甕中聲居人云每大風一號四山林木震撼欲折黑雲下罩杳不知昏曉歲旱投龍者甚多驗如西潭復北折而西泝潭之源登響鐵嶺度紫閬山村人多舍篁幕間有平皐數百畝可耕漑傍沿石

河又行一里所地名石鼓足頓之鼕鼕鳴越十步至第一潭潭如井覘之正黑投以小石鏘若佩環又越十餘步至第二潭圓如錡釜面廣而底微大水驅亂石聚其内迫湍復洩去潭下石壁百餘尺險不可寘足從其右懸藤墜下至第三潭潭甚深以線縋之下不見底其形方狹而長天向陰常有雲氣從中起疑有蛟龍潛其下人恒以幽悄爲病第四潭咸不敢往或以綯圍腰攀巨根俯崖而瞰潭左右皆楓木其形大槩如第二潭而廣袤倍之

側有晉劉龍子墓相傳龍子嘗釣于潭得驪珠吞之化龍飛去後人爲叠石作塚或云龍子之母塋焉世遠不可辨又其下至第五潭卽東潭因其水五級故名之爲五洩云噫造物之委形山水者其奇峭有是哉至正丁亥春記

由諸暨至五洩寺記　明　袁宏道

越人盛稱五泄然多聞而知之陶周望雖極言其勝其實不曾親見與我等也五洩去諸暨七十餘里一路多頑山勢甚散緩無卷石可入目者余始

念看山數百里外僦舟羸馬艱辛萬狀今諸山態貌若此何以償此路債周望亦謂乃弟余輩誇張五洩過當奈中郎笑語何静虚以爲不然須之至青口遊人趣狹巷中線路百折窮而忽開潭水冷冷縈壁行山皆純石峰稜怒立一壁上有古木一株土人云是沉香樹一年一花猿猱所不到映山紅有高丈許者紅白青緑燦爛如錦相顧大叫曰奇哉得此足償苦辛不畏中郎彈射也静虚曰未也爾輩遇小小丘壑便爾張皇如是明日見五洩

當不狂死耶余與周望聞之喜甚跳躍沙石上馳而至五泄寺日昃矣茶竟偕至前澗濯足而山相廹疑將頹壓石骨如水浣鍾縣屏削笋茁戈森狀態甚詭周望顧余曰此如西湖余曰何仙嫫奈何與治溪論色澤也溪傍天竹成林將至白龍井遇一瞎鬚人云前山有虎同行者皆心動尋舊路而還

觀第五洩記

從山門右折得石徑數步聞疾雷聲心悸山僧曰

此瀑聲也疾趣度石罅瀑見石青削不容寸膚三面皆郛立瀑行青壁間撼山掉谷噴雪直下怒石橫激如虹忽卷掣折而後注水態愈偉山行之極觀也遊人坐欹巖下望以面受沫乍若披縠虛空皆綃至飛雨灕𡑞而猶不忍去暮歸各賦詩所目既奇思亦變幻恍惚牛鬼蛇神不知作何等語時夜已半鶻呼虎號之聲如在牀几間彼此諦觀鬚眉毛髮種種皆豎俱若鬼矣

踰響鐵嶺至洞巖記

從響鐵嶺下觀路甚巇新雨石滑拽藤杷而行跬移寸折踰刻始達兩岫卷石而澗蘿木翳蔽下渟黛碧四瀑洶湧行了了見雷奔雹布不復如昨矣嶺與紫閬接一帶皆平疇林泉蓊欝稻畦被野初意峭壁之上當爲鋭爲釜不意乃得花源村也錯疇而行約十餘里漸下良久至洞巖山僧設炬以導洞門空濶初時若夏屋少進徑微仄凡三四折至鰲口極小遊人皆貼地行炬烟大作淚出如雨偶思先輩有言入洞爲烟所困者心懼乃各退出

惟静虚疾進過嶺四五至洞深處爲澗所隔始返

徐文長曰洞巖奇于陰五洩奇于陽而七十二峰兩壁夾一圣時明時幽時曠時逼奇于陽陰之間数語得之矣

水經注　酈道元

東逕諸暨縣與洩溪合溪廣數丈中道有兩高山夾溪造雲壁立凡有五洩洩懸三十餘丈廣十丈中二洩不可得至登山遠望乃得見之下洩懸百餘丈水勢高急聲震水外上洩懸二百餘丈望若

雲番此是瀑布土人號爲洩也

齊謝元卿傳

元卿會稽人好呼吸延年之術嘗作東郭先生導引法服仙人五明散近百歲而精力不衰後採藥至五洩溪偶得一路前有石門夾道皆生挑枝組竹飛泉鳴瀨響亮空山可三四里石壁曲轉蒼翠臨雲又數百步值一橫溪俯臨峻壁淙湍激溜上有石梁纔可並足乃匍匐而渡至前轉寬班班若有人路連崖重嶂略無斷鈌多生欆桂淩霄朦朧

隱藹披拂左右稍聞鍾磬尋之而去忽遇神女數人逍遥林下被服纖麗姿艶手襛元卿乃前拜之皆相視而笑謂曰非謝元卿乎相望久矣乃引元卿登一峻嶺絶磴危壁互相承掩遂至一處豁然平敞玉堂朱閣燦爛其中云此東華夫人所居也

吴萊賦元卿遇仙詩

曩聞一奇石深入五洩行五洩何處所長溪遠崇岡徽風生天籟急瀑洒石梁金磬戛欲響縞衣爛廻光綺妓開朱閣靈仙坐玉堂傴僂即進謁裹哀遽鳴璫幸汝得採藥于兹赴元卿元卿且留宴穢臟忽發狂高座瓊煇施碧幬琳華張芝英襍桂腦螭髓間鳳漿太容揮四絃王母彈八琅羽旗素蜺騫黼轂騰蛇驤眼珠便爽朗肌骨遂

馨香日星恍若下海嶽極眇茫嗟余顛探勝古路但縱横青童邈不見寶刹屹相望山峯插烟霧潭級跳跳氷霜螻螳小竇穴蜉蝣乱飛揚終然雲錦箋照以虎磐聾襲千年或頃刻萬里忽扶桑謝卿自獨往矯首盂回翔笑探金明草浮顏安可常

義塚序

仁者人之心也義者事之幹也事當於吾心而毅然行之不必千古人之迹者知古人之心如吾遭焉亦若是也故曰以義起也悲夫諸暨之民有死而無埜地者或委之野塡孤穴焉或投之江飽魚腹焉鄂東朱氏曰何異類者乃殘吾同類者耶則

怵然有所不忍矣有所不忍者仁也畫地而俾死者壄焉以義起者也嗚呼古者墓地不粥死者丘焉無流民也後世有流民之遭而後義塚之名立悲夫吾不願夫世之有義塚也

浣紗石記

明　王　章

嘗讀史至越世家載范少伯入陶浮海諸軼事彼直去將相如敝屣而何有于一尤物乃當勾踐薪膽之日而少伯顧以陰符權奇屬之賣薪女女固施氏居苧蘿山其下盖有浣紗石云相傳是女浣

紗溪上而少伯巡行媾之以豢吳而因沼吳者也嗟乎羑里之釋夫非女謁乎哉而胡浣紗片石獨以施著則石不能重施而施特貽石以重也向使施第以朝歌暮絃雲鬟月貌流艷當年而不足雪行成之恥于萬一則紅拂綠綺巳隨烟草腐而匾匾卷石安得與黃絹幼婦之碑並壽不朽夫曹娥純孝守經而抱石伸節施以隱忠用權而浣石洗仇生死不同其于君父不可磨滅一也余居恒耳衙山水而竊有意乎其人而悲弔之不謂一行作

吏輙授茲暨暨實選目之所不競者而余則輾然喜曰是固少伯所生聚教訓之區而余則得以觀風儀法也意苧蘿之阿必且佳木繁陰亭榭層折漁者歌塗行者休樹而騷人遊官相與題詠不絶庤千巖萬壑擅勝千古乎乃從巡陌經行之餘勤蹇周覽則索所爲佳木亭榭與三家村舍大率皆寒烟荒阜耳而浣江環匝如帶潺潺汩汩橫浸一石石可數尺許岍芷汀蘭覆護其間而浣紗兩字千載如新噫滄桑疊變爾不見蘭亭之鞠爲茂草

鑑曲之障爲石田而是石也猶悠然無恙將無生聚教訓之靈賴以收功而顧留如綫于斷斷者耶然則思少伯之風流而不見見斯石也其猶想見少伯之遺蹤歟余吳人也側嘗艷胥江有烈女矣而西子尤委曲佐其君以伯者安能以五日京兆而不傳馨哉是爲記

附王軒傳

唐王軒因遊苧蘿山過西施墓題詩石上云嶺上千峯秀江邊衆草春今逢浣溪石不見浣溪人忽

一女素衣瓔珮至謂軒曰妾自吳宮離越國素衣
千載無人識當時心比金石堅今日爲君堅不得
軒知其異乃貽詩云佳人去千載溪山久寂莫野
水浮白鷗岩花自開落猨隺舊清音風月閒樓閣
無語立斜陽幽情入天幕女曰詩則美矣未盡妾
之所寄也答詩云高花岩外曉相憐幽鳥雨中啼
不歇紅雲飛過大江西從此人間怨風月于是留
軒月餘乃歸有郭素者聞其事亦往留詩寂無所
見無名子嘲之曰三春桃李苦無言郡被斜陽鳥

雀喧借問東隣效西子何如郭素學王軒

遊五洩記　王思任

水經註是也中二洩不可至宋景濂獨攀四級盖從下數上又于二洩之中身試之矣謝元卿刁景純輩所遊遇不可知若近日徐文長袁中郎陶周望俱未至三洩與四洩今次第言之從寺右走里許先見者乃第五洩也約三十丈圍盤萬斛下夾溪造雲壁立酈道元已貌得七八也過潭壁斗凸三丈許履不可革粘齧加蜓進生退死雷霆不聞

初若上旋若下屏息如盜響鈴突見碎雪再來此四洩也同行孝廉范敬升先眠采王河上予與文學陳奕倩僧魯逸曹源續至各踞一壑此時人在勃律天西望見蔡漢逸兩試兩落以爲匏肉絶想矣良久勉上半前半却正盜響鈴處也幸而至亦坐坐莫摇首半刻乃笑而三洩均隱在對山腰上巒强取之石芒棘抄着處寄命阿奴欲忠一臂忽口噤不悉說何事昆陽圍中你我不相顧也三洩態倏出傾者滚者飛者跳者煮者突者銜而過者

喧豗繡蹴其沫猶可滌肝棲賢三峽非不妙那得
騎而狎之朱約之浮以大白此酒不宜勸人矣仄
磴右上得印脚掌数丈望見二瀑老蓑衣掛下短
白鬚也石腹賦寫不可陟力人先之汲我以裹足
布再墜而引若淪湿斷不能也第一瀑飛下聲怒
勢怒色怒然無暇料理之絶壁五百尺餘在外矣一
跬千古不悶矣飛瀑椎吼貫百劈來上有龍井涸
涸萬仞以青竹及柴杖投之有入無出此酥魂槃
魄府也駭而上之爲劉龍子拜母處頭顱印存㕛

上之其家也又上之則地名紫閬屬富陽治殷殷鷄犬聲出也忽而平田廣曆眉鎖項開又從十地援出三天門無復歸理特予人一條生路奇絶乃從響鐵嶺大步而下是遊也喜樂不償畏懼生人止堪一寄耳吾意鑿通縣度亦不必五牛屎金千梁無枉然而不樂爲之者僧欲險之而山川亦欲閟之也雖然險閟正爾佳必欲几乎骻善即無過邯鄲道也

重建廳事記

明　蕭鳴鳳　山陰

諸暨浙東鉅邑也地阻而俗美環山爲湖累溪爲江而田于湖山之間雨暘非其時則亢潦異宜灌洩甚艱故歲無常稔治之非其人則寬猛異劑民不帖服故事多廢弛比年以來自學宮以及諸公署皆荒圮弗治而邑之廳事墜壓尤甚上雨傍風殆無所障蔽前令馬侯思聰嘗一經晝矣尋以陞任不果今令大庾彭侯瑩既涖政之明年吏畏其廉民服其公爬梳剔抉理皆就緒禱祈雨應農亦告登乃節嗇凡費以稽羸財贖民細故以徵餘力

學宮諸署以次修復又期年而廳事亦成侍御吳金華按治至邑嘉其舉廢而民不勞也曰吾當有以助汝則又以贓罰所儲檄輸于邑而鼓樓坊牌又成于是聞見之下改觀易聽庠生徐君俊仁輩以其父兄之情相率來告曰微吾侯則諸暨之治荒矣請一言以紀其績予惟天下之事皆成于能任而壞于自私其在一邑則又切近而易見者也是故好事者多紛更避嫌者樂因循紛更之人非以俾名卽以竊利而民之受病者多矣或者以是

爲嫌也至事有當改亦因循而不爲其勢必至于大壞而不可支則其爲費益倍矣故避嫌之與好事均自私也因循之與紛更均病民也今侯治敝久當更之邑而建置得宜亦惟以公心自任而行其所無事故人皆知以費爲省以勞爲逸以及時爲幸宜其上下咸安而相與有成也使爲天下者皆能充是心以任其責則亦烏有勿治者哉侯之績固所宜書而余亦重有感矣是役也爲廳事凡三楹廳之左右稍下爲進幕爲庫藏凡二楹又下

兩廡爲六房左右凡十八楹爲儀門于前又三楹又前爲鼓樓凡五楹又前爲坊牌凡三座悉取堅完勿事華侈丞與尉某某皆有贊襄之力焉

紫山書院求放心説　學諭尹一仁

至誠不放者心之體動而後有放放而求之者善友之功也人之一心百物攻取其能不放然雖至于奔逸馳逐之極而其本體之明未嘗不自知也學者日用間每卽其能自知者以存之則其所謂求者在是矣求也者以其放而言者也心苟不放

何求之有人性上不可添一物苟知其心之未放其果虛靈洞達能于一切習染之情巳自超去則惟精嵓而平此可也若或惧其放焉而復動求之之念是嘗無妄之藥而割肌使潰也不亦所謂放乎苟自知其心之放矣又不能即存其所以自知之心乃若別有心在外而求之使返將遂至于起伏無巳生滅相尋猶窮響以聲形與影競起也得乎是故學問之道無他求其放心而巳矣求放心之道無他致知而巳矣致知者致吾心知放知不放

之實而無外自欺也于戲致知之義大矣哉

觀稼亭說

朱廷立　縣尹

浣江之東去縣二一里許舊有接官亭亭廢豪右據其地而出田之二十餘祀矣丙戌予復焉搆亭三間門一間揭以牆題曰觀稼或曰奚以今名更舊名也曰子未之知乎諸暨之地湖山半焉或旱或澇亦相半焉始予以癸未冬十入是邑也明年夏旬未雨山田之民走于庭告曰旱矣予往觀焉則見失田燥如也塘涸如也稼綫如欲槁也越二三日不禱

而雨雨未及旬湖田之民走于庭告曰澇矣予往觀焉則見夫田洋如也堤頹如也稼渺如無見也越二日不禱而雨止是歲稼無全稔予曰是不可以無備冬乃南往山中謂其民曰其浚爾塘以資灌乎東轉湖謂其民曰其築爾堤以禦衝乎民曰吾等皆樂于斯事事至明年三月雨至五月六月未雨至八月民無告旱與澇者是時也木工告事完予至亭四望焉則見昔之燥如洋如者潤如井如矣昔之潤如頹如者盈如茨如矣昔之茂如渺如

者芘如碩如矣非得于吾前之所觀耶是故亭曰觀稼庶乎後之來者以時觀焉且可永也或名掾官者暫焉云爾而豈足以盡吾亭或者憮然曰教我矣敢爲說喜雨亭志喜也醉翁亭志樂也觀稼亭志憂也惟其憂乃能始而喜終而樂也子將兼之耶予笑而不答或者揖曰請以予之說書亭告來遊者

海塘或問　　朱廷立 本邑侯

或有觀于越者問于兩厓子廷立曰入子之境而

聞海塘之議議誰爲也廷立曰瑞泉南子也曰於舊有諸曰有有奚瑞泉子也曰塘脩海潮也近海之人築之舊有也率諸暨之民徃供其役著之籍使世講焉則瑞泉子議也故曰瑞泉子也曰議行乎曰他邑行之矣曰子勿行與奚薄瑞泉子也曰弗行也者厚之道也非薄之謂也瑞泉子有言曰使民者佚民者也海塘之議有佚道焉其勿便于暨之民者有司未以其故告瑞泉子也曰敢問其故如之何曰暨間于山湖之間者也暨人闢湖爲

田而病于澇也是故有事于圩猶夫近海之人有事于塘也今也使之釋圩而之塘吾懼夫塘未成而暨其沼也民孰便之借瑞泉子不聞是也知其聞之則將曰暨人亦吾民也而吾于近海之民何私焉則議朝出而夕罷矣而奚有于是乃若于也于所謂故則既見之矣而復爲議之從是瑞泉子以佚民之心望夫人而夫人以勞民者事之也不已薄乎故曰不行也者厚之道也非薄之謂也曰當道者是其議著之籍使世講之法也子之言情

也將廢法耶曰君子之于民也順而鄭之存乎情懸而示之存乎法法固不遺情而情固不廢法也子見之晚耶或者瞿然揖而言曰譁矣子之言也而可少哉勉也乎吾望子之不徒譁也

三事堂記　朱廷立

大庾彭君之尹諸暨也撤廳事之舊而新之榜曰忠愛彭轉官兩厓子代焉撤堂之舊而新之榜曰三事夫士君子之爲人臣也其道二一忠君愛民焉盡矣而所以行之者其敬也是故清以植其本也

慎以審其幾也勤以致其成也三者廢一不可而吾皆未有行也未有行也而勉行之是故書諸堂欲毋忘也將終身誦之耶曰未也君子所貴乎清也以其惠所貴乎慎也以其斷所貴乎勤也以其要清矣而無惠則所謂清者隘慎矣而罔斷則所謂慎者葸勤矣而寡要則所謂勤者勞是故去乎隘與葸若勞則可以語三事矣可以語三事則可以語忠愛矣可以語忠愛而後于人臣之道無忝焉爾矣於乎此彭君之所以善學夫古而余亦竊

學于彭也乎

明鏡里賦　明　錢　時

余家族釘竈鄉之西長安曰明鏡里其傳舊矣本邑志乃載孔胡夫言明鏡郎三尺童子無不誦說言孔胡郎百年老人無一知解者斯何說也家有九十二翁問以抑之翁曰若亦知吾居之釘乎厥惟茲山太極東白陰陽走馬透頂白茅遞爲巖尖吾聞高曾言宋元爲陶者居得王釘窰中屢溢而出泛以梅梁沉之湖中蕞爾吳山厥有奇石能發

異光蓋王石同體皆粹精也世故傳爲明鏡里蓋翁之語余如此然亦人人能言之而余尤以老翁之言爲信猶耳之也乙巳之冬余涉自淮泗浮楊子渡錢塘而歸乘一扁舟蓋將抵步時漏下二鼓矣枕夢䠶䠶舟子忽訝曰此何物者赤如日白如月圓盤走珠累山之巔滾滾山脊欲墜也是其爲天鏡乎余趣起視之則光猶奕奕也以此知宗老所述謡俗所傳原非謬悠何志者之畧也豈采風之猶隘邪槪懷久矣丙辰秋留都公事回涉江舟

中邅有餽志者閱之慨然有感援筆賦之厥以章

里亦誌實也

維東楊之牛渚兮越絶紀其上遊緊勾乘之列

采兮度祖龍以槿頭清淑之巘巒兮嶢嶢而岏

岏鬱勃之鴻麗兮峙杭烏之西安爾其蟺蜒走

馬兮乃聳削于白茅越嶺篠之孤嵂兮出塢白

而群嶅四望之硌硌兮初湧蓮其嶻嵯厥巖尖

其岱孫兮若闞龍之胥摩下則明湖一片兮美

倩盼而冠簪百川之元以滙江兮浸孿髻而毿

鬖鳳翥翥其離離兮睨狗列其津崖龜玢璘而
儼洛兮鬱環廻嶂疊名隴之仙隹緊吳山之嶔
崎兮中映發其天華誰元錫而金膏兮既有燦
其菱花昔仲宣識水精于山樵兮張盖遂黄衣
于白雲咸陽徑丈而照骨兮燊則十二而科文
並孕石而濡精兮乃兹塊之匯聞神燗燗而星
流兮氣爍爍而電繞恍流霞之過茂叢兮爛慶
雲之遊春沼羌此物之何從兮百鬼突焉龍從
似霹靂之夜驚兮赫連擢其心孔嘗試懸爾于

天空兮奚不朗而八方壯士銜悲憤之冠兮幽閨斷妻楚之腸姦雄結白日之霾兮烈士飛赤地之霜幾爍閃其可遺兮付淑慼其靡藏左雲霧之輿觸兮右風雨之旁皇僉日異哉屬月之絳氣兮洵矣連日之碧光載巡覽兮勃發礉礉兮有暨特碣王臺亘兮天門洞巖谽兮地窟青龍之挂角兮鐵厓律峷靈璧兮聖姑悼貞婦兮立望夫浣紗之汩汩兮泣奚光于姑蘿紫石中之瑰奇兮獨兹鏡之昜熠軼咸陽而西京兮羌

霞餐而露飲極茲理之變態兮竝大冶于陰陽

惟倰奇而闚書變兮乃鬼怪而神祥賤穢之頑

王兮擲似珠之琅玕奕奕者其靡不之兮勢拏

斗之芒寒爾其托以立法兮習圓蓋之鴻暉核

以歷絡兮煥方莫其緋成誰爲引以自鑒兮爛

妍姬而佩弦帝胡春之非紙舊兮青撩列而供

研胡弩之非飲羽兮礪纍纍其印懸直娩美乎

宛委之覆盤兮亦金簡玉字而奎纏闕白內瑩

外間以止爲容兮其動也時爲光爲龍兮孕雲

雙箭峙帝宮兮文明赫熙德之隆兮紳膏含滋元冥通兮金猜陸離吐霓虹兮大都一照人在中兮神鞭山跡問大空兮亘日維德之宅兮洞陽明盪瑕滌穢兮鏡至清羲皇上人兮揭日月而行遠覩于邈兮顧斯名峩峩湯湯兮莫之與京

邑侯錢聖瞻門修縣堂署者序 明 陳子龍 府司理

余以庚辰冬奉檄署諸暨令事察其山川形勢自縣以南多高山平原頗若旱而其北則受東陽江

之下流爲湖瀦以百計恒患水旣已連歲災穀不登窮民相聚刼巨室日數見告于日夜厲賊曹衣求益衣搜山澤餉于厰衛城郭又大發粟賑貧乏之養癃篤告糴于隣民用小靖而縣治則頽圮芒廳內以二十餘木支之令治事輙惴惴棟折且將壓爲廊廡無墻垣吏抱牘立雨雪中門無閈闌樓無鍾鼓館賓于東隅如入車廄令之私舍僅蔽風雨盖建自正德中于今百二十年矣宜其墮壞不治將益深而于是時方芟梗扶傷之不暇且歲月之

不假易安敢以告司里明年真令錢君來則討捕振貸之政益修朞月之間令行禁止四境大和又明年歲大稔遂上記中丞御史臺以建造請報可于是量徵徭役用寬民力不足則乞嘉肺之羨緡又不足則又損常祿繼之木石埏埴靡不躬親義取壯緻不用丹雘凡歷二時而成爲堂者三堂之前爲軒後爲重堂皆如之右爲庫者一左爲幕廳尉實居之庭之左右爲廊六曹椽所供事也前爲儀門者三又前爲麗譙者五挈壺氏司之左偏爲

賓館以歲時見大夫堂之後爲令燕室不詳記既落成而予以冬日行縣見之作而嘆曰我今而知爲政矣古之論治者曰營室之中土功其始故入其疆寄寓施舍之不具橋梁宮室之不修于是乎有逸罰豈能無勞民蓋罷于逸樂安于苟且足以傷政而偷俗也是故易取大壯書有營雒詩記司空司徒春秋書築宮禮載百工咸理此先王所以重明作考功效而計久遠也故立政體國利更數世今也不然吏既鄙傳其官而世之課吏者程功

之心不若紂過之心闒茸者謂之安靜姑息者謂之愛民于是巧售其術者卽不至陰收脂膏以自潤亦未過楚孫叔齊晏嬰也而外則陽爲儉嗇頹垣不坌敗戶不鍵歲恱日愒以累後人而責誚不及則相率爲觧慢矣夫四境者政之所訖也邑治者政之所出也田疇溝洫在遠者也戶牖庭除在近者也夫令也朔于斯夕于斯出令布惠之地而蕪穢不飭豈能震動恪恭以經野保民遠猶辰告廣世德于幾士乎夫門內不治而能治其四境者

我未之前聞也由此推之錢君可謂知本矣抑之詩曰夙興夜寐灑掃庭內定之方中曰秉心淵塞惟錢君有塞淵之心夙夜之勤以鎮撫百姓凡厥正事罔敢勿克莛其獨宮室乎余受事之日淺又厄于歲不獲經始而重服錢君之斷而有成也錢君宏遠矣

弭寇紀事　明　蕭琦

今上十有六年秋之季　琦　自水曹調外受　命諸暨將趣駕鴻寶夫子倪謂曰暨巖邑也嶂幕置

蔽壤接邑有九路于諸路兩浙門之焉歲多水旱憂比尤厲瘠民伺窃發頤善爲之 琦 譏而出冬孟及理郈于民有切切之色眼于城眼于兵眼于倉若庫僉不可荒兼具牒請客有迂之者入非石于人而子其木于官乎一之始典再之高要圓事報可輶軒已積書俛首水曹且唇爲稽迄佝尋賤轍歟予曰操舟而覆胥溺幸不没終治若奘柁備若衣禦風波何懲焉且風波非水民猶水也治民猶治其治水之具者愛養併力勉厥本事治若標明

城理矣縣舊有兵撥籍八百十有三抑堂上下邏乎樹義勇之召召之數計百數有三十數又有三而人尚餘八焉合舊以會盈千之半兵差振矣有兵需食方區置以哄之而東陽之墟有弄兵者烽烟燎原許其魁也父老遮訴曰吾儔若畏慰諭遣之當汝衛并卒遮訴曰吾儔若饑慰諭遣之當汝飽然火矣益薪賊炎兵凉可若何簡縣胥衙隸及郭之强有力又得千之半合前之半全乎千矣排門之指其外焉兵倍餉亦如之携不可荷餽以贍

也滋費布忠推赤捐俸爲紳士呼紳士疾應民一呼亦應軍需悉屬之周子公訓焉繇是甲堅器選兵不敷得練以時乃偵又費矣偵宜百足宜急足宜眘足有以厥之疾弗愛厥踵戒之曰汝儕爲遊目長耳毋訛口亂衆于是偵者處若事以次廉得急狀頭搶疾告十日而下二城士之守有投瀨自湛者廼碁置習地分偵偵浦江者曰龍潭口賊矣偵東陽者曰鷺鷀嶺賊矣偵義烏者曰善坑嶺賊矣各去暨三十里許樹塞連援偵厥內應問日一

奎或一日數至曰十六都草塔市賊矣十七都烏龜山賊矣十八都梵惠寺賊矣陽塘關之賊十九都也紫莨山之賊十二都也咸稱兵應許修古作逆者故事白馬祭天飲血數升其黠者黑王三猴已沐矣何令出我冠麾群吏耳其徒者陸進十尋騰灼飛力能超距羽黨千餘衆聞言魄怖環足而立余一笑以安之釋遁心也旋聲言以堅之曰巢迄于覆卵翼惟我萬一窮蹙腐髮朽齒耳爲亡人以倖免罔郎踈老之地上頭壽而天亦何行如之

時憸息四弗偽耗皇咸臺臺使君憂之授意公亮張年君角巾鹿裘間行微訊過余暨悉得所偵狀返命行而予無暇止矣厲兵鼓衆仗劍躍馬入出卒日數十迴隆冬嚴寒犯風雨衝路霜遇雪撲面或反舌嚼之噫飯吐哺沐握髮昔人以待賢茲以待賊乎噫更進兵民而勞勞曰有鄰城汝也不二初終無虞決裂咸咸稽首曰敢弗用命相與翼益力登埤董守鼓鏜然有聲鑼而邏者夜絕日響徹遐外弓刀咸出併口雷吼壁壘具張焉如偵者言龍

潭口善坑鷺鷥兩嶺皆居要道介馬親馳兔其地之父老子弟循保甲法以自扼村落聲振若杜隙然鼠不敢圖壁如偵者言諸都伏戎兢兢輩出榜一令曰家自爲藩能生致賊來者能死致賊來者賞首以金博授方畧時黑王三而外死致者近百級趙生光而外生致而杖斃者百餘級陸進十而外陣戰艾稿生致而要領不屬者十數級戲黑王三戲吊之能叔敖于歟戲陸進十競賀焉不豹虎噬矣方艾此諸寇城司者忽曰門之東昇小輿重

止者三閑不可啓覘之則郡大夫武貞余君與倩
馬君邑大夫武懿駱君也啓闢納之慰勞欸欸機
畧得未曾有因述耳食豐遂祭天把醪倉風雨暴
作漆漆如陰房舌卷于喉聲不成聲今者爾　君
之靈也相喜折別客曰三君爲重地來偵于堅瑕
子計得矣獨賞人殺人將無有嘗者以賊爲市乎
且有以非賊爲市者乎手復榜一令曰魁已殲獲
醜必縱先是一不素偵者眼張舌舉手指一向色
如土問曰賊至乎點首而已躋堂而視緩急者若

鱗笑遺其人急偵則我兵潰而過也舟偵至咸癸族以望顏色予示以靜謂無患摇臂而去知予之面者也走急告于上不代手草書大書弗爲嗔時楚賊犯于吉烏郡媚雲能無巢覆于烏　危坐指麾怨家幹至泣語賊陷城矣狼狽萬狀布尺　閒次子且爲逝波勉强卒事不知涕之滔滔下會告急郎刷泪從戎然毁顏而骨立矣父老擁馬首曰瘠矣戀乎好道之曰寧因一子棄汝衆子哉越日策馬將出一少年扺頭曰所恃爲天羸至此乎顧

强飯自愛言竟涕橫如雨撫其背曰何子之情也收汝涕會有告急即馳去不辨何許人父老擁馬首曰急移金華少遼緩客兵道暨民若兵予請于臺使君曰兵至行資糧坐資糗乃不急自伐禁切之願得行胸臆　使君號曰兵累民令其便宜以聞毋預兵至郊迎與主弁約遺毒毋法無庇莱有請遂衬鮮如篚時臥子陳年君以監軍至至即行公亮張年君以監軍再至檄兵止暨凡五越日夜中之夜歲新故代焉剪燭劃畧月不交睫鷄鳴肅衣

冠禱于上下無別致詞急此賊爾公亮從前後悉予苦爲作歌口落筆走予曰唐突西子哉時有艇子來言者冦在門庭細在肘腋不隄將爲變予曰力能殺我則殺之堂無人堂門無人門細亦憚不敢發有怖乎來言者指使授意之人伏賊之舊也無漏言予曰監哉以賊伺賊以賊攻賊未之前聞乎不猜心亦遂華而應卒加斯者未易更僕發大夫端公姜君以發急迄歸逕過暨親烽突陣道狀甚悉時許賊方成擒暨紳揖而勞予士則急拜民

亦頭畨畨下焉予曰當事辦賊余鹿鹿事因成焉守解嚴矣幸無罪敢緻色于此哉祈與暨寛文法緩征索收拾散亡特建營房以練兵薄捜寇田以給工爲善後策百畫以几一當獨自憐億出不盖入不爐食不聊腹衣不解帶者五十朝昏其焦唇禿頻稿面枯心猶可言也家破子丧一淚不暇尚忍言哉泣涕闌干因捉筆紀事簡憐予苦非耀能也至佐貳襄勞武弁著庸紳之忠義士之倡和民之恐後逸其名不書別書之特書之保有茲土不

以賊遺君父分也于琦何書

重建廟學記

商　輅大學士

諸暨縣學在縣治西宋淳熙由縣東遷建于此元季燬于兵入國朝洪武重建至是百年矣雖中間長吏時加修葺然歲久材老傾圮相尋天順甲辰進士滿城曹銓秉衡來宰是邑顧瞻嘆嗟屬意新之適董學憲副劉君釪伏和修學檄至克符此心遂謀諸同寅各捐俸貲以倡邑賢士大夫好事者咸爭先樂助于是鳩工歛材卜日就事首大成殿

次兩廡戟門次明倫堂左右二齋悉徹其舊而新之棟宇崇嚴簷牙聳飛規制之盛藻飾之美視昔有加初生徒號舍廹兩廡後甚隘乃闢而廣之各搆原樓凡數十間藏修有所遊息有地以至庾庫庖湢靡不有次學之前舊惟直道自西南經其北横達于東茲復築堤改道東西半坼于前由是過者與嘆聽者起敬以爲廟學一新士風其益盛矣是役也經始于成化丁亥五月明年九月畢工教諭貴溪周麻訓導吉水李泉廬陵李謙合庠生酈

庠蔡箎輩議曰學校之新尹之力也非有記述何以詔後乃具顛末介貢士駱章以記來請惟諸暨山川清淑士生其間固有倬然秀出如近代楊廉夫諸人者矧聖天子留心學政簡憲臣以董之專師儒以教之豐廪餼以優養之而又有賢令如秉衡者振作而興起之則游歌之士其肯自負于明時自息于進修愧于前之聞人乎必相勉以德相勸以善相飭以行檢相勵以學業使仁義之道立孝弟之行著崇廉恥之節增科目之重他日出而

爲政必有樹勳熙庸昭聞譽于天下後世者矣此建學之功也亦遊學之效也記曰君子如欲化民成俗其必由學乎是知人材之盛風俗之厚皆原于此請以是爲記庶觀者有所感云

紫山書院記

徐階 大學士

晋江陳侯讓以鄉薦第一人舉進士出典紹之刑獄行縣至暨陽登臨紫山降觀四湖愛其形勝爰作精舍選士之秀異者學于其間而聘教諭安福尹一仁氏爲之師人爲顏其門曰養正之學示志

也顏其前堂曰禮教堂學者初習于禮則怠肆之心無自入而可與適道亦始事也顏其中堂曰作聖堂君子道問學以尊其德性而後世學者或認以爲詞章功利之資揭而歸之作聖亦實功也顏其後堂曰求放心學莫至于聖人而聖人者非他也在我有良心焉放而知求聖于是在亦要指也既成會進士欒平黎君秀來知縣事益飭治之院之制大備予聞往觀焉進諸生謂曰夫良有司作人之勤觀于茲院可知矣爾諸生亦求所以無負

乎惟學有僞有誠茲院之設以養正也使諸生居其室業其事自謂能正矣而心之所懐猶未免于詞章功利是謂名正而實邪其所處也自謂能正矣而其用于世或未免舍己徇人枉尺以冀直尋之選是謂正入而邪出其用世也又自謂能正矣初之所履或不能守其恒治朝之所以自立或不能無奪于危亡之際是謂正始而邪終皆僞也皆自負于茲院者也爾諸生其圖之胥曰諾未幾予徙江右一仁以書來曰昔子之言願鑱諸石俾諸

生承有省也予不得辭併爲記其始末如此院舊屋東向三十有六楹南北向二十有七楹隙候棚共久而廢買田百七十有四畝屬守者以養士之餘歲修葺之別有籍嘉靖丁酉孟春望日

重修學廟記　錢德洪

姑蘇徐君子旋以進士宰暨至則憫夫民俗之弗協也人文之弗振也夙夜憂思乃喟然嘆曰吾欲政先風化令士誰與哉惟時　廟學圮壞頹歲弗發我未易興也乃先觧紫山精舍請于學政支谷

孔公綸秀茂廣食之循其舊學諭以徽音而屬訓導侯崇學陳頲日夕礪之士乃翕然以興明年歲復大祲君夙夜憂思又喟然嘆曰吾欲修起黌舍而民病若茲吾聞歲饑役民可佐元元之急吾將兼之事事矣乃盡捐歲俸募饑者赴役于是懸賞一呼饑夫蟻集邑之向義者又皆捐來助役君乃屬丞李之茂及典史陳儀董率之于是先廟庭次兩廡及齋堂廨舍六經閣徹其舊闢復閣後射圃之沒于民者勝其門曰觀德徙學門于櫺星門

左中闢甬道建啓聖鄉賢名宦諸祠于甬道左新敞一亭于諸祠前亭後疏爲方沼周以曲闌規芹湖千尺以爲泮壁左平鑿蝕爲岸右絶洼水爲堤環植嘉木石欄亘之復城北過以數百丈導芹湖之水入于浣始于嘉靖乙巳三月腓計用土木之工凡若干餼者奮于得食義者喜于奏功不匝月而工遂訖于是規制中程丹鏤增煥而　廟學大治矣初暨士以比歲科薦不與昔等乃病　廟學規制不法議欲遷之君爲相地卜新弗食故則食

至是用卜底于成績士皆快覩翕然頌曰何侯之能拓故爲新若斯耶侯于造士之心庶其慰矣予曰二三子思有以慰侯乎哉其早夜自奮庶幾有三代之英者應期而出以爲世用是足以慰侯矣皆再拜曰敢弗祗若茲訓侯乃大會師生賓募召襄役者脯而落之遣受募之民使歸就麥觀射于後圃張組于前楹登閣以延山臨湖以瞰流環堤橋而觀者數千人乃大和會是日丁未行釋菜禮告厥成功

舊志序文附凡六篇

諸暨自秦漢以來代爲縣而今爲州上下千有餘歲而志書無述其登附于郡乘者十不能一二蓋由其悉近而畧遠也以故吾州世家之原本前哲之言行與夫山川戸口風俗物產之類舉無得而徵焉而庸非曠典與予生也晚慨然有志于是書暇日因本前史舊志參以人之家乘傳記身親求訪質諸老成而采擇焉爲圖四篇書十二卷爲目若于名之曰諸暨志首之以郡國源委推本始也次

之以名號因革著同異也星野天文之次舍也故次之山川地理之封疆也故又次之書風俗城社以知氣習之善良保障之阨塞書戶口賦稅土產以見民物之滋耗徵斂之重輕學校館傳倉務營院橋梁坊市以考廢興古迹祠廟亭榭寺觀以備遊覽臨民典學則令長僚佐校官之位名門閥人材則有儒士進士宦達孝義遺逸之差等其或地名里號歷世傳疑而莫定于一者則參互考訂各爲之案斷而書于下方至于動植之物見郡志者

則不重出他如冢墓第宅方技釋道亦皆序書而後有衆目之紀遺以會其終內而州人可傳之言辭外而四方有關之製作則各因其人其事而附之餘無所附者則存諸紀遺越十餘年而成書亦非一日之積矣竊嘗聞之古者圖自爲圖志自爲志是故成周之制掌天下之圖者職方氏而土訓之官道方志以詔王焉掌邦國四方之志者小史外史而講誦之官道方志以詔王焉凡皆達于朝廷而關于政令者也其爲事亦重矣且吾州之人

板圖也已八十餘年于兹故家大老日以淪謝文獻殆無足徵吾是以不能忘情噫于此而爲書欲以補千古之曠典誠可謂不量力惡能保其無遺軼哉他日幸而國家之政令史氏之采訪鄉邦之精粗有益于分毫則雖負不韙之誚亦何辭焉大方君子矜其志而廣其不足則又予之所望也至正十七年歲在丁酉秋八月丁巳邑人黃鄰序

是書實遵永樂間部使者傳采郡志肆成式沿革次第條目粲然具載顧予衰謝其如何哉前乎元至

正丁酉鄉達南郭黃公鄰罔羅蒐采後乎是者郡志繕書預有聞焉南郭編集鋟梓未就天不憖遺竟成曠典郡志呈進副墨傳之人毋汲汲焉偏覽未然也斯世斯民稽古證今翻刊演繹用心其可不然乎成周之制有圖焉有志焉邦國之圖正疆域辨土宜由乎職方氏掌之邦國有志莫音定世讀禮法小史外史掌之小大相維施舍有辯切關民風政令焉洪惟皇明握乾符經綸人文廣四海之輿圖基萬世太平之鴻業薄海內外曰圖曰志嘉

與共之恩化川融丕哉休烈編次之要不難于論誤而難于紀實實不徒紀必也事有依據言有精魄傳世久而爲不誣管窺蠡測滄海之有遺珠索米而作佳傳不韙之誚其未免焉來者幸而正之傳之續篇云景泰四年歲次癸酉長至日邑人駱

象賢則民書

此志乃駱處士象賢屏黃氏鄰之書而修之者也凡建置沿革風俗人物以及山川道里之類若詳也而板刻日就脫落且多舛錯觀者亦難矣瑩也承

乏是邑竊有感焉而才謭政繁未暇及此迺奉越視大中丞許公提學僉憲盛公檄兩浙文獻蓋將推舉縉紳耆宿博通今古者會而修之其稽古尚賢之意至矣愚敢因乃徵而補其闕畧視昔若有加焉若夫删繁就簡因名核實而嚴筆削以成一邑不刊之典尚有俟于後之君子而此其權輿也哉正德庚辰歲陽月下浣吉大庾彭瑩跋

志者何志跡也志跡者何象事行也事行有象不過物焉而志道畢矣黄輿駱則既志諸暨矣曷爲修

之病二氏也二氏不曰志其跡乎曷爲病之乃若其意則可嘉也已是故刪其可闕者錄其不可闕者則吾之錄者半彼之存者半取其存者而修飾焉則僅有存者矣積歲而論定積時而志成志成而跡著是故天道明而效法肇焉地利列而報反興焉人紀昭而賢不肖別焉故曰事行有象不過物焉而志道畢矣兩厓朱廷立書

予自爲曁縣念夫志者治理之譜也輙取縣所存新舊二志覽之舊者辭支新者事脫殊非推行之開

要乃敢命意刪叙爲文五篇凡八卷更乙巳春夏
二仲始畢藁捐俸而刻之與修者縣學諸生駱懸
黄璽酈琥郭從蒙壽成學黄璧張思德應思徵姚
德中云長洲徐履祥子旋謹識

今天下郡縣皆有志蓋彷彿周官小史外史之所掌
云古者列國皆有史周之封建五等爲國一千八
百有奇其小者殆不及今時一下縣地而史官之
職不乏焉顧今所可攷見者晉之乘楚之檮杌魯
之春秋而已乘與檮杌僅存其名于孟氏之書而

春秋獨傳與日月同其光明則以經孔氏之所筆削而已余獨感于今之爲郡縣志者于疆理原濕戶口賦役物産風俗之大關于民生者大都略具梗槩中間可以因革損益有裨政理者一切漫忽不講其與舉是志之意自縣大夫出也則類列功閥表循良或不當乎實自鄉大夫出也則類取門第敘交親或至非其有宜詳者反畧而宜芟者顧猥存種種而是令人開卷輙欲罷去卽是言志雖不作可也諸暨爲越中名邑邑故有志而費亭先

生取而更定之中間不無所因而其傳攷廣詢剩量酌斟要之斷以己意者爲多至于事關民生所當因革損益有裨政理者窮本遡源建標樹準每篇尤拳拳深致意焉蓋不獨邑之人緣是可以融暢顛末考鏡利病即良有司舉而措之利民厚俗此其彀鵠矣至于列傳所載崇古昔而須論定重節義而畧貴盛殆斷斷乎行古之道非近世之所謂志者云云而已萬曆元年夏至日錢塘周詩謹序

督修禮書嚴　範